日本大学櫻丘高等学校

〈収録内容〉

便利な DL コンテンツは右の QR コードから

解答用紙　過去年度　非対応 リスニング ⇒

※データのダウンロードは 2025 年 3 月末日まで。
※データへのアクセスには、右記のパスワードの入力が必要となります。 ⇒ 464380

〈合格最低点〉

2024年度	156点／168点	2020年度	非公表
2023年度	199点／210点	2019年度	非公表
2022年度	172点／190点	2018年度	168点
2021年度	204点		

※2022 ～ 2024 年度の点数は単願優遇／オープン

本書の特長

実戦力がつく入試過去問題集

- 問題 ………… 実際の入試問題を見やすく再編集。
- 解答用紙 …… 実戦対応仕様で収録。
- 解答解説 …… 詳しくわかりやすい解説には、難易度の目安がわかる「基本・重要・やや難」の分類マークつき（下記参照）。各科末尾には合格へと導く「ワンポイントアドバイス」を配置。採点に便利な配点つき。

入試に役立つ分類マーク

基本 確実な得点源！
受験生の90%以上が正解できるような基礎的、かつ平易な問題。
何度もくり返して学習し、ケアレスミスも防げるようにしておこう。

重要 受験生なら何としても正解したい！
入試では典型的な問題で、長年にわたり、多くの学校でよく出題される問題。
各単元の内容理解を深めるのにも役立てよう。

やや難 これが解ければ合格に近づく！
受験生にとっては、かなり手ごたえのある問題。
合格者の正解率が低い場合もあるので、あきらめずにじっくりと取り組んでみよう。

合格への対策、実力錬成のための内容が充実

- 各科目の出題傾向の分析、合否を分けた問題の確認で、入試対策を強化！
- その他、学校紹介、過去問の効果的な使い方など、学習意欲を高める要素が満載！

解答用紙ダウンロード 解答用紙はプリントアウトしてご利用いただけます。弊社ＨＰの商品詳細ページよりダウンロードしてください。トビラのＱＲコードからアクセス可。

UD FONT 見やすく読みまちがえにくいユニバーサルデザインフォントを採用しています。

日本大学櫻丘高等学校

普通科
生徒数　1518名
〒156-0045
東京都世田谷区桜上水3-24-22
☎03-5317-9300
京王線桜上水駅・下高井戸駅、
東急世田谷線下高井戸駅　各徒歩10分
小田急線経堂駅　徒歩15分

S＋i＝∞
本校独自の「櫻イノベーション」を推進
充実した環境のもと生徒一人ひとりの自己実現をサポート!

URL	http://www.sakura.chs.nihon-u.ac.jp

プロフィール　自主創造型パーソンの育成

1950(昭和25)年創設された日本大学の正付属高等学校で、文理学部の併設校である。70年以上の歴史と伝統の中で輩出した3万人の卒業生は現在各界で活躍している。自ら学び・自ら考え・自ら道をひらく」力を育むための独自の教育“櫻イノベーション”はセカンドステージに突入。「グローバル教育×ダイバーシティ」「アクティブラーニング×ＩＣＴ教育」「体験型高大連携教育×サイエンスリテラシー」「クリティカルシンキング×プレゼンテーションリテラシー」「ルーブリック評価×PDCA」を５の柱として取り組んでいる。2019年度からはニュージーランドにおける中期（３ヶ月）・長期（１年間）の単位認定型留学制度も始まった。

環境　教育施設の充実

校舎は、世田谷の清閑な住宅地にあり、周囲には公立小中学校・高等学校、文理学部が隣接するなど、文教地区である。

2008年12月完成の免震構造の校舎は開放感溢れ、施設内にあるプールは電気分解システムによる殺菌法を採用しているため、皮膚の弱い人への安心安全にも配慮している。全館・全教室にWiFiと電子黒板を設置し、１年生からタブレット端末を用いたICT教育を充実させている。

また、隣接する日本大学の陸上グラウンドや図書館・学生食堂などの施設を利用できる(都内日本大学付属高校で大学と隣接しているのは本校だけ)。

カリキュラム　2コース制の導入：大いなる進化を目指して　教学面も進化させ充実した教育活動を展開！

2017年度入学生から、従来の普通科コースに特進クラスを新設。「特別進学（S）クラス」と「総合進学（G）クラス」の２コース制とする。

「特別進学クラス」は、多彩な講演会や大学・企業訪問などの充実したキャリア教育や，英字新聞作成をはじめとする探究学習を重視し、日本大学難関学部・学科（医学部・獣医学科）、最難関私立大学への進学を目指すクラスである。３年次にはオーダーメイドカリキュラムを採用し、生徒の多様な進路に対応する。

「総合進学クラス」は付属高校ならではの充実したサポート体制のもと、基礎学力の定着・向上と、幅広い進路に対応できる学力を身につけることを目指し、推薦入試での日本大学への進学はもちろんのこと、他大学への進学など様々な進路への対応ができる力を身につけることを目的としている。また、希望者には高大連携教育の一環として２年次から隣接する文理学部や法学部・経済学部で正規の大学の授業が履修できるなど大学との連携教育を推進している。まさに付属校ならではの魅力ある取り組みである。

学校生活　多彩な部活動に盛んな生徒会活動

心身のバランスを重んじる校風は部活動にも反映しており、大学の付属校らしいのびのびとした活動が特徴である。現在30（運動部20、文化部10）の部が活動を行っている。放課後のキャンパスは、野球部やサッカー部のみならず、女子の生徒を中心としたバトントワラー部やチアーリーディング部なども活動に華を添え元気な活動風景が展開されている。他にもライフル射撃部、陸上競技部、ゴルフ部なども活躍している。

また、生徒会活動も盛んで６月に実施されている文化祭（櫻高祭）では、実行委員が中心となり全生徒が一つとなって盛り上がる。

進路　日本大学への高い進学率

日本大学各部への推薦制度があり、毎年多くの生徒が進学している。選抜方法は、３年間の学業成績と「基礎学力到達度テスト」の成績、面接・小論文等が加味され総合判断される。2023年度は368名が日本大学に進学した。また、他大学への進学を目指す生徒も多く、北海道大、筑波大、富山大、慶應義塾大、早稲田大、上智大、東京理科大などに進学しており、付属推薦と合わせると全体の進学率は97％にのぼる。

櫻高祭での吹奏楽＆バトントワラー部のドリル

進路　本校独自の評価指針「SAKURAルーブリック」

本校では、テストでははかることのできない価値観やスキルなどを伸ばすための教育活動を積極的に導入している。その礎となるのが本校独自の評価指針である「SAKURAルーブリック」。本校が重視する価値観・スキルを21のテーマに設定し、各テーマ５段階の評価指針をわかりやすい文章で示している。

そしてこの「SAKURAルーブリック」の最大の特徴は、教員が生徒を評価するのではなく、生徒自身が自分の価値観・スキルの伸長度合いを定期的に自己評価すること。それにより自己肯定感を高めるとともに、将来自分の強みとなる価値観・スキルを徹底的に磨き上げることが可能。

2024年度入試要項

試験日　1/22（帰国生・推薦）
2/10（一般A日程）2/12（一般B日程）
試験科目　面接（推薦）
国・数・英＋面接（帰国生・一般）

2024年度	募集定員	受験者数	合格者数	競争率
推薦	220	228	228	1.0
一般A/B	230	392/303	295/167	1.3/1.8

※帰国生の募集は若干名

過去問の効果的な使い方

① **はじめに**　入学試験対策に的を絞った学習をする場合に効果的に活用したいのが「過去問」です。なぜならば，志望校別の出題傾向や出題構成，出題数などを知ることによって学習計画が立てやすくなるからです。入学試験に合格するという目的を達成するためには，各教科ともに「何を」「いつまでに」やるかを決めて計画的に学習することが必要です。目標を定めて効率よく学習を進めるために過去問を大いに活用してください。また，塾に通われていたり，家庭教師のもとで学習されていたりする場合は，それぞれのカリキュラムによって，どの段階で，どのように過去問を活用するのかが異なるので，その先生方の指示にしたがって「過去問」を活用してください。

② **目的**　過去問学習の目的は，言うまでもなく，志望校に合格することです。どのような分野の問題が出題されているか，どのレベルか，出題の数は多めか，といった概要をまず把握し，それを基に学習計画を立ててください。また，近年の出題傾向を把握することによって，入学試験に対する自分なりの感触をつかむこともできます。

過去問に取り組むことで，実際の試験をイメージすることもできます。制限時間内にどの程度までできるか，今の段階でどのくらいの得点を得られるかということも確かめられます。それによって必要な学習量も見えてきますし，過去問に取り組む体験は試験当日の緊張を和らげることにも役立つでしょう。

③ **開始時期**　過去問への取り組みは，全分野の学習に目安のつく時期，つまり，9月以降に始めるのが一般的です。しかし，全体的な傾向をつかみたい場合や，学習進度が早くて，夏前におおよその学習を終えている場合には，7月，8月頃から始めてもかまいません。もちろん，受験間際に模擬テストのつもりでやってみるのもよいでしょう。ただ，どの時期に行うにせよ，取り組むときには，集中的に徹底して取り組むようにしましょう。

④ **活用法**　各年度の入試問題を全問マスターしようと思う必要はありません。できる限り多くの問題にあたって自信をつけることは必要ですが，重要なのは，志望校に合格するためには，どの問題が解けなければいけないのかを知ることです。問題を制限時間内にやってみる。解答で答え合わせをしてみる。間違えたりできなかったりしたところについては，解説をじっくり読んでみる。そうすることによって，本校の入試問題に取り組むことが今の自分にとって適当かどうかが，はっきりします。出題傾向を研究し，合否のポイントとなる重要な部分を見極めて，入学試験に必要な力を効率よく身につけてください。

数学

各都道府県の公立高校の入学試験問題は，中学数学のすべての分野から幅広く出題されます。内容的にも，基本的・典型的なものから思考力・応用力を必要とするものまでバランスよく構成されています。私立・国立高校では，中学数学のすべての分野から出題されることには変わりはありませんが，出題形式，難易度などに差があり，また，年度によっての出題分野の偏りもあります。公立高校を含め，ほとんどの学校で，前半は広い範囲からの基本的な小問群，後半はあるテーマに沿っての数問の小問を集めた大問という形での出題となっています。

まずは，単年度の問題を制限時間内にやってみてください。その後で，解答の答え合わせ，解説での研究に時間をかけて取り組んでください。前半の小問群，後半の大問の一部を合わせて50%以上の正解が得られそうなら多年度のものにも順次挑戦してみるとよいでしょう。

英語

英語の志望校対策としては，まず志望校の出題形式をしっかり把握しておくことが重要です。英語の問題は，大きく分けて，リスニング，発音・アクセント，文法，読解，英作文の5種類に分けられます。リスニング問題の有無(出題されるならば，どのような形式で出題されるか)，発音・アクセント問題の形式，文法問題の形式(語句補充，語句整序，正誤問題など)，英作文の有無(出題されるならば，和文英訳か，条件作文か，自由作文か）など，細かく具体的につかみましょう。読解問題では，物語文，エッセイ，論理的な文章，会話文などのジャンルのほかに，文章の長さも知っておきましょう。また，読解問題でも，文法を問う問題が多いか，内容を問う問題が多く出題されるか，といった傾向をおさえておくことも重要です。志望校で出題される問題の形式に慣れておけば，本番ですんなり問題に対応することができますし，読解問題で出題される文章の内容や量をつかんでおけば，読解問題対策の勉強として，どのような読解問題を多くこなせばよいかの指針になります。

最後に，英語の入試問題では，なんと言っても読解問題でどれだけ得点できるかが最大のポイントとなります。初めて見る長い文章をすらすらと読み解くのはたいへんなことですが，そのような力を身につけるには，リスニングも含めて，総合的に英語に慣れていくことが必要です。「急がば回れ」ということわざの通り，志望校対策を進める一方で，英語という言語の基本的な学習を地道に続けることも忘れないでください。

国語

国語は，出題文の種類，解答形式をまず確認しましょう。論理的な文章と文学的な文章のどちらが中心となっているか，あるいは，どちらも同じ比重で出題されているか，韻文(和歌・短歌・俳句・詩・漢詩)は出題されているか，独立問題として古文の出題はあるか，といった，文章の種類を確認し，学習の方向性を決めましょう。また，解答形式は，記号選択のみか，記述解答はどの程度あるか，記述は書き抜き程度か，要約や説明はあるか，といった点を確認し，記述力重視の傾向にある場合は，文章力に磨きをかけることを意識するとよいでしょう。さらに，知識問題はどの程度出題されているか，語句(ことわざ・慣用句など)，文法，文学史など，特に出題頻度の高い分野はないか，といったことを確認しましょう。出題頻度の高い分野については，集中的に学習することが必要です。読解問題の出題傾向については，脱語補充問題が多い，書き抜きで解答する言い換えの問題が多い，自分の言葉で説明する問題が多い，選択肢がよく練られている，といった傾向を把握したうえで，これらを意識して取り組むと解答力を高めることができます。「漢字」「語句・文法」「文学史」「現代文の読解問題」「古文」「韻文」と，出題ジャンルを分類して取り組むとよいでしょう。毎年出題されているジャンルがあるとわかった場合は，必ず正解できる力をつけられるよう意識して取り組み，得点力を高めましょう。

数学

出題傾向の分析と合格への対策

●出題傾向と内容

本年度の出題数は，大問で5題，小問数にして20題であった。

出題内容は，[1]が正負の数，平方根，連立方程式，2次方程式，[2]が平面図形，確率，資料の整理の問題，[3]が規則性の問題，[4]が図形と関数・グラフの融合問題，[5]が図形の計量問題であった。

基本的な知識や考え方を重視しながら，各問題とも思考力，応用力を試せるように工夫されており，難問・奇問はないので，計算ミスをしないよう1題1題ていねいに解いていくことが大切である。マークシート方式なので記入方法にも気をつけよう。

✔学習のポイント

教科書などで学習を進める際に，途中の計算式やグラフ，図形などをかきながら問題を解く習慣をつけ基礎力をアップさせせよう。

●2025年度の予想と対策

来年度も，出題数，出題形式に大きな変化はないだろう。

年度によって多少の偏りがあるものの，中学数学の全分野からの出題が予想される。計算問題，方程式などは，量が少ない分だけ，やや難しいものが出題される傾向がある。図形の計量問題，図形と関数・グラフの融合問題は毎年出題されている。

まずは教科書内容の徹底的な理解に努めよう。説明，例題，公式，定理などをノートにまとめながらチェックし，章末問題を完全に解けるようにしておき，標準レベルの問題集などで応用力をつけよう。

▼年度別出題内容分類表……

出題内容			2020年	2021年	2022年	2023年	2024年
数と式		数の性質	○				○
		数・式の計算	○	○	○	○	○
		因数分解					
		平方根	○	○	○	○	○
方程式・不等式		一次方程式		○	○	○	○
		二次方程式	○	○	○	○	○
		不等式					
		方程式・不等式の応用		○			
関数		一次関数		○	○	○	
		二乗に比例する関数	○	○	○	○	○
		比例関数					
		関数とグラフ	○	○	○	○	○
		グラフの作成					
図形	平面図形	角度		○			○
		合同・相似	○			○	○
		三平方の定理	○		○		○
		円の性質	○	○	○		○
	空間図形	合同・相似	○			○	
		三平方の定理	○		○	○	
		切断					
	計量	長さ	○		○	○	○
		面積	○	○	○	○	○
		体積	○	○	○	○	○
	証明						
	作図						
	動点		○	○	○		
統計		場合の数	○		○		
		確率	○	○	○	○	○
		統計・標本調査	○	○	○	○	○
融合問題		図形と関数・グラフ	○	○	○		○
		図形と確率					
		関数・グラフと確率					
		その他					
その他					○	○	○

日本大学櫻丘高等学校

英語

出題傾向の分析と合格への対策

●出題傾向と内容

本年度は昨年と同様，リスニング問題1題，語句補充問題1題，長文での語句補充問題1題，長文での語句整序問題1題，長文での並べ替え問題1題，会話文での適文補充問題1題，長文読解問題1題の計7題の出題だった。

リスニング問題では写真やイラストを見ながら答える問題が毎年出題されている。

文法問題は，語句補充や語句整序で中学で習う重要な文法事項が試されていた。

長文読解問題の文章量は最後の1題がやや長く，全体的にやや難しい文を含んでいる。設問には細部を問うものもあり，確かな読解力が求められている。

✔学習のポイント

標準～やや難度の高い，総合問題形式の長文読解問題を数多く解こう。会話文の話の流れを正確につかむ練習も重要である。

●2025年度の予想と対策

来年度も多少の変化は予想されるが，大きな傾向の変化はないだろう。

長文読解問題，会話文問題は，話の流れや内容が理解できているかを問う問題が多いので，標準～やや難しめの英文が出ている問題集を使って読解力を鍛えよう。文法問題対策としては特に整序問題の練習をしっかり積んでおくこと。

また，リスニング問題や会話文での適文補充問題の対策として，会話表現，連語などを幅広く練習しておきたい。CDなどを使って日頃から聞き取る力を養う必要もある。「いつ・どこで・誰が・何をした」などを注意深く聞き取り，メモを取ろう。

▼年度別出題内容分類表 ……

	出題内容	2020年	2021年	2022年	2023年	2024年
話し方・聞き方	単語の発音					
	アクセント					
	くぎり・強勢・抑揚					
	聞き取り・書き取り	○	○	○	○	○
語い	単語・熟語・慣用句					
	同意語・反意語					
	同音異義語					
読解	英文和訳(記述・選択)					
	内容吟味	○	○	○	○	○
	要旨把握					
	語句解釈					
	語句補充・選択	○	○	○	○	○
	段落・文整序	○	○	○	○	○
	指示語				○	○
	会話文	○	○	○	○	○
文法・作文	和文英訳					
	語句補充・選択	○	○	○	○	○
	語句整序	○	○	○	○	○
	正誤問題					
	言い換え・書き換え					
	英問英答					
	自由・条件英作文					
文法事項	間接疑問文			○		○
	進行形		○			
	助動詞	○	○		○	○
	付加疑問文					
	感嘆文					
	不定詞	○		○	○	○
	分詞・動名詞	○	○	○	○	
	比較				○	
	受動態			○	○	○
	現在完了			○		○
	前置詞	○	○	○	○	
	接続詞	○				
	関係代名詞	○			○	

日本大学櫻丘高等学校

国語

出題傾向の分析と 合格への対策

●出題傾向と内容

本年度も，現代文の読解問題が2題と古文の読解問題が1題という計3題の大問構成であった。

論説文は要旨と文脈をとらえた読み取りが要求されている。小説も情景や心情をていねいに読み取る必要がある。

古文は，今年もA・B2つの短い文章から，内容吟味，動作主，口語訳などのほか，和歌も引き続き出題された。

漢字の読み書きや語句の意味，文法や文学史といった知識分野は大問に含まれる形で出題されている。

解答はすべてマークシート方式となっている。問題数が多いので，時間配分に注意したい。

学習のポイント

紛らわしい選択肢の中から正答を見抜くために，選択肢と本文の内容をていねいに対照させせよう。

●2025年度の予想と対策

出題分野は多岐にわたり，国語の全般的な知識が問われるので，幅広い種類の文章を読みこんでおくことが大切である。基礎が身についていれば対応できる問題が多いので，要旨や主題，文脈を正しくつかむことを意識しよう。古文についても，基本をしっかりと学習して，代表的な作品には数多く触れておきたい。漢字，慣用句，四字熟語，語句の意味は幅広く出題されるので，問題集を活用すること。文法も問題集に当たり，品詞の識別，用法の識別ができるようにしておこう。文学史は有名な作品のジャンルや成立時代，著者名などを覚えておくとよい。

▼年度別出題内容分類表 ……

出題内容			2020年	2021年	2022年	2023年	2024年
内容の分類	読解	主題・表題		○	○		○
		大意・要旨	○	○	○	○	○
		情景・心情	○	○	○	○	○
		内容吟味	○	○	○	○	○
		文脈把握	○	○	○	○	○
		段落・文章構成			○		
		指示語の問題	○	○	○		○
		接続語の問題	○	○	○		
		脱文・脱語補充	○	○	○	○	○
	漢字・語句	漢字の読み書き	○	○	○	○	○
		筆順・画数・部首					
		語句の意味	○	○	○	○	○
		同義語・対義語	○	○	○	○	○
		熟語	○	○	○	○	○
		ことわざ・慣用句	○	○			
	表現	短文作成					
		作文(自由・課題)					
		その他					
	文法	文と文節	○	○			
		品詞・用法	○	○	○	○	○
		仮名遣い	○	○	○		○
		敬語・その他	○		○		
	古文の口語訳		○	○	○	○	○
	表現技法			○	○	○	○
	文学史		○	○	○	○	○
問題文の種類	散文	論説文・説明文	○	○	○	○	○
		記録文・報告文					
		小説・物語・伝記	○	○	○	○	○
		随筆・紀行・日記					
	韻文	詩					
		和歌(短歌)				○	○
		俳句・川柳					
	古文		○	○	○	○	○
	漢文・漢詩						

日本大学櫻丘高等学校

2024年度 合否の鍵はこの問題だ!!

数 学　[2](2), [3], [4](4), [5](4)

[2](2)　$0 \leqq a \leqq 3$であることに注意する。数え落としや重複に注意する。

[3](2)(3)　検算をして確かめよう。

[4](4)　平行線と面積の性質を利用する。

[5](4)　前問をてがかりにして解く。

◎例年同様，特別な難問はなく，全体的に取り組みやすい内容である。マークシートの特徴から答えの形が予想できるので，そこもヒントに考えていこう。

英 語　[Ⅶ]

[Ⅶ]の長文は大変文字数が多く，また内容も豊かなので，しっかりとした読解力が求められている。長文を速く，正確に読み取るには何よりも馴れが必要なので，日頃からたくさんの長文を読む練習をすることが一番重要である。また，長文を読むには豊富な語彙力が必要であることも無論である。よって，一見遠回りのように思えるかもしれないが，日頃から単語の知識量を少しでも増やすような地道な努力が求められる。以上の二点において努力することが近道であると思い，最善の努力をしてほしい。　この問題を見ると，全問選択肢で作られている。その内容は長文の内容がしっかり理解できているかというものばかりである。よって，曖昧な読み方をせず，段落ごとにきちんと読むようにせねばならない。各段落ごとに，読み終わったあとに日本語で簡単なメモを書くようにするのはよい方法である。または，読みながら重要な部分だと思われるところにアンダーラインなどの強調マークをつけておくのも有効である。さらには，先に設問にざっと目を通しておいて，問われている内容の見当をつけた後で長文を読むのも，ひとつの方法である。

国語 三 問十一

★合否を分けるポイント

【文章A・B】に共通する教訓として最も適当なものを選ぶ問題である。古文の内容を捉え，その内容から主題としての教訓を的確に読み取れているかがポイントだ。

★内容の展開を的確に読み取る

【文章A】は，苦しい生活の中，年ごろの娘の将来を案じた女房が，娘とともに夜通し歩いて石清水八幡宮に参る→自分はどうなっても構わないので，娘を安心できるようにお見せくださいと泣きながらお願い申し上げていた→疲れて寝てしまっている娘に情けないと愚痴をこぼしたところ，「身の憂さを……」の和歌を娘が詠んだことで，母も娘を責めるのが恥かしくなり，そのまま下山した→その途中で，時流に乗って栄えてらっしゃる殿上人が娘を車に乗せて，そのまま妻にして終生大事にした，という内容である。【文章B】は，和泉式部の娘である小式部内侍が，重い病気になり，付き添って看病している母親が泣いているのを見て，「いかにせむ……」の和歌を苦しい息の中で詠んだところ，天井の上で「ああ，すばらしい和歌だ」という声がした→小式部内侍の病気が治った，という内容である。A・Bどちらも，和歌を詠んだことで良縁に恵まれ，病気が治ったというように，人生が良い方向に向かったことが共通しているので，このことを踏まえたエが正解となる。Aでは，石清水八幡宮の神前で和歌を詠んだことで，その和歌のすばらしさが神に届いて，良縁を結んでくれたという解釈，Bでは，具体的に天井の上の存在が和歌を褒めたことで病気が治った，という解釈になる。この『十訓抄』のように，鎌倉時代の「説話」は仏教的な教訓の意識が強いので，神仏の存在が良い道に導いてくれるという背景もおさえておくと，作品をより深く理解することができる。古文では基本的な語句の意味とともに，時代背景なども合わせて覚え，理解していくようにしよう。

2024年度

入　試　問　題

2024年度

日本大学櫻丘高等学校入試問題

【数　学】（60分）〈満点：100点〉

【注意】1. 定規・コンパス・分度器・計算機は使用できない。

2. 答えが分数の形で求められているときは，それ以上約分できない分数の形で答えること。例えば，$\frac{3}{4}$を$\frac{6}{8}$としてマークしないこと。

3. 答えが比の形で求められているときは，最も簡単な整数の比の形で答えること。例えば，1：3を2：6としてマークしないこと。

4. 答えが根号の中に数字を入れる形で求められているときは，根号の中の数はできるだけ小さな数にして答えること。例えば，$4\sqrt{2}$を$2\sqrt{8}$としてマークしないこと。

1 次の$\boxed{}$に当てはまる数値を答えなさい。

（1）$6\left\{\frac{2}{3}-\frac{(-1)^3}{3}\right\}+8\left\{\frac{5}{2}-\left(-\frac{1}{2}\right)^3\right\}=\boxed{\text{アイ}}$

（2）$(\sqrt{10}+3)(5\sqrt{10}-11)-(3\sqrt{10}-5)(\sqrt{10}+3)=\boxed{\text{ウ}}$

（3）連立方程式$\begin{cases}\frac{3}{x}-\frac{6}{y}=-2\\ \frac{2}{x}+\frac{1}{y}=\frac{7}{6}\end{cases}$の解は，$x=\boxed{\text{エ}}$，$y=\boxed{\text{オ}}$である。

（4）xの2次方程式$x^2+(a-3)x-(a^2-4a+6)=0$の1つの解が$a\,(a<0)$であるとき，この方程式のa以外の解は$\boxed{\text{カ}}$である。

2 次の$\boxed{}$に当てはまる数値を答えなさい。

（1）右の図は半径が6である3つの円がどの2つも互いに1点で接しており，線分OA，OBはそれぞれ2つの円に接している。$x=\boxed{\text{アイ}}°$であり，太線部の長さは$\boxed{\text{ウエ}}+\boxed{\text{オカ}}\sqrt{\boxed{\text{キ}}}+\boxed{\text{クケ}}\pi$である。

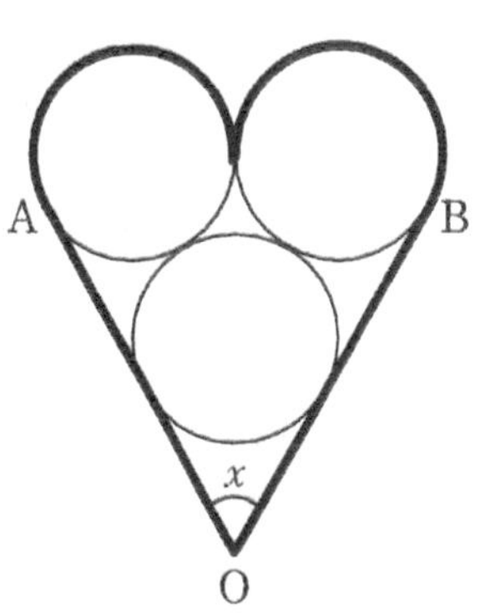

（2）3つの正四面体の側面に数字がかかれたさいころA，B，Cがあり，Aのさいころには0，1，2，3の数字が，BとCのさいころには1，2，3，4の数字がそれぞれかかれている。3つのさいころを同時に投げて，Aの出た目をa，Bの出た目をb，Cの出た目をcとする。さいころの目の出方は同様に確からしいとする。

（ｉ） $a+b+c$が5の倍数となる確率は$\dfrac{\boxed{コサ}}{\boxed{シス}}$である。

（ii） $\sqrt{abc}$が整数となる確率は$\dfrac{\boxed{セソ}}{\boxed{タチ}}$である。

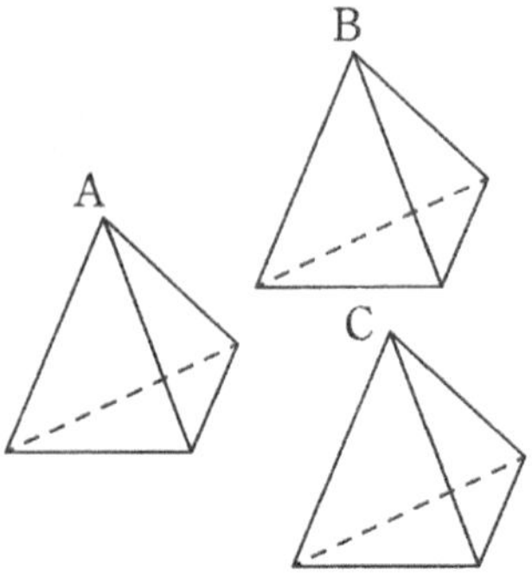

（３） 下の２つの箱ひげ図は，ある学校の男女それぞれ30人の１日の学習時間を示したものである。

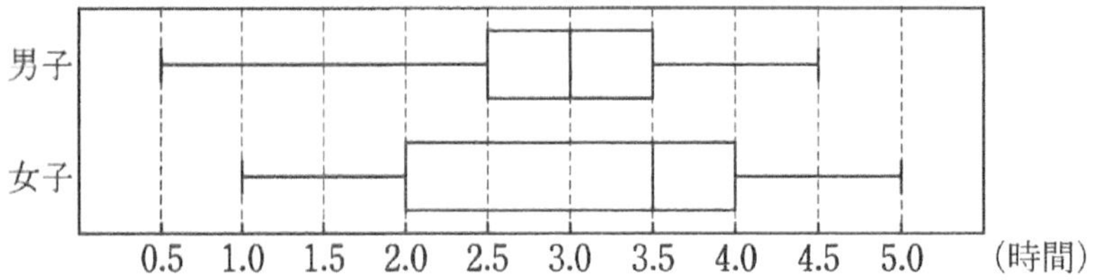

（ｉ） 最大値が大きいのは$\boxed{\text{A}}$であり，第１四分位数が大きいのは$\boxed{\text{B}}$である。また，四分位範囲が大きいのは$\boxed{\text{C}}$である。
A～Cに当てはまるものの組み合わせとして
適切なものは$\boxed{ツ}$である。
$\boxed{ツ}$に当てはまるものを下の選択肢の中から１つ選べ。

《選択肢》

⓪ A：男子 B：男子 C：男子	① A：男子 B：男子 C：女子
② A：男子 B：女子 C：男子	③ A：男子 B：女子 C：女子
④ A：女子 B：男子 C：男子	⑤ A：女子 B：男子 C：女子
⑥ A：女子 B：女子 C：男子	⑦ A：女子 B：女子 C：女子

（ii） 男女60人の中で４時間以上勉強した人数は最も少なくて$\boxed{テ}$人，最も多くて$\boxed{トナ}$人である。

3 下のように，自然数を奇数が１つ出たら偶数を２つ並べるという規則に従って一列に並べる。このとき，次の$\boxed{}$に当てはまる数値を答えなさい。ただし，奇数，偶数はともに左から小さい順に並んでいるものとする。

1, 2, 4, 3, 6, 8, 5, 10, 12, 7, 14, 16, ……

（１） 左から40番目の数は$\boxed{アイ}$である。また，左から239番目の数は$\boxed{ウエオ}$である。

（２） 210はこの列の中で左から$\boxed{カキク}$番目の数である。

（３） 隣り合う２つの数の和が933となるのは小さい方の数が左から$\boxed{ケコサ}$番目の数である。

4 放物線$y=x^2$上に2点A，Bがあり，それぞれのx座標は-1，2である。さらに，右の図のように平行四辺形OBCAをつくるとき，次の$\boxed{}$に当てはまる数値を答えなさい。

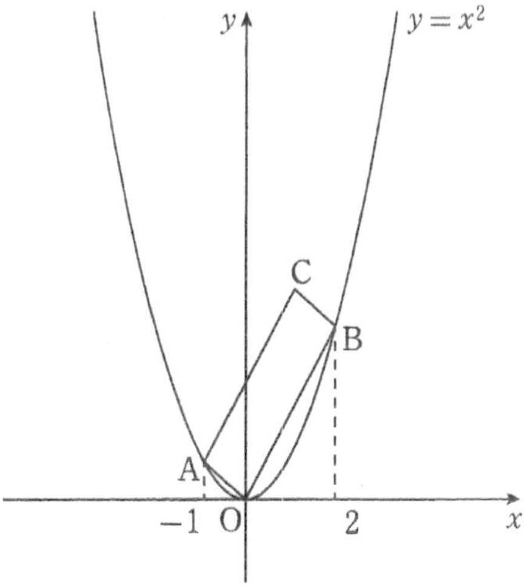

（1） A(-1，$\boxed{\text{ア}}$)であり，C($\boxed{\text{イ}}$，$\boxed{\text{ウ}}$)である。

（2） 座標平面上の点において，x，y座標がともに整数となる点を格子点とよぶ。
例えば，(1，1)や(-1，0)は格子点であるが，$\left(\frac{1}{2},\ -3\right)$は格子点ではない。
平行四辺形OBCAの内部及び周上の格子点は全部で$\boxed{\text{エオ}}$個ある。

（3） 平行四辺形OBCAの面積は$\boxed{\text{カ}}$である。

（4） 放物線$y=x^2$上に点Pをとる。四角形OBPAの面積が△OABの面積の3倍となるような点Pのx座標は小さい順に$-\boxed{\text{キ}}$，$\boxed{\text{ク}}$である。

5 右の図のように，AB＝6，AD＝$3\sqrt{2}$の長方形ABCDがある。点Dから対角線ACに引いた垂線をDHとし，ACの中点Mを通り，DHと平行な線と辺CDとの交点をEとする。
このとき，次の$\boxed{}$に当てはまる数値を答えなさい。

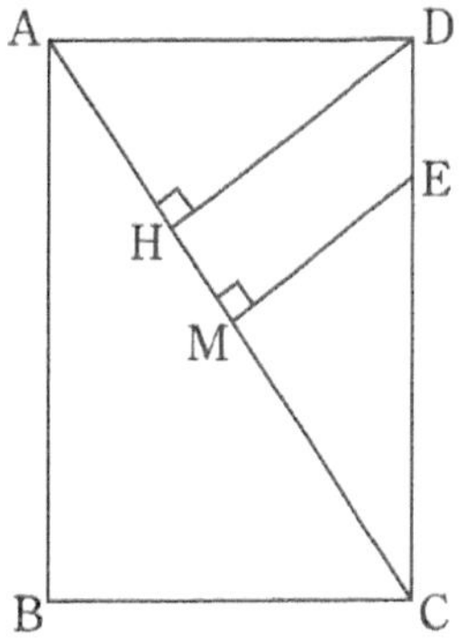

（1） AC＝$\boxed{\text{ア}}\sqrt{\boxed{\text{イ}}}$である。

（2） AH＝$\sqrt{\boxed{\text{ウ}}}$である。

（3） EM＝$\dfrac{\boxed{\text{エ}}\sqrt{\boxed{\text{オ}}}}{\boxed{\text{カ}}}$である。

（4） 長方形ABCDを，ACを軸にして1回転させてできる立体の体積は$\dfrac{\boxed{\text{キク}}\sqrt{\boxed{\text{ケ}}}}{\boxed{\text{コ}}}\pi$である。

【英　語】（60分）〈満点：100点〉

I　これから放送によるリスニングテストを始めます。放送の内容をよく聞いて答えなさい。聞きながらメモをとってもかまいません。

問題 1　次の（1）～（5）の写真について4つの英文が読まれます。写真の状況として最も適切な英文を1～4の中から1つ選び，その番号をマークしなさい。**英文は1回のみ放送されます。**

（1）

1.　2.　3.　4.

（2）

1.　2.　3.　4.

（3）

1.　2.　3.　4.

（4）

1.　　2.　　3.　　4.

（5）

1.　　2.　　3.　　4.

問題２　英文を聞き，質問に対する答えとして最も適切なものを1～4の中から1つ選び，その番号をマークしなさい。**英文は１回のみ放送されます。**

Questions

No.（1）　What is the main topic of this story?

1. Bicycles in Denmark
2. Pollution in Denmark
3. Car drivers in Denmark
4. Schools and offices in Denmark

No.（2）　Which is true about this story?

1. Denmark has no tax.
2. Denmark is a very flat country.
3. There is only one mountain in Denmark.
4. About 40% of the people in Denmark live in Copenhagen.

問題３　これから読まれる2人の対話を聞き，質問に答える問題です。それぞれの質問に対する答えとして最も適切なものを1～4の中から1つ選び，その番号をマークしなさい。**英文は２回放送されます。**

Questions

No.（1）　Where are the man and the woman talking?

1. At a university in Seattle

2. On an airplane flying to San Francisco
3. At Tokyo Station
4. In a library in Kyoto

No.(２) What is the woman going to do in San Francisco?
1. Visit her cousin
2. See her father
3. Study American history
4. Travel

No.(３) What does the man do?
1. He is a student.
2. He is a pilot.
3. He is a professor.
4. He is a scientist.

〈リスニングテスト放送台本〉

問題１　次の(１)～(５)の写真について４つの英文が読まれます。写真の状況として最も適切な英文を１～４の中から１つ選び，その番号をマークしなさい。**英文は１回のみ放送されます。**

(１) Look at the picture marked number 1 in your test booklet.
1. The station is very crowded.
2. Some people are getting on a train.
3. A train has stopped at the station.
4. A train is crossing a railway bridge.

(２) Look at the picture marked number 2 in your test booklet.
1. Two dogs are playing together.
2. Two people are wearing the same costume.
3. A lot of people have dressed up as animals.
4. A lot of animals are sitting on the ground.

(３) Look at the picture marked number 3 in your test booklet.
1. There are some birds near the water.
2. All of the birds are in the water.
3. One of the birds is eating a fish.
4. The birds are flying over a river.

(４) Look at the picture marked number 4 in your test booklet.
1. A man is having breakfast.
2. A mother is preparing breakfast.
3. There is a meal on the table.
4. There is a table by the window.

(５) Look at the picture marked number 5 in your test booklet.
1. Runners are waiting in line for the start of a race.

2．Several race staff are following the runners in cars.

3．All of the runners have just finished a race.

4．A lot of runners are in a race.

問題 2　英文を聞き，質問に対する答えとして最も適切なものを1～4の中から1つ選び，その番号をマークしなさい。**英文は1回のみ放送されます。**

Denmark is one of the most bicycle-friendly countries in the world. About 40 percent of the people in its capital, Copenhagen, go to school or work by bicycle.

Why are bikes so popular in Denmark? First of all, the government is worried about pollution. Cars pollute the air, and the number of cars is growing. Denmark has a very high tax on cars because the government wants more people to ride bikes instead.

Another reason for the popularity of bicycles is that Denmark is very flat. The highest place in the country is only 170 meters above sea level, so it is very easy to ride a bike. In Copenhagen, there are also special lanes just for cyclists. Cars must stop when a bike is crossing the road. Some places have special traffic lights to tell drivers that bikes are going to cross the road.

Questions

No.(1)　What is the main topic of this story?

No.(2)　Which is true about this story?

問題 3　これから読まれる2人の対話を聞き，質問に答える問題です。それぞれの質問に対する答えとして最も適切なものを1～4の中から1つ選び，その番号をマークしなさい。**英文は2回放送されます。**

M：Excuse me, my seat is next to yours. Hi, I'm Jack.

W：Nice to meet you. Hi, I'm Keiko.

M：Are you from Tokyo, Keiko?

W：No, I'm from Kyoto, but I went to school in Tokyo.

M：I am from Seattle. I traveled to Kyoto and now I am flying to San Francisco to visit my cousin. He will meet me at the airport. How about you?

W：I am going to go to university in San Francisco. I will stay there for three and a half years.

M：What are you going to study there?

W：American History. My father studied English in that university when he was young.

M：I studied science at my university in Seattle. I am a professor there now. But, when I was a child, I wanted to be a pilot.

W：How long are you going to stay in San Francisco?

M：Two weeks.

Questions

No.(1)　Where are the man and the woman talking?

No.(2)　What is the woman going to do in San Francisco?

No.(3)　What does the man do?

Ⅱ 次の(1)～(5)の英文の(　　)に入る最も適切な語(句)を1～4の中から1つ選び，その番号をマークしなさい。

(1) (　　) you tell him to call me back later?

1. Are　　2. Would　　3. Do　　4. Were

(2) I have (　　) finished my homework, so I can go out to play.

1. already　　2. ever　　3. just now　　4. yet

(3) This beautiful dress (　　) for Nancy by her mother.

1. made　　2. was made　　3. making　　4. was making

(4) "Did you find (　　) good for his birthday present at the shop?"
"No, I didn't. I'll go to another shop."

1. anything　　2. nothing　　3. that　　4. one

(5) They started (　　) to the island and make villages.

1. came　　2. come　　3. to come　　4. coming from

Ⅲ 文脈を考え，次の(1)～(5)に入る最も適切な語を下の**語群**からそれぞれ1つずつ選び，その番号をマークしなさい。同じ語を2度以上使用してはいけません。

My daily *routine is probably quite different from yours because I'm on the swim team. I wake up at five o'clock every morning. The (1) thing I do is exercise. I ride my bike to the pool, and I swim for an hour and a half. Then I go back home, and get ready for the day My first class starts at eight o'clock. I live on campus, so I can walk to class in two minutes. At eleven thirty, I have a (2) for an hour. I usually eat in the cafeteria with my friends, but sometimes we go out to eat. After that, I have more classes. My classes end at different times every day. The (3) I finish is five o'clock. After I finish, I normally go home, eat dinner, and get started on my homework. If I'm tired, I take a short nap. At seven o'clock, there are (4) swim team activities. On Mondays and Wednesdays, we lift weights in the gym. And on Tuesdays and Thursdays, we go for a run. Then, I go home, have a shower and finish my homework. If I finish (5), I hang out with my roommate. I always go to bed at ten o'clock. And that is my daily routine. As you can see, I have a full schedule.

注　*routine：決まった行動

語群

1. break	2. early	3. first	4. latest
5. more	6. few	7. textbook	8. vacation

Ⅳ 次の設問(1)(2)に答えなさい。

(1) 次の文章のタイトルとして最も適切なものを1～4から選び，その番号をマークしなさい。

Do you take a walk every day? As you may know, walking is good for your health. Walking will help you to feel good and to be relaxed. If you want to lose weight, walking is perfect. If you take a walk with your friends or family, you can enjoy talking with them. Walking is an enjoyable hobby. You can choose nice outfits and try different streets on different days.

1．The Benefits of Walking
2．How to Walk for a Long Time
3．Walking and Friendship
4．Healthy Food and Walking

（2） 次の英文を読んで，下線部から読み取れる内容として最も適切なものを1～4から選び，その番号をマークしなさい。

"You made it!" I said to Nancy. "I checked the train information but couldn't see anything. I thought you were in trouble." "Sorry, Lisa. I almost forgot the ticket. The concert will start soon. Let's find our seats and enjoy the concert."

1．Lisa was glad that Nancy came in time.
2．Lisa was angry that Nancy was in trouble.
3．Lisa was sorry that Nancy didn't bring her concert ticket.
4．Lisa was excited that she was going to enjoy the concert with Nancy.

V

次の文中の**1～5**の(　　　)内にある語(句)を意味の通る文になるように並べ替えなさい。解答は例に従って，1～4番目の順に番号で答えなさい。

例題　We (1. school　2. students　3. are　4. high).

1番目	①	②	●	④
2番目	①	②	③	●
3番目	●	②	③	④
4番目	①	●	③	④

答え：この例ではWe are high school studentsとするため，③,④,①,②を上から順にマークします。

Did you ever stop to $_1$(1. how　2. important　3. think　4. water) is? All animals and plants are mostly water. A person's body is about 65 percent water. Each of us needs to drink at least five *pints of water each day. Big animals need about 15 *gallons of water a day.

Water has other uses, too. It is used for washing and air conditioning. It is used for housework and gardening. Steel, gasoline, paper and most other products are made $_2$(1. of　2. the help　3. water　4. with). Power plants use water for cooling. Farms, of course, need water to grow food.

Water is even $_3$(1. carry　2. goods　3. to　4. used) and people around the world. Water is used for swimming, boating, and other kinds of recreation. Water is the home of many animals and plants, such as fish, whales, clams, and seaweeds.

We can easily see that life would be impossible without water. Because of this, it is so important $_4$(1. clean　2. keep　3. our water　4. to) and usable. Yet, *polluted water is becoming very common.

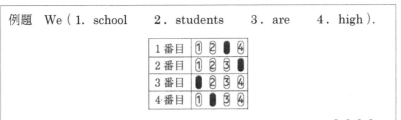

Water that has become polluted is unsafe to use. Pollution can happen when *sewage and other untreated waste is dumped into it. Polluted water can smell, have garbage floating in it, and be unfit for swimming or boating. But even 5(1. clean 2. looks 3. that 4. water) and smells good can be polluted. It may be loaded with germs and dangerous chemicals that you cannot see.

注 *pint：液体の量で約0.5リットル *gallon：液体の量で約3.8リットル *polluted：汚染された *sewage：汚水

Ⅵ 次のA，Bの会話文の(１)～(８)に入る最も適切な文をそれぞれ選択肢から選び，その番号をマークしなさい。同じ選択肢を2度以上使用してはいけません。

A

イギリス留学から久しぶりに日本に帰ってきたエリが，同級生のヒサシと偶然会います。

Hisashi ：Eri? Is that you?

Eri ：Hisashi? Wow, it's been ages. How's it going?

Hisashi ：Pretty good. I didn't know you were in Japan.(1)

Eri ：I came back last week.

Hisashi ：(2), Eri.

Eri ：Well, it has been a few years.

Hisashi ：Your English is really good now.

Eri ：Thanks.(3)

Hisashi ：Yeah. It's cool. Hey, let's get together sometime. How about next Friday?

Eri ：That would be lovely, Hisashi.

Hisashi ：And you can tell me all about your exciting experiences in the UK.

Eri ：All right.(4). We have a lot to catch up.

Aの選択肢

1. You look so different.
2. You seem to be very disappointed.
3. I can't wait to see you again soon.
4. I thought you were studying in the UK.
5. Japan is the most beautiful country in the world.
6. People often tell me I speak with a British accent.
7. To be frank with you, I wanted to study in America.
8. You should go to Ireland and enjoy the wonderful nature.

B

ベンとリリーはコンサート会場に向かっていますが，開始時間に遅れそうです。

Ben ：Hey, the concert starts in an hour. We have been looking forward to it for a year. We cannot miss it.

Lily ：I know. We have to hurry up. If we walk to the station, it will take too long.

(5)We should take the train before 5 o'clock.

Ben : Wait a second.(6)

Lily : What? No, I didn't. I thought you would do it. Didn't you do it, either?

Ben : Oh, no! We have to go back and lock it.
It is the most important thing to do when we go out.

Lily : That's right. And, did you bring our tickets to the concert?

Ben : Oh, no, I forgot them.(7)Without them, we won't be able to get in the hall.

Lily : Then we have to lock the door and get the tickets. Even if we run, we won't be fast enough to go there on time.(8)There is very little time before it starts.

Ben : I hope we will be on time. This concert is too good to miss!

Bの選択肢

1. How lucky I am!
2. How careless of me!
3. We had better take a taxi there.
4. We have plenty of time before it starts.
5. Let's run to the station as fast as possible!
6. Did you lock the door when we left home?
7. It is a fun idea to go there by train and bus.
8. We can go to the concert when we don't have other plans.

Ⅶ 次の英文を読み，それぞれの問に答えなさい。

Most *rainforests grow in countries with very hot, wet weather all through the year. Today there are large rainforests in Asia, in Africa, and in South America. The biggest of (1)these — 58% of the world's rainforest — is around the Amazon.

But a rainforest is not only trees. It is a wonderful world. Every *square kilometer is full of thousands and thousands of plants, birds, and animals. There is more life in a rainforest than in any other place. There are between 10,000,000 and 80,000,000 different kinds of animals and plants in the world's rainforests. Nobody really knows the number, and most of them have no names. But maybe 90% of all the plants and animals in the world live there.

You can walk for an hour through the rainforest and see around 750 different kinds of trees. (2)Every tree is a home, and food, for many animals and birds. The forest is full of life.

Think of a tall building with a lot of floors. Some people live on the ground floor. Other people live on the top floor. The forest has floors, too. Different plants and animals have their homes on the different floors.

From an airplane, you see only the thick, green leaves of the treetops, forty or fifty meters [(3)] the ground. Here, high [(3)] the forest floor, the trees have their flowers and fruits — but not all at the same time of the year. Every tree has its time. The forest is always green.

The leaves fall — slowly — through the year. Hundreds of birds, of beautiful colors, live in the treetops. Many small animals live there, too. They climb and jump from tree to tree. Many of them never go down to the ground.

Every tree in the forest wants to grow up to the sunlight. Under the thick, green leaves there is not much light. It is dark and wet all the time. When a big tree falls, the small trees grow quickly up to the light. Here we also find many long, thin plants. Some climb around the trees up to the light. Thousands of small plants grow on the trees, too. Their *roots grow into the wood — or around it, in the air. Other plants send roots down to the ground.

On the forest floor, under the trees, it is always wet and dark. Often, the trees stand in water for many months of the year. The ground is thick with dead leaves and plants. Fruits and *seeds fall from the treetops and grow in the *soil. New plants grow and climb. Most of them die, but a small number grow tall. Large animals live here on the forest floor. Some kinds of plants grow here all the time, too. They like this dark, wet world.

The tallest trees often have thick, wide roots under the ground and above it. (4)These make the tree strong.

There are 3,000 or more fruits in the rainforests of the world. People in Europe and the US use only about two hundred of them. Rainforest plants gave us many of our everyday foods — fruits and vegetables, coffee, tea, chocolate, and sugar. Today, we grow these on farms in many countries, but they came first from the rainforests.

There are also thousands of plants without names in the rain forests today. Will they be new, cheap foods for the world? Maybe — maybe not. The rain forests are getting smaller, and we are losing many hundreds of kinds of plants every year.

When we are sick, we go to the doctor. We get medicines for different *diseases. (5)A quarter of the medicines in the world come from rainforest plants. Doctors are finding new medicines every year in these plants. They say that there is a possible use for about 10% of them. But the plants of the rain forests are disappearing fast, before we can try them.

People sometimes ask, “Why are rainforests important?” This is one very good answer — for food and medicines, now and in the future.

注　*rainforest：熱帯雨林　　*square kilometer：平方キロメートル　　*root：根
　　*seed：種子　　*soil：土　　*disease：病気

問1　下線部(1)が示す最も適切なものを1つ選び，その番号をマークしなさい。

1．countries with hot, wet weather

2．large rainforests

3．plants, birds and animals

4．lives in rain forests

問2　下線部(2)の内容を表しているものを1つ選び，その番号をマークしなさい。

1．People living there cut down trees to build houses for many animals and birds.

2．People living there get food and wood for building their houses from the trees.

3．Many animals and birds use the trees to build their houses and keep their food there.

4．Many animals and birds live in the trees and get food from them.

問3　文中に2箇所ある［ (3) ］に入る最も適切なものを1つ選び，その番号をマークしなさい。

1．above

2．in

3．on

4．through

問4　本文の内容に関する次の質問に対する答えとして最も適切なものを1つ選び，その番号をマークしなさい。

Why is it dark and wet in the rain forest?

1．Because the color of the leaves is dark and never lets in the sunlight.

2．Because there is a large roof on the trees to block out the sun.

3．Because the sunlight is blocked by the thick green leaves.

4．Because it is always raining in the forest.

問5　下線部(4)の解釈として最も適切なものを1つ選び，その番号をマークしなさい。なお，"These"が示す内容も含めて適切であるものを選ぶこと。

1．これらの土の成分が木を強くする。

2．これらの木は大きくなるにつれて強くなる。

3．最も大きな木は広範囲に強い根を作っている。

4．地中と地上の太く広い根のおかげで木が強くなる。

問6　本文の内容に関する次の質問に対する答えとして最も適切なものを1つ選び，その番号をマークしなさい。

What is happening to the rain forests every year?

1．Because it doesn't rain so much, the trees are growing slower.

2．Because there are fewer rainforests, many kinds of plants are disappearing.

3．Because it is getting hotter in the rainforests, many kinds of plants are dying.

4．Because so many people are coming to live in the rainforests, there is less food.

問7　下線部(5)について最も適切なものを1つ選び，その番号をマークしなさい。

1．They are made from plants in the rainforests.

2．They are used to protect plants in the rainforests.

3．They are given to people living in the rainforests.

4．They are found by some doctors in the rainforests.

問8　本文の内容と一致するものを1つ選び，その番号をマークしなさい。

1．The weather around a rainforest is very hot and wet from spring to autumn.

2．Rainforests have so many trees that not so many kinds of animals live there.

3．"Rainforest" means an area which has about 10,000,000 different kinds of plants.

4．90 % of all the plants and animals in the world might live in the world's rainforests.

問9　本文の内容と一致するものを1つ選び，その番号をマークしなさい。

1．Plants in rainforests can be used to build tall buildings with many floors.

2．The rainforest is similar to a tall building because plants and animals live on the different floors.

3．In the rainforest, plants and animals have their homes on the upper floors because people live on the ground.

4．From an airplane, we can see the floor of the rainforest covered in deep green leaves and colorful flowers and fruits.

問10　本文の内容と一致するものを1つ選び，その番号をマークしなさい。

1．Rainforests are important because there are some plants which have roots inside large woods.

2．Rainforests are important because large animals eat fruits and seeds that have fallen from the treetops.

3．Rainforests are important because some kinds of coffee and tea can't grow anywhere else.

4．Rainforests are important because we might be able to find food and medicine from them.

日頃からとても仲の良いことが述べられている。

イ　【文章A】では、母親が詠んだ和歌のおかげで、娘に素晴らしい縁談が舞い込んだと述べられている。

ウ　【文章B】では、母親が娘のために遠くまで和歌の修行に出かけたが、帰らぬ人となったと述べられている。

エ　【文章B】では、娘が自分の今の境遇が親を悲しませる結果を招くのではと嘆く心情が和歌で述べられている。

問十一、【文章A・B】に共通する教訓として最も適当なものを、次の中から選びなさい。

ア　子どものうちは、どんな状況であっても親に逆らい自分の意見を押しつけてはならない。

イ　周囲が心配するので、常におごる心をおさえ、控えめな態度をとるべきである。

ウ　大人になったら、相手の立場を考えず、自分の都合でむやみに歌を詠んではならない。

エ　幸運に恵まれることもあるので、歌などの教養を身につけておくべきである。

問十二、『十訓抄』は鎌倉時代の説話作品である。同じジャンル（分類）のものを次の中から選びなさい。

ア　今昔物語集　　イ　徒然草

ウ　古今和歌集　　エ　竹取物語

問一、波線部(a)～(d)を現代仮名遣いで表記した場合に**不適当なもの**を、次の中から選びなさい。

ア　(a)なむ＝なぬ　イ　(b)やう＝よう

ウ　(c)かたはらに＝かたわらに　エ　(d)わづかに＝わずかに

問二、傍線部①「これ」の指すものとして最も適当なものを、次の中から選びなさい。

ア　女房　イ　みめ、かたち　ウ　女《むすめ》　エ　母

問三、傍線部②「かなはぬ心」の解釈として最も適当なものを、次の中から選びなさい。

ア　ようやくかなった心　イ　何とかかなってほしい心

ウ　きっとかなうはずの心　エ　どうにもかなわない心

問四、傍線部③「おどろきて」・⑤「時めき給ふ」の本文中での意味として最も適当なものを、それぞれ後の中から選びなさい。

③「おどろきて」

ア　びっくりして　イ　目を覚まして

ウ　怒りをこめて　エ　とても喜んで

⑤「時めき給ふ」

ア　胸が躍るような容姿でいらっしゃる

イ　時流に乗って栄えていらっしゃる

ウ　神々しい出で立ちでいらっしゃる

エ　世間の噂《うわさ》に惑わされずにいらっしゃる

問五、傍線部④「身の憂さをなかなかなにといはしみづ」には、和歌の修辞技法である「掛詞《かけことば》」が用いられている。その説明として適当なものを、次の中から選びなさい。

ア　「身の憂さを」が「なかなか」を修飾している。

イ　「なかなか」や「なに」など同音の語を組み込んでいる。

ウ　「いはしみづ」に「言は」と「石清水」の意味を持たせている。

エ　「憂さ」・「なに」・「みづ」と関連のある語を用いている。

問六、傍線部⑥「取りて」の主語として最も適当なものを、次の中から選びなさい。

ア　女房　イ　姫君　ウ　殿上人　エ　作者

問七、空欄［Ⅰ］に入る語を「係り結びの法則」を踏まえて、次の中から選びなさい。

ア　も　イ　や　ウ　こそ　エ　ぞ

問八、傍線部⑦「あな、あはれ」の現代語訳として最も適当なものを、次の中から選びなさい。

ア　ああ、すばらしい和歌だ。

イ　さあ、和歌を詠んでみよう。

ウ　まあ、つまらない和歌だ。

エ　あれ、和歌を詠めるのだな。

問九、傍線部⑧「よろしくなりにけり」とは、何がどうなったのか。最も適当なものを、次の中から選びなさい。

ア　和泉式部の詠んだ和歌が大変良い出来栄えとなった。

イ　和泉式部の用意した薬草が何よりも効果が出た。

ウ　小式部内侍が母親の看病のかいもなく亡くなった。

エ　小式部内侍が急に元気になって重い病気が治った。

問十、本文の内容と合致するものを、次の中から選びなさい。

ア　【文章A】では、この親子がどちらも大変信心深くて、さらに

幡《はた》に姫君とともに泣く泣く参りて、よもすがら(夜通し)、御前にて、「身は今は、いかにても候ひなむ(構いません)。この女を心安きさまにて見せ給《たま》へ」と数珠《ずず》をすりて、うちなげきうちなげき申しけるに、この娘、参りつくより、母の膝《ひざ》を枕にして、起きも上がらず、寝たりければ、暁方《あかつきがた》になりて、母申す(b)やう、「いかばかり思ひて、②かなはぬ心に、徒歩《かち》より参りつるに、わが申すやうに、よもすがら、神もあはれとおぼしめすばかり申し給ふべきに、思ふことなげに、寝給へるうたてさよ」とくどかれて(愚痴をこぼされて)、姫君③おどろきて、「かなはぬ道に苦しくて(体がついていかないほどつらい道のりで疲れてしまって)」といひて、

④身の憂さをなかなかなにといはしみづ思ふ心を汲《く》みて知るらむ

とよみたりければ、母も恥づかしくて、ものもいはずして、下向《げかう》するに、*七条朱雀《しちでうすざく》のほとりにて、世の中に⑤時めき給ふ*殿上人《てんじやうびと》、桂《かつら》より遊びて帰り給ふが、この女《むすめ》を⑥取りて、車に乗せて、やがて北《きた》の方《かた》(妻にして)にして、始終いみじかりけり(大事にした)。

《注》
*八幡＝石清水八幡宮。京都府八幡市にある神社。
*七条朱雀＝七条大路と朱雀大路が交差する場所。
*殿上人＝清涼殿《せいりょうでん》の殿上の間に昇段を許された位の高い者の総称。

【文章B】

和泉式部《いづみしきぶ》が女《むすめ》、小式部内侍《こしきぶのないし》、この世ならずわづらひけり。かぎりに(命の限り近く)なりて(になって)、人顔《ひとがほ》なども見知らぬほどになりて、臥《ふ》したりければ、和泉式部、(c)かたはらにそひて、額《ひたひ》をおさへて泣きけるに、目を(d)わづかに見あけて、母が顔をつくづくと見て(母の顔を)(苦しい)、息の下に、

いかにせむいくべき方をおもほえず親に先だつ道を知らねば

と、わななきたる声にて候ひければ、天井の上に、あくびさして［ I ］(あくびを途中でやめたのだろうか)あらむ、とおぼゆる声ありて、「⑦あな、あはれ」といひてけり。

さて、身のあたたかさもさめて、⑧よろしくなりにけり。

問十二、傍線部⑫「春のまっただ中にいる」とはどのようなことか。その説明として**不適当なもの**を、次の中から選びなさい。

ア　夢中になれるものに深く心を傾け、もがきながらも進むこと。

イ　同じ目標に真剣に取り組んでいる仲間と、切磋琢磨《せっさたくま》できること。

ウ　堅実な未来を考えるのではなく、今という瞬間に向き合うこと。

エ　冷静さを欠いて判断を誤っても、誰かが自分を守ってくれること。

問十三、「私」は合唱をどのようなものだと感じているか。最も適当なものを、次の中から選びなさい。

ア　厳しい練習で技術を磨き、表情等の細部にまでこだわることで、初めて本来の楽しさを味わえるもの。

イ　各自が役割を果たすことで生まれる責任感を土台とすれば、自然と明るく華やかになるもの。

ウ　合唱に関わる人達の関係が良好になると深みが増してゆき、その上更に人間関係を親密にするもの。

エ　技術と知識がある人が先頭に立ち、適切な方法で指導すれば、いつもよい結果を残せるもの。

問十四、「御木元さん」は本文中でどのような人物として描かれているか。最も適当なものを、次の中から選びなさい。

ア　協調性がないことで孤立していたが、たとえ一人になっても周囲を気にせず自分の信念を貫く人物。

イ　音楽に特別な才能があることでやっかみを受けていたが、実は謙虚で義理堅く頼りがいのある人物。

ウ　理想とする合唱を強要することで周囲と衝突することもあったが、自分の才能を自覚して挑戦を続ける人物。

エ　周りに合わせて柔軟に対応することができずに反発を受けることもあったが、自分の道を夢中で進んでいる人物。

問十五、本文の表現の特徴を述べたものとして最も適当なものを、次の中から選びなさい。

ア　少女たちの生き方を季節を用いて象徴的に描いた上に、その変化を実際の季節の進行と重ねて表現している。

イ　一人称による地の文と短い会話文が規則的に繰り返されており、若さゆえの無鉄砲さを感じる表現になっている。

ウ　登場人物の心情を間接的に描くことで、平凡な少女たちの葛藤を一般化でき、読者が共感しやすい表現になっている。

エ　色鮮やかな比喩表現を用いることで、才能の非凡さや音楽の力の偉大さを印象的に表現している。

三

次の**【文章Ａ・Ｂ】**は一二五二年頃の成立とされる『十訓抄』の一節である。それぞれの文章を読んで、後の問いに答えなさい（設問の都合上、本文に一部改変がある。）

【文章Ａ】

中ごろ、なまめきたる女房、世の中たえだえしかりけるが（日々の生活は苦しかったが、）、みめ、かたち、よかりける女《むすめ》を(a)なむ持ちたりけるが、十七八なりければ、「①これをいかにして、目安きさまにせむ（将来安心できる様子にしたい）」と思ふかなしさに、＊八《や》

イ　御木元さんのこれからに興味を持ちつつ、対照的な自分の無力さを痛感しており、彼女のようにひたむきな生き方をしたいと願っている。

ウ　御木元さんや千夏が自分の生き方を確立していることに驚嘆する一方で、自分だけが何もない状態にあると焦りを感じている。

エ　御木元さんの才能に感動しつつ、自分との明白な違いに落胆しており、周囲の配慮にさえ苛立《いらだ》ってしまう自分をふがいなく思っている。

問六、空欄［C］に入る語として最も適当なものを、次の中から選びなさい。

ア　つくづく　イ　さめざめ
ウ　しぶしぶ　エ　ほとほと

問七、空欄［D］に入る語として最も適当なものを、次の中から選びなさい。

ア　すてきだな　イ　げんきだな
ウ　のんきだな　エ　おろかだな

問八、傍線部⑥「あのとき」とはいつのことか。最も適当なものを、次の中から選びなさい。

ア　秋の合唱コンクールに向けて『麗しのマドンナ』を練習しているとき。

イ　担任からもう一度『麗しのマドンナ』を歌わないかと提案されたとき。

ウ　マラソン大会で御木元さんに向けて『麗しのマドンナ』を歌ったとき。

エ　卒業生を送る会の直前に『麗しのマドンナ』を練習しているとき。

問九、傍線部⑦「彼女を固めていた雪が溶けかけているのがわかった」とあるが、ここで使われている表現技法と同じ技法を用いているものとして最も適当なものを、次の中から選びなさい。

ア　若竹の伸びゆくごとくこども達よ真直に伸ばせ身をたましひを

イ　ほんとうにおれのもんかよ冷蔵庫の卵置き場に落ちる涙は

ウ　最上川の上空にして残れるはいまだうつくしき虹の断片

エ　向日葵《ひまわり》は金の油を身に浴びてゆらりと高し日のちいさきよ

問十、傍線部⑨「明るい」の品詞として最も適当なものを、次の中から選びなさい。

ア　形容詞　イ　連体詞　ウ　副詞　エ　形容動詞

問十一、傍線部⑩「くすくす笑い声が聞こえる」とあるが、この時の級友たちはどのような様子か。最も適当なものを、次の中から選びなさい。

ア　級友たちは、御木元さんの感覚的な説明に戸惑うが、笑い合うことで皆が理解できていないと感じ安心している。

イ　級友たちは、御木元さんの要領を得ない説明に呆《あき》れているが、事実を伝えて彼女を傷つけないよう配慮している。

ウ　級友たちは、御木元さんの突飛《とっぴ》な説明をおかしく思うが、それさえも受け入れて歌うことを楽しんでいる。

エ　級友たちは、御木元さんの説明の拙《つたな》さをからかって、自分たちに能力がないという現実の憂さ晴らしをしている。

ア ①「しかたない」は開催時期に問題のある合唱コンクールが盛り上がらないことに対しての発言であり、②「しかたないよ」は御木元さんが級友たちとの折り合いをつけられないことに対しての発言である。

イ ①「しかたない」は何度も御木元さんに忠告したかったのにできなかったことに対しての発言であり、②「しかたないよ」はだんだんと練習に人が集まらなくなってしまったことに対しての発言である。

ウ ①「しかたない」は音楽に特別な才能がない者たちが御木元さんの期待に応えられないことに対しての発言であり、②「しかたないよ」は御木元さんが徹底的に音楽と向き合うことに対しての発言である。

エ ①「しかたない」は音楽の経験が少ない級友たちが御木元さんのやり方について行けないことに対しての発言であり、②「しかたないよ」はいつも完璧を求める御木元さんの性格に対しての発言である。

問三、傍線部③「四つに組む」・⑧「肝煎」・⑪「不敵な」の本文中の意味として最も適当なものを、それぞれ後の中から選びなさい。

③「四つに組む」
ア 全力を尽くしてまともにぶつかる
イ 自分の限界を超えて無理をする
ウ 既成概念にとらわれない行動をする
エ 不器用ではあるが実直に取り組む

⑧「肝煎」
ア 恐縮して頼むこと
イ あれこれ世話を焼くこと
ウ お節介をすること
エ 権限を越えて行動すること

⑪「不敵な」
ア 冷静で打算的な様子
イ 幼稚で無邪気な様子
ウ あざけり相手を見下す様子
エ 大胆で恐れを知らない様子

問四、傍線部④「人間としてぜんぜん敵わない」とあるが、「私」がこのように思う理由として最も適当なものを、次の中から選びなさい。

ア 歌に一途に向き合う御木元さんに対して、自分は無難に役割をこなすことに重きを置いているから。

イ 音楽家の娘という特別な環境にいる御木元さんに対して、自分は恵まれない境遇に卑屈になっているから。

ウ 決断力のある御木元さんに対して、自分は何をするにも優柔不断で時間がかかってしまうから。

エ いつも物怖じしない御木元さんに対して、自分は物事を始める勇気がなく出遅れてしまうから。

問五、傍線部⑤「なんか、わかるよ、ひかりの気持ち」とあるが、この時のひかり本人の気持ちを説明したものを、次の中から選びなさい。

ア 孤高の存在であった御木元さんに憧れながらも同情する一方で、級友たちとの交わりによって彼女の不思議な魅力が失われることを危惧《きぐ》している。

「目の奥に扉があると思ってみて。そこを大きく開くイメージ」

御木元さんは大きく目を見開いている。⑩くすくす笑い声が聞こえる。

「あれって扉じゃなくて目そのものじゃん」

早希が小声でいい、それでも真似をして大きく目を開いている。

すごいなあ、と私は素直に感心している。御木元さんがこんなふうに指示を出せる。みんながそれに従っている。音楽というのは、お互いの親密さと信頼があって育っていくものらしい。マラソン大会のゴール前で芽を出した私たちの歌は、時間をかけて、今、ゆっくりと双葉を開いたところくらいだろうか。

「そうそう、いいね、そんな感じ。みんないいかな、顔の明るさを忘れないで。これで声のピッチが揃うよ」

御木元さんの右手が挙がり、千夏のピアノが弾む。

よろこびの歌がはじまる。ほんとうだ、みんなの声が明るくなっている。

御木元さんが指揮の腕を大きく振るその軌跡《きせき》から音楽があふれ出す。私たちの声が伸びていく。重なっていく。弾み、広がり、膨らんでいく。

歌が終わっても、まだ光の粒がそこかしこに残っているような感じがする。汗ばむような熱気を逃したくて、窓を開けに立つ。重いサッシを開くと、さっと風が入り込んできた。頬に受ける風が気持ちいい。もうすぐ、春だ。

三月に入れば卒業式がある。その前日、卒業生を送る会で歌うのがこの合唱のゴールになる。

「ものすごく楽しみにしてるからね」

浅原は教師らしからぬ⑪不敵な笑みで私たちを挑発する。のるよ。受けて立つよ。クラス委員はクラスの気持ちを代表して胸を張る。

「ひかり、それじゃ浅原の思うツボだって」

「合唱は気合いで歌うものじゃないってわかってるよね、ひかり」

意気込む私にあやちゃんが、史香が、みんなが口々に声をかける。

ああ、こういうとき、春なんじゃないかな、と思う。今、もしかすると私は⑫春のまっただ中にいるんじゃないか。

（宮下奈都『よろこびの歌』による　一部改変）

《注》

＊サボタージュ＝怠けること。

＊マラソン大会で走る御木元さんの応援歌として歌った＝明泉の学校行事であるマラソン大会において、運動が得意ではない御木元さんが最後尾で校内のグラウンドに戻ってきた場面で、級友たちが自然と『麗しのマドンナ』を歌い出したこと。

問一、空欄 A ・ B に入る語として最も適当なものを、それぞれ後の中から選びなさい。

A
ア　夢　　イ　酔い　　ウ　目　　エ　熱

B
ア　読む　　イ　開く　　ウ　しかめる　　エ　ひそめる

問二、傍線部①「しかたない」・②「しかたないよ」とあるが、その内容の違いについての説明として最も適当なものを、次の中から選びなさい。

「御木元さんを見てると、自分にはなんにもないんだな、って　C　思うよ」

　千夏はいい、それからにっこりと笑った。

「それなのに、不思議なんだ、見ていたいんだよ。御木元さんにはどんどん進んでいってほしいし、それをずっと見ていたい気持ちになるんだ」

　半分くらい、同じ気持ちだ。でもあとの半分では、羨んでいる。春もなく夏も秋も冬も無視して、歌うことで何の迷いもなく進んでいける御木元玲と、なんにもない私。

「なんにもないって思わされて、平気？」

　聞くと、ちょっと考えてから千夏は答えた。

「……これからじゃないかな。なんにもないんだから、これからなんじゃないの、あたしたち」

　D　、と思う。あたしたち、と一緒にされたのもなんだか面白くない。ただ、これから、という千夏の言葉に賭けてみたい気もした。そうでなければ、私は一生冬のまま、春から目を逸らして生きていかなければならない。

　⑥あのときから、何が変わったのだろう。

　クラス替えを目前にして、このクラスでもう一度合唱コンクールの歌を歌わないかという提案が担任の浅原から出されている。また御木元さんの力を見せつけられることになる。わかっていたけれど、はい、と答えた私の気持ち。クラスのみんなの気持ち。そして御木元さんの気持ち。ほんの何か月か前のあの頃とは変わっているのがわかる。冬のマラソン大会で、私たちはもう一度あの歌を歌うことになった。合唱コンクールではさんざんな出来に終わった『麗しのマドンナ』を、*マラソン大会で走る御木元さんの応援歌として歌ったのだ。そのときに思いがけず見た彼女の一粒の涙が私たちの胸を濡《ぬ》らした。⑦彼女を固めていた雪が溶けかけているのがわかった。たったそれだけで、だ。私たちは変わった。毎日、昼休みや放課後に十五分ずつ続ける練習にほとんどクラス全員が揃《そろ》うようになった。

　本番直前となった今日からは、浅原の⑧肝煎《きもいり》で終礼の時間から音楽室を使わせてもらっている。ただし、浅原本人は顔を出さない。先に見ちゃったらつまんないじゃない、と彼女はあくまでも陰から楽しむつもりらしい。

「ここは明るく歌うところなの。もう歌詞も覚えたでしょ？　できるだけ楽譜は見ないで、顔を上げて」

　御木元さんの指示で三十の顔が上がる。

「じゃあ四十八小節、出だしから」

　千夏のピアノが鳴り、みんなが歌い出すとすぐにまた御木元さんが腕を振って歌を止めた。

「もうちょっと明るく歌おう。マドンナたちの華やいだ気持ちになって。さあ、⑨明るい顔をして」

　そういって自ら明るい笑顔をつくってみせた。そうして、こちらを見渡して、

「明るい顔ってわかる？　頬骨を上げて。そう、そして目の奥を開けて。はい、各自十回、目の奥を大きく開けて、閉じて、開けて」

えー、どうやってー、とあちこちから声が上がった。

めていることしかできなかった。

練習を重ねるにつれ、歌うことってこんなに奥が深いのかと[A]が覚めるようだった。ときたまみんなの声がぴたりと重なると、合唱の楽しさに触れることができた気がして、よろこびがこみ上げた。

ただし、この人を指揮者にしてしまったのは間違いだったとたぶんクラス全員が思っていただろう。指揮者は歌えない。御木元玲の声を封印してしまったのはあまりにももったいなかったという後悔。それに、彼女の歌がうますぎて自分が歌う気がなくなってしまうという子もいたし、歌い手としては素晴らしいけれど――素晴らしいからこそ――指導者としては不向きだなどという声も挙がっていた。

御木元さんは、級友たちがやる気のないふりをしていると思っていたみたいだ。少しは燻《くすぶ》っているはずの、歌いたい気持ちを刺激しようとした。まずは声を出させるところから始め、声を合わせたときの気持ちよさを私たちに教えようとした。残念ながらポーズなんかじゃなく、みんなほんとうにやる気がなかったのだけれど。そして、こっそりとやる気のあった何人かにしたって、彼女の要求にしっかり応えられるような力量はなかった。

私も小さい頃からピアノを習っていてそこそこ弾けたから多少の音感はあるはずだったのに、御木元さんのハーモニーの追求は生半可《なまはんか》じゃなかった。否定されるような気分になった子がいたのもわかる。私たちにそこまで求めても①しかたないと思うよ、と何度いいたくなったことか。無理だということがわからないのか、わかっていても妥協ができないのか、彼女の指導は厳しくて、ただでさえ集まりが悪かったのに回を追うごとに人が集まらなくなった。②しかたないよ、と私は思った。今度はクラスメイトたちに対して。御木元さんにはこうすることしかできない。音楽に関して、歌うことに関しては、こんなふうにがっぷり③四つに組む以外に彼女には手はないんだ。

私はそれをクラスメイトたちに伝えられなかった。彼女の歌声に、そして合唱を導こうとする情熱に圧倒されて、すごい、すごい、この人はすごい、と涙が出そうだったのだ。御木元さんのことが猛烈に羨《うらや》ましかった。敵《かな》わない。歌ではもちろん、④人間としてぜんぜん敵わない。勉強そのものが好きなわけでもないのに勉強してクラス委員をやっているだけじゃ、だめだ。それは勤勉ではなく、むしろ*サボタージュなんじゃないか。初めから春を捨ててしまうのは、逃げているってことなんじゃないか。

でも、どうすればいいのかわからなかった。ずっと人のまとめ役で、今さら自分にも何かほしい、何者かになりたいなんて、いったい何をどうすればいいのだろう。べつにいちばんにならなくたっていい。ただ一所懸命になれる何かがほしくてたまらなくなった。

合唱コンクールの前後、無口になってしまった私を友人たちが気遣ってくれた。どうかしたの、とか、ひかりらしくないよ元気出してよ、とか、たくさんの子が声をかけてくれた。やりにくいよね御木元さんて、なんて眉を[B]子もいた。

「⑤なんか、わかるよ、ひかりの気持ち」

そうつぶやいたのは千夏だった。千夏は合唱コンクールでピアノを担当していた。

お気楽そうな千夏に何がわかるのかと思ったけれど、意外に真剣な目を見たら何もいえなくなってしまった。

にも平等の観念を教育したから。

問十四、傍線部⑭「その瞬間キッとなった」とあるが、筆者がこのようになった理由として最も適当なものを、次の中から選びなさい。

ア　怒りに任せて自分を張り飛ばした母親の軽率さを心から腹立たしく思ったから。

イ　第一志望校には落ちたが、次の試験に向けて気持ちを切り替えようとしたから。

ウ　他人の前で涙を見せる行為は、自分のプライドを保てないことだと考えたから。

エ　自分が受験に失敗したのは、母親の協力が不足していたからだと恨んだから。

問十五、傍線部⑮「右を見、左を見、誰かが何かを言うとそれにあたりさわりのないことを言う」状況を表す四字熟語として最も適当なものを、次の中から選びなさい。

ア　五里霧中　　イ　付和雷同

ウ　慇懃無礼《いんぎんぶれい》　　エ　唯我独尊

問十六、本文の内容と合致するものとして最も適当なものを、次の中から選びなさい。

ア　教育の機会均等が法的に認められたのは、戦後になってからである。

イ　羞恥心を育むのは家庭ではなく、主に学校での教育が中心であった。

ウ　戦前では米国の教育の影響を受け、得意分野の伸長が教育の理想であった。

エ　自分を律して行動できることが、教養がある人の条件のひとつである。

二

次の文章を読んで、後の問いに答えなさい。

「私（ひかり）」は、女子高に通っており、二年生になって「御木《みき》元玲《もとれい》」と同じクラスになった。

秋に、ちょっとした出来事があった。御木元さんがクラス対抗の合唱コンクールの指揮者に選ばれたのだ。彼女が指名されたのは、音楽家の娘だという噂《うわさ》が広まっていたせいもあるけれど、その協調性のなさを腹立たしく思っている人もけっこういたからだと思う。

明泉《めいせん》という学校は行事が多い。合唱コンクールはちょうど文化祭が終わってひと息つこうとしたタイミングで行われるので、つい受け流す恰好《かっこう》になってしまう。クラス委員としてはなるべく盛り上げたいとは思うものの、誰も真剣に取り組もうとはしない行事だった。

いやいや引き受けたに違いないのに、御木元さんは途轍《とてつ》もなかった。特別としかいいようのない光を私たちに見せてくれた。彼女にしてみれば、特別なつもりもなかったのかもしれない。指揮者になったことで光が漏れた、そんな感じだった。

級友たちをどうにか引っ張っていくために四苦八苦する彼女は、自分では歌わず、指揮と指導に徹していた。それでも彼女が各パートの出だしや山場を歌って示す、その歌声に触れただけで身体に鳥肌が立つようなことが何度もあった。そういうとき、私は昂揚《こうよう》し、かえってうまく声が出なくなってしまう。光り輝くような声の主を、ただ見つれているから。

イ　アメリカの大学と比較すると、日本の大学はほとんどの人を卒業させてしまうから。

ウ　個人にはそれぞれ得意不得意があるのに、それを隠蔽《いんぺい》しようとしているから。

エ　教育機会は男女に平等に与えられなければならないのに、実際はそうではないから。

問七、傍線部⑤「砥石のような働き」の説明として最も適当なものを、次の中から選びなさい。

ア　大きな困難を目前にしても、揺るがない信念を持ち続けること。

イ　自分に大きな負荷をかけて、不可能なことを可能にしていくこと。

ウ　自分の心を無にし、他人に惑わされずに努力を続けていくこと。

エ　自分と他人との比較を通して、自分の力量を高めていくこと。

問八、傍線部⑥「キレイゴト」の表記の説明として最も適当なものを、次の中から選びなさい。

ア　「キレイゴト」とカタカナ表記をすることで、ここでは皮肉を込めて用いていることを読者に暗示している。

イ　「オンリー・ワン」という表現にあわせて、「キレイゴト」もカタカナ表記をして目新しさを強調する効果を狙っている。

ウ　漢字で書くべき単語をカタカナ表記することで、外国の影響を強く受けた日本の戦後教育のあり方を批判している。

エ　「オンリー・ワン」と「民主的」は両立することはないということを、カタカナ表記を通じて表現している。

問九、傍線部⑧「それ」の表す内容として最も適当なものを、次の中から選びなさい。

ア　自己と他者との優劣

イ　自己に対する安堵感

ウ　他者の感情の襞《ひだ》

エ　互いを尊敬しあう関係

問十、傍線部⑨「発奮」の対義語として最も適当なものを、次の中から選びなさい。

ア　期待　　イ　発揮　　ウ　落胆　　エ　平然

問十一、傍線部⑩「分」を本文中の別の言葉で言い換える場合に最も適当なものを、次の中から選びなさい。

ア　建前　　イ　教養　　ウ　劣等感　　エ　身の丈

問十二、傍線部⑪「森鷗外」の作品として適当なものを、次の中から選びなさい。

ア　三四郎　　イ　たけくらべ　　ウ　友情　　エ　青年

問十三、傍線部⑫「エリートは存在し得ない」とあるが、それはなぜか。その理由として最も適当なものを、次の中から選びなさい。

ア　学校ではあらかじめ限界を設定しておき、それを越えさせないような指導をおこなっているから。

イ　戦前の教育では、自分と他者とを比較して優越感を持たないようにしつけられてきたから。

ウ　家庭では子どもの個性を重視し、お互いの違いを尊重するような教育をおこなっているから。

エ　戦後社会では、戦前の反省をもとに大人だけでなく、子どもられた大切なカイ律を破ってしまった。

エ　長年入院していた祖母から、病状は幸いカイ方に向かっているという知らせを受けた。

(ii)　ヨク圧

ア　ヨク揚をつけて話すことで、自分の考えが相手に伝わりやすくなる。

イ　包丁で指を切ってけがをしたが、ヨク日にはすっかり治っていた。

ウ　裕福な家で育ったせいか、彼にはあまり物ヨクがないように見えた。

エ　ヨク場に入ったらまず体にお湯をかけ、汚れを落とすのがマナーだ。

(iii)　冷ショウ

ア　119番でショウ防署に電話をすると、最初に火事か救急かと聞かれる。

イ　あまりに現実離れしていたため、会議で彼の意見は一ショウにふされた。

ウ　感染症の急速な拡大を受けて、専門家たちはさかんに警ショウを鳴らしている。

エ　履歴書に詐ショウした経歴を書いたことが発覚して、会社を解雇された。

問二、傍線部①「自分はこう考えるということ」の表す内容として最も適当なものを、次の中から選びなさい。

ア　常識に反しても主張すべき個人の倫理観のこと。

イ　相手に対して持論を押しつけない寛容さのこと。

ウ　各時代によって異なる恥ずかしさの感覚のこと。

エ　それぞれの人が持つ正しさなどの価値観のこと。

問三、傍線部②「奇妙な事態」とはどのようなことか。最も適当なものを、次の中から選びなさい。

ア　大きな権力を握った文科省が、学校教育のすべてを把握し、管理しようとすること。

イ　素質や能力に乏しくて、勉強についていけない学生も、大学を卒業してしまうこと。

ウ　制度が整っていないのに、義務教育の就学率がほとんど百パーセントに達したこと。

エ　戦後の日本において、高校を卒業した生徒の半数近くが大学への進学を目指すこと。

問四、空欄［A］～［C］に入る語として最も適当なものを、それぞれ次の中から選びなさい。

ア　たとえば　　イ　むしろ

ウ　あるいは　　エ　しかし

問五、傍線部③「なるほど」・⑦「なぜ」・⑬「もっとも」・⑯「たしかに」のうち、**異なる使い方**で用いられているものを、次の中から選びなさい。

ア　なるほど　　イ　なぜ

ウ　もっとも　　エ　たしかに

問六、傍線部④「戦後の教育の持つ一番いかがわしい面」とあるが、なぜいかがわしいといえるのか。その理由として最も適当なものを、次の中から選びなさい。

ア　個人に対して屈辱感を与えることが、戦後教育では重要視さ

⑬もっとも戦前でも「恥ずかしい」という感覚を育むのは、学校もそうですが、むしろ家庭のなかの方が多かったのじゃないかな。私は親から、「みっともないことしなさんな」とか、「そんなことすると笑われるよ」とかいうことを常時言われていました。いまでも忘れないんですけど、中学の入試の発表を見に行って、落ちてると知ったらちょっと目が潤《うる》んできて。そしたら、隣にいた母親に張り飛ばされてね。母親もつまり自分の息子が落ちていることが恥ずかしいんだと思う。だから息子がそういう反応をしているのが腹立たしかったんだろうとは今なら思うんだけれど。いずれにしてもある意味では他人の目を気にしているわけでしょう。でも、まさに⑭その瞬間キッとなった。ここでウルウルしたりなんかしたら、自分の沽券《こけん》に関わるという感じはそういうときにハッと持ちますよね。多分、そういう家庭教育でそういうことが繰り返し言われていたんだと思いますよ。

この点が個性を大切にするという至極《しごく》真っ当な言い分と混同されている、そう思います。

「他人の目を気にするな」という言い方の中には、たとえば意見を言うときに、他の人は何て言うだろうかと⑮右を見、左を見、誰かが何かを言うとそれにあたりさわりのないことを言う、というような日本社会の悪い側面を指摘するときにしばしば使われてきた事柄だと思いますし、それは⑯たしかに是正すべき欠点だと思いますよ。しかしそれと、いろいろな社会の持っている、あるいは自分自身の持っている、あるいは自分自身が持つべきだと考えているいろいろな決まり事だとか、規矩だとか、自分が逸脱しそうになったときに他の人が見ているという感覚を大切にすることとは、まるで違ったことです――他の人でなくてもいいんですよね。昔はよく、誰が見ていなくても、お天道《てんと》様が見ているからお見通しだよというような言い方をされて、江戸の庶民でもみんなそういう教えを受けた。ヨーロッパやアメリカだと、それは神が見ているということになるわけだし。

誰かが見ているという意識を根拠にして、だからやらないんだという振舞い方は、私はちゃんと残しておいていい人間の姿だと思うんですよね。そのことを十分自分の中に自覚できる人というのは、私はやはり教養ある人だというふうに思います。

（村上陽一郎『あらためて教養とは』による　一部改変）

《注》

＊『おしん』＝山形の寒村に生まれ七歳で奉公に出されたおしんが苦難に耐えて経営者として成功するまでを描いた、橋田壽賀子《はしだすがこ》作のＮＨＫのドラマ。

＊先ほど申し上げたぎりぎりの、本来の意味の教養＝筆者が父親から伝えられた、自分を人間として成長させるための知識や振る舞い方のこと。

＊スノッブ＝上品ぶったり、趣味を誇ったりして教養人を気どること。

＊漱石＝夏目漱石（一八六七～一九一六）。小説家。森鷗外と並ぶ近代文学の巨匠。

問一、傍線部(i)～(iii)のカタカナ部分と同じ漢字を使う熟語として最も適当なものを、それぞれ後の中から選びなさい。

(i)　自カイ

ア　カンガルーほどの大きさの、木綿の肌着を着たカイ物が空から降りてくる話を読んだ。

イ　親友を裏切ってしまったかも知れないという、カイ恨の念に今もさいなまれている。

ウ　昔の友人たちにそそのかされ、師匠から与えりますが、私にとっては、自分の駄目なところに思いを寄せる機会でもあり、他者にとっては、優越感や、自分の方がまだましという安堵感《あんどかん》を感じる機会でもあったに違いない。また私にとっては何とか苦手を克服しようと⑨発奮する励みを生み出すものでもあった。そういう感情の襞《ひだ》は、人間としての必須《ひっす》の成長ではありませんか。【中略】

もう一つ言うと、子供たちだけでなく一般の社会でもそうなのかもしれないけれども、割によく識者が「身の丈に合った生き方をしなさい」というようなことを言うでしょう。先ほど私は⑩分相応《そうおう》ということを言ったのと矛盾《むじゅん》するような話に見えますけれども、実は身の丈に合ったということは、自分の限界の中でということを意味していると思うんです。自分の限界を最初から決めてしまって、自分の限界はこのへんにあるからこれ以上のことはやらないという生き方も、私はおかしいと思う。それはやはりエリート否定と繋《つな》がる発想です。自分がいまの自分の貧しい点を自覚し、乗り越える。劣等感を起爆剤にして、自分が劣等感を感じるような相手のようになりたい、それを超えたい、と思って努力をする。そんなことまで否定をされてしまうと、それが身の丈に合ったということになってしまうのではないか。つまり平等という概念は、結局のところ、人に抜きんでる、あるいは抜きんでた人に近づこうという努力に対して、それを(iii)冷ショウしたり、あるいはあまり意味を認めない、価値を認めない方向に向かって社会が進んできてしまっている一つの結果だと思いますね。結果じゃない。［C］原因だと思いますね。

ですから、その意味では、私は*スノッブというのが悪いものではないという意見です。私の若い頃の恥を話せば、わかってもわからなくても……というか、わからない本をさもわかったようにして読んでというようなことが中学、高校の頃ありました。それは私ばかりではなかったけれど。いまはものを与えるときでも、できるだけかみ砕いているようです。つまり、どう言ったらいいのかな。ある子供の能力には当然現時点での限界というのがありますね。その現在の限界の中で、それより少し低いところのものを与えることによって教育が成り立つという考え方がかなり蔓延《まんえん》していると思うんですよね。

だから教材を与えるにしても、国語（日本語）の教科書から*漱石《そうせき》は消え、⑪森鷗外《おうがい》は消える。鷗外は文語だから難しい。土井晩翠《どいばんすい》の詩、あるいは島崎藤村《しまざきとうそん》の詩も文語だから難しい。難しいからやめるというのはどういうことなんでしょうか。これも私のまったくわからないところですね。つまり、中学校三年生ではこの程度だと決めてしまって、その限度のなかでのみ、与えていく。それはたしかに平均値をとればその程度になるんでしょう。平等主義の平均値でいえば、そこより上のことをやってはいけないという考え方ね。そうすると、それよりちょっと下のあたりを与えておけば無難で、みんながわかってくれて、だいたいみんなが追いついてきてくれて、だから無難ですねという話になっていく。そういう発想の中では⑫エリートは存在し得ない。

飛躍するようだけれど、恥ずかしさというのがなくなったんじゃないかな。できないことは確かに恥ずかしい。しかしそれを感じさせてはいけない、となったら、教育なんて何をすればよいというんですか。【中略】

できない、あるいは自分は徒競走でいつもビリにしかならないという屈辱を味わうことこそ貴重な体験なのに、そういう屈辱を味わわせてはいけないという教育っていったい何なんでしょうね。本当に私にはわからない。

　人間というのは優越感と劣等感で育っていくものだと思います。ある面についての優越感とある面についての劣等感というのがなかったら、人間として、*先ほど申し上げたぎりぎりの、本来の意味の教養というところにも達し得ないと思うんですね。自分がここで他より優れている、自分はここで他より劣っていると思うことが、自分というものをつかんでいく一番最初の出発点でしょう。自分というものをつかむ。そして自分が生きていくということに誠実であろうとするときに、⑤砥石《といし》のような働きをしてくれるのは、他の人に比べて自分はどうであるかということであり、ある場面で優れているということ、ある場面で劣っているということを一つ一つ自覚していくことが、人間が自分を自分として自覚していく最初の出発点だと思うんです。それをできるだけなくそうというのは、本当にいったい何を考えているのか私にはわからない。その上「オンリー・ワン」などという⑥キレイゴトがまかり通る。

　⑦なぜそんな奇妙なことが起こっているのか。差別をなくそうという、「民主的」という理念の中にある本来は大切な点が、戦後の社会、教育の向かう方向において、おかしな形でおよそ間違った結果を導いてしまった、としか言いようがないですね。

　もう一つは子供を過小評価してしまっていることです。自分が子供であったときのことを忘れて、大人の立場から過度の父権主義に立っている、普通の言葉で言えば「過保護」でもありますね。子供は本来もっと逞《たくま》しいものです。劣等感をばねにして立ち上がることもできれば、優越感に溺《おぼ》れて失敗し、そこから立ち直ることもできます。またどこかに優越感を感じることこそが、子供が自分で育つ道でもある。そういうことを一切無視して「平等」を目指そうというのは大人の欺《ぎ》瞞《まん》以外の何ものでもない。それはエリートであることが拒否されることにも現れます。実はエリートを社会は否定できない構造であるにもかかわらず、建前としてエリートという概念を拒否するということにもそれは明確に現れてくると思うんですね。

　たとえば、僕らの子供の頃というのは、運動をやらせたら何でもできる奴《やつ》がいました。もちろん今でもいるでしょう。私は、運動はある特別のジャンル以外はかなり苦手なほうだったから、必ず負ける相手がいるわけですね。その体育系（体育会系、とは言わない）の生徒たちは、非体育系の生徒たちからは、少なくとも体育系の領域に関する限り尊敬されますよね。逆に非体育系の生徒たちは非体育系の領域では明らかに体育系の生徒たちから尊敬されますね。そういう相互の尊敬。尊敬もあればその裏には当然軽蔑《けいべつ》もあります。あいつ何だよ、あれできねえじゃないかというのがあるんですよ。だけども、その尊敬と軽蔑は先ほど申し上げた優越感と劣等感を育《はぐ》む大事な……逆だな。劣等感と優越感がその尊敬と軽蔑とを生み出すのだと言った方がいい。⑧それを否定することはまったく人間としてナンセンスだと思うんですが、そういうふうに考えてはいけないことになっている。中学の頃ある体育の先生は、何かと言うと苦手な器械体操で、クラス全員の前で私を引っ張り出してやらせました。それは確かに屈辱的ではあはなく）義務教育に関しては就学率がほとんど百パーセントになったというのは、結構なことです。もっとも、そこから、学校へ行くということがひどい(ii)ヨク圧になって、いわゆる「不登校学童」という概念が生まれたとも言えますが。

　ところで、「高等教育は別」と言ったんですが、実は「別ですが」という言い方自体、恐らく現在ではかなりあやしくなっているのではないでしょうか。だってそうでしょう。高等学校へは九十何パーセントの人が行く。その中で落ちこぼれるのが出てくるのは当たり前なんですよね。九十何パーセントの人が高等学校でまともに教育を受けられるということを考えること自体が、本当はおかしいんですよ。だけどもいまの建前はそうなってるわけですね。その上、九十何パーセントの高校生のうちのいまは四十五パーセント近くがとにかく大学と名の付くところに行こうとするわけです。しかも、それらの学生はよほどのことがない限り、そのまま大学の「卒業生」になります。

　とくに戦後の大学におけるこのような驚くべき②奇妙な事態。こういう奇妙なことを考えているのは、日本社会だけだと思いますよ。戦後の教育制度が追随《ついずい》した、あるいは追随させられたアメリカでさえ、事態は少し違うと思うんですよ。③なるほどアメリカの場合は、特に州立大学では基本的に州の住民の子弟であれば、入学試験をしないでというか、選抜しないで受け入れなければならないということを取り決めているところが多い。さらにアメリカでは、初等教育でさえ、良きアメリカ市民として育てます、という誓約があって、教育委員会が許可すれば（つまり許可することがあるわけですね）、学校に行かずに両親が教育することを認めている州があるということです。

　アメリカは中央政府に文部省がないですからね。ドイツもないですよ。中央政府が教育に関して口を出してはいけないという不文律が成り立ってますから。片や日本のように文科省がこれほど大きな権力を握ってしまって、教育、学校制度の内容全部に口を出して、それを管理するというのは、ほんとに少し奇妙な事態だと思うんですけどね。

【中略】

　さて話を戻すと、しかし、ではアメリカの大学に入った学生は、日本のように九十何パーセントが卒業するか、させてもらえるかというととんでもない。途中で、大学に適さないという理由でどんどん大学から追われていく。

　教育に関して機会は均等でなければならないというのは、少なくとも初等、中等教育に関してはとりあえずは正しい。そこで、ある人は音楽に才能がある、ある人は美術に才能がある、ある人は理科に才能がある、ある人は文学に才能がある、あるいは体育に才能がある。逆に、あるというほうばかり言いましたけど、実は体育に才能がない、音楽に才能がない、美術に才能がない、理科に才能がない、文学に才能がないという人がいるのも当たり前でしょう。そうすると、そういう現実を回避して、 B 運動会で徒競走をしていつも一着になる人と、いつもビリになる人が出るから徒競走はやらないという教育とは、一体何なんですか。これはかなり強い疑問ですね。

　そういうところに④戦後の教育の持つ一番いかがわしい面が出ていると思うんですよ。いわゆる平等主義というところでね。だって人間は屈辱《くつじょく》を味わうことによって成長するんですから、自分は逆上がりが

【国　語】（六〇分）〈満点：一〇〇点〉

一　次の文章を読んで、後の問いに答えなさい。

戦前と戦後ということを比較するとき何よりも目に付くことは、教育の現場で子供たちに接するときに、それよりも年取った世代の人たちが、良きにつけ悪《あ》しきにつけ、きちんと自分たちの規矩《きく》に自信を持っていて、それが正しいということを常に言い続けたということじゃないでしょうか。それは教師でもそうだし、家庭でもそうだろうと思います。子供たちはそれを肯定的にのみ受け取るわけではないのですが。その意味で言うと、戦後の教育の一番問題なのは、自分も高等教育に携わっている人間としてしばしば(i)自カイをするんですが、①自分はこう考えるということを、なりふり構わずきちんと主張して、後継世代にそれをぶつけていくという作業を怠ってきたんじゃないか。それが非常に違うんだと思いますね。

それから、もう一つ、これはもう少し現象的な面で言えば、私は教育というのは平等なものではないと確信しています。もちろん教育が機会均等であるということは大切なことだと思います。教育を受けたいという人間がいたときに、それがいろいろな社会的制約の中で受けられない。たとえば女性であるから受けられないとか、貧乏だから受けられないとかいうことは、やはり一つひとつ解きほぐし、できるだけなくしていくという方向に行くべきだということについては、全く疑問はありません。

もっともそれは、戦後に始まったのかというと実はそうではなくて、明治の教育理念というのがもともと平等と均等を目指したものでした。そこでは小学校、中学校、大学校という教育組織を目指した。つまり日本を八つの大学区に分けて、一つの大学区を三十二の中学区、さらに一つの中学区を二百十の小学区に分ける。そうすると、日本の総人口が、六百人単位の小学校に均等に割り振られることになります（『学制百年史』昭和四十七年、学制百年史編集委員会編参照）。

つまり最終的には、人口六百人あたり小学校は必ず一つできて、日本中のすべての人がとりあえず小学校へ行けるようになるはずだったのです。ですから、原則全員がまず小学校だけは機会均等で修了できるという目論見《もくろみ》で作っていったものがいまの学校制度の原型ということになる。もちろん貧しいから行けない、たとえば*『おしん』なんかをご覧になるとおわかりになるように、子守りをしていて行けない。もっとも学校に赤ちゃんをおぶって来るなんていうのはごく当たり前のことでもあったんですけれどもね。自分の弟妹《きょうだい》を連れてくることもあれば、子守りで頼まれた子供を連れて来る子もいたんだけど、それでももちろんすべての子供が学校に行けたわけではない。［A］建《たて》前《まえ》は機会均等であった。だから機会均等というのは決して戦後に限ったことではないのですよ。高等教育は当然のことながら別ですけど、少なくとも初等教育に関しての機会均等というのは、明治の本来の教育理念でもあると思います。さらに遡《さかのぼ》れば寺子屋という制度も、それに近い発想だった。

ただそれが、いま言ったように貧しさとか、その他いろいろな制約があってなかなか現実には達成できなかったということもあるわけですから、戦後社会が豊かになったために（教育制度が整ったためにで

MEMO

大切なことはメモしておこうネ！

2024年度

解　答　と　解　説

《2024年度の配点は解答欄に掲載してあります。》

＜数学解答＞《学校からの正答の発表はありません。》

1　(1)　ア　2　イ　7　(2)　ウ　2　(3)　エ　3　オ　2　(4)　カ　9

2　(1)　ア　6　イ　0　ウ　2　エ　4　オ　1　カ　2　キ　3　ク　1　ケ　4
　(2)　コ　1　サ　3　シ　6　ス　4　セ　1　ソ　5　タ　3　チ　2
　(3)　ツ　5　テ　9　ト　2　ナ　2

3　(1)　ア　2　イ　7　ウ　3　エ　1　オ　8　(2)　カ　1　キ　5　ク　8
　(3)　ケ　4　コ　6　サ　6

4　(1)　ア　1　イ　1　ウ　5　(2)　エ　1　オ　0　(3)　カ　6
　(4)　キ　2　ク　3

5　(1)　ア　3　イ　6　(2)　ウ　6　(3)　エ　3　オ　3　カ　2
　(4)　キ　6　ク　9　ケ　6　コ　4

○推定配点○

1, 2　各4点×10　他　各5点×12　計100点

＜数学解説＞

基本　1　(正負の数，平方根，連立方程式，2次方程式)

(1)　$6\left\{\frac{2}{3}-\frac{(-1)^3}{3}\right\}+8\left\{\frac{5}{2}-\left(-\frac{1}{2}\right)^3\right\}=6\left(\frac{2}{3}+\frac{1}{3}\right)+8\left(\frac{5}{2}+\frac{1}{8}\right)=6+21=27$

(2)　$(\sqrt{10}+3)(5\sqrt{10}-11)-(3\sqrt{10}-5)(\sqrt{10}+3)=(\sqrt{10}+3)\{(5\sqrt{10}-11)-(3\sqrt{10}-5)\}=(\sqrt{10}+3)(2\sqrt{10}-6)=20-6\sqrt{10}+6\sqrt{10}-18=2$

(3)　$\frac{1}{x}=X$，$\frac{1}{y}=Y$とすると，$3X-6Y=-2$…①，$2X+Y=\frac{7}{6}$…②　①＋②×6より，$15X=5$　$X=\frac{1}{3}$　これを②に代入して，$\frac{2}{3}+Y=\frac{7}{6}$　$Y=\frac{1}{2}$　よって，$x=\frac{1}{X}=3$　$y=\frac{1}{Y}=2$

(4)　$x^2+(a-3)x-(a^2-4a+6)=0$に$x=a$を代入して，$a^2+(a-3)a-(a^2-4a+6)=0$　$a^2+a-6=0$　$(a+3)(a-2)=0$　$a<0$より，$a=-3$　このとき，元の方程式は，$x^2-6x-27=0$　$(x+3)(x-9)=0$　$x=-3, 9$　よって，もう1つの解は9

2　(平面図形，確率，データの整理)

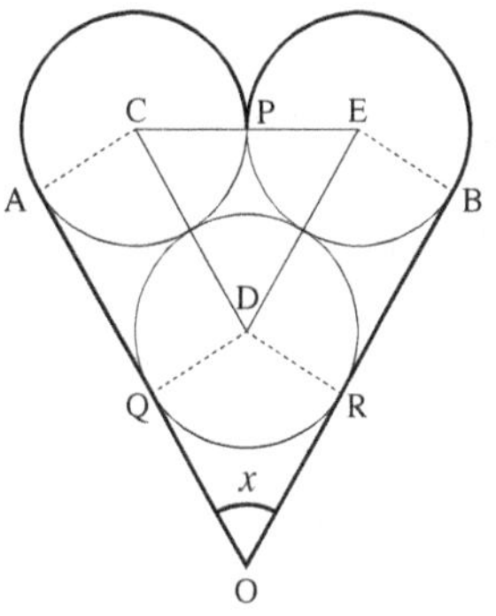

重要　(1)　右の図のように，3つの円の中心をそれぞれC，D，Eとすると，△CDEは1辺の長さが12の正三角形であるから，∠CDE＝60°　CD//AO，DE//OBだから，$\angle x$＝∠AOB＝∠CDE＝60°また，円Cと円Eとの接点をP，円Dと線分OA，OBとの接点をそれぞれQ，Rとすると，AQ＝CD＝BR＝ED＝12　△ODQと△ODRは内角が30°，60°，90°の直角三角形だから，$OQ=OR=\sqrt{3}DR=6\sqrt{3}$　∠ACP＝∠BEP＝360°−90°−60°＝210°だから，弧AP＝弧BP＝$2\pi\times6\times\frac{210}{360}=7\pi$　よって，太線部の長さは，$(12+6\sqrt{3}+7\pi)$

$\times 2=24+12\sqrt{3}+14\pi$

(2)　さいころの目の出方の総数は$4\times 4\times 4=64$(通り)

重要 (i)　和が5となる3つの数の組み合わせは，(0，1，4)，(0，2，3)，(1，1，3)，(1，2，2)　和が10となる3つの数の組み合わせは，(2，4，4)，(3，3，4)で，それぞれ2，2，3，3，1，2通りずつの出方があるから，求める確率は，$\dfrac{2+2+3+3+1+2}{64}=\dfrac{13}{64}$

重要 (ii)　$abc=0$のとき，$a=0$で，bとcの組み合わせは$4\times 4=16$(通り)　$abc=1$のとき，$a=b=c=1$の1通り。$abc=4$のとき，$1\times 1\times 4$が2通り，$1\times 2\times 2$が3通りある。$abc=9$のとき，$1\times 3\times 3$が3通りある。$abc=16$のとき，$1\times 4\times 4$が1通り，$2\times 2\times 4$が2通りある。$abc=36$のとき，$3\times 3\times 4$が2通りある。よって，求める確率は，$\dfrac{16+1+5+3+3+2}{64}=\dfrac{15}{32}$

基本 (3)　(i)　男子の最大値は4.5時間，第1四分位数は2.5時間，四分位範囲は，$3.5-2.5=1$(時間)　女子の最大値は5.0時間，第1四分位数は2.0時間，四分位範囲は，$4.0-2.0=2$(時間)　よって，A：女子，B：男子，C：女子だから，選択肢⑤　(ii)　男子の第3四分位数は3.5時間で，4.5時間勉強した人が少なくとも1人いるから，4時間以上勉強した男子は最少で1人，最多で7人いる。女子の中央値は3.5時間，第3四分位数が4.0時間だから，4時間以上勉強した女子は最少で8人，最多で15人いる。よって，4時間以上勉強した人数は最も少なくて，$1+8=9$(人)，最も多くて，$7+15=22$(人)

3　(規則性)

基本 (1)　左から(奇数・偶数・偶数)のグループが繰り返されるから，$40\div 3=13$あまり1より，左から40番目の数は14番目の奇数で，$2\times 14-1=27$　また，$239\div 3=79$あまり2　$79\times 2+1=159$より，左から239番目の数は，159番目の偶数で，$2\times 159=318$

(2)　$210=2\times 105$より，210は105番目の偶数で，$105=52\times 2+1$　$3\times 52+2=158$より，左から158番目の数である。

(3)　左からn番目のグループの(奇数・偶数・偶数)は，$2n-1$・$2(2n-1)$・$4n$と表される。933は奇数だから，奇数と偶数の和で，n番目のグループ内の数のとき，$2n-1+2(2n-1)=6n-3$　$6n-3=933$　$6n=936$　$n=156$　よって，求める数は，$3\times 156-2=466$より，左から466番目の数である。

4　(図形と関数・グラフの融合問題)

重要 (1)　$y=x^2$に$x=-1$，2をそれぞれ代入して$y=1$，4　よって，A$(-1,\ 1)$，B$(2,\ 4)$　C$(x,\ y)$とすると，平行四辺形の対角線はそれぞれの中点で交わるから，$\dfrac{x+0}{2}=\dfrac{-1+2}{2}$より，$x=1$　$\dfrac{y+0}{2}=\dfrac{1+4}{2}$より，$y=5$　よって，C$(1,\ 5)$

基本 (2)　直線OBの傾きは$\dfrac{4-0}{2-0}=2$より，直線OBの式は$y=2x$　直線ACの式を$y=2x+b$とすると，点Aを通るから，$1=-2+b$　$b=3$　よって，$y=2x+3$　$y=2x$に$x=1$を代入すると，$y=2$　よって，格子点は，$(-1,\ 1)$，$(0,\ 0)$，$(0,\ 1)$，$(0,\ 2)$，$(0,\ 3)$，$(1,\ 2)$，$(1,\ 3)$，$(1,\ 4)$，$(1,\ 5)$，$(2,\ 4)$の10個

基本 (3)　直線ABの式は$y=x+2$より，D$(0,\ 2)$とすると，$\triangle$OAB$=\triangle$OAD$+\triangle$OBD$=\dfrac{1}{2}\times 2\times 1+\dfrac{1}{2}\times 2\times 2=3$　よって，平行四辺形OBCAの面積は，$2\triangle$OAB$=2\times 3=6$

重要 (4)　y軸上にOE$=3$OD$=6$となる点Eをとると，$\triangle$EAB$=2\triangle$OABより，四角形OBEAの面積は$\triangle$OABの面積の3倍になる。点Eを通り直線ABに平行な直線$y=x+6$と$y=x^2$との交点をPとすれば，$\triangle$EAB$=\triangle$PABとなり，題意を満たす。$y=x+6$と$y=x^2$からyを消去して，$x^2=x+6$　$x^2-x-6=0$　$(x+2)(x-3)=0$　$x=-2$，3

5　(空間図形の計量)

(1)　AC$=\sqrt{\text{AB}^2+\text{BC}^2}=\sqrt{6^2+(3\sqrt{2})^2}=3\sqrt{6}$

(2)　2組の角がそれぞれ等しいから，△ADH∽△CAB　AH：CB＝AD：CA　$AH=\frac{(3\sqrt{2})^2}{3\sqrt{6}}=\sqrt{6}$

(3)　2組の角がそれぞれ等しいから，△ECM∽△CAB　EM：CB＝CM：AB　$EM=3\sqrt{2}\times\frac{3\sqrt{6}}{2}\div 6=\frac{3\sqrt{3}}{2}$

(4)　BからACにひいた垂線をBIとすると，CI＝AH＝$\sqrt{6}$より，Mは線分HIの中点になる。求める立体の体積は，四角形AMEDをACを軸として1回転させてできる立体Xの体積の2倍に等しい。立体Xの体積は，△ADHと△CDHをACを軸として1回転させてできる円錐の体積の和から△CEMをACを軸として1回転させてできる円錐の体積を引いて求まる。DH＝$2\sqrt{3}$より，立体Xの体積は，$\frac{1}{3}\pi\times(2\sqrt{3})^2\times3\sqrt{6}-\frac{1}{3}\pi\times\left(\frac{3\sqrt{3}}{2}\right)^2\times\frac{3\sqrt{6}}{2}=\frac{69\sqrt{6}}{8}\pi$　よって，求める立体の体積は，$\frac{69\sqrt{6}}{8}\pi\times2=\frac{69\sqrt{6}}{4}\pi$

★ワンポイントアドバイス★

出題構成，難易度とも大きな変化はない。時間配分を考えながらできるところからミスのないように解いていこう。

＜英語解答＞《学校からの正答の発表はありません。》

Ⅰ　問題1　(1)　3　(2)　2　(3)　1　(4)　3　(5)　4　問題2　(1)　1　(2)　2
問題3　(1)　2　(2)　3　(3)　3

Ⅱ　(1)　2　(2)　1　(3)　2　(4)　1　(5)　3

Ⅲ　(1)　3　(2)　1　(3)　4　(4)　5　(5)　2

Ⅳ　(1)　1　(2)　1

Ⅴ　1　3124　2　4213　3　4312　4　4231　5　4321

Ⅵ　A　(1)　4　(2)　1　(3)　6　(4)　3　B　(5)　5　(6)　6　(7)　2　(8)　3

Ⅶ　問1　2　問2　4　問3　1　問4　3　問5　4　問6　2　問7　1　問8　4
問9　2　問10　4

○推定配点○

Ⅰ～Ⅵ　各2点×35　Ⅶ　各3点×10　計100点

＜英語解説＞

Ⅰ　リスニング問題解説省略。

Ⅱ　**(語句選択問題：助動詞，現在完了，受動態，代名詞，不定詞)**

基本　(1)　「彼に後で電話をかけ直すよう言っていただけますか。」「～してくれませんか」と丁寧にお願いする時は，〈 will you ～ 〉や〈 would you ～ 〉を用いた疑問文にする。

(2)　「私はすでに宿題をし終わったので，遊びに出かけられる。」 already は have と過去分詞の間に入れ，「すでに」という意味を表す。

(3)　「この美しいドレスはナンシーのために彼女の母親によって作られた。」 受動態の文なので〈 be 動詞＋過去分詞〉という形になる。

(4)　「お店で彼の誕生日プレゼントによい何かを見つけましたか。」「いいえ，見つけませんでした。私は別のお店に行きます。」 否定文・疑問文ではanythingを使う。

(5) 「彼らはその島に来て村を作るようになった。」 不定詞の名詞詞的用法は「～すること」という意味を表す。

Ⅲ （長文読解問題・説明文：語句補充）

（全訳） 私は水泳部に所属しているので，あなたの日常生活とはおそらくかなり異なります。私は毎朝5時に起きます。私が(1)最初にすることは運動です。自転車に乗ってプールまで行き，1時間半泳ぎます。それから家に帰って，その日の準備をします。私の最初の授業は8時に始まります。私はキャンパス内に住んでいるので，歩いて2分で授業に行けます。11時半に1時間(2)休憩します。私はいつも友達とカフェテリアで食事をしますが，時々外食に行きます。その後，さらに授業があります。私のクラスは毎日違う時間に終わります。(3)一番遅くて5時です。終わったら，普通は家に帰って，夕食を食べて，宿題を始めます。疲れたら，少し昼寝します。7時になると(4)更なる水泳チームの活動が続きます。月曜日と水曜日はジムでウェイトトレーニングをします。そして火曜日と木曜日にはランニングに行きます。それから家に帰ってシャワーを浴びて宿題を終わらせます。(5)早く終わったら，ルームメイトと遊びます。私はいつも10時に寝ます。そしてそれが私の日課です。ご覧のとおり，私はスケジュールがいっぱいです。

Ⅳ （長文読解問題・説明文：文整序）

(1) 「あなたは毎日散歩しますか？ ご存知の通り，歩くことは健康に良いことです。歩くと気分が良くなり，リラックスできます。痩せたいならウォーキングが最適です。友達や家族との会話も楽しめます。散歩は楽しい趣味です。あなたは素敵な服を選んで，違う日に違う通りを試すことができます。」 散歩することの良さについて書いているので，1が答え。1「散歩の利点」，2「長い時間歩く方法」，3「散歩と友情」，4「健康的な食事と散歩」

(2) 「『やったね！』私はナンシーに言いました。『電車の情報をチェックしたけど，何も表示されなかったよ。あなたが困っているんだと思った。』『ごめんなさい，リサ。切符を忘れるところだったの。もうすぐコンサートが始まるね。席を見つけて楽しみましょう。』」 コンサートが始まる頃にナンシーがやって来たので，1が答え。1「リサはナンシーが間に合ってうれしかった。」，2「リサはナンシーが困っていたので怒った。」，3「リサは，ナンシーがコンサートのチケットを持ってこなかったので困った。」，4「リサはナンシーとコンサートを楽しめるので興奮した。」

Ⅴ （長文読解問題・説明文：語句整序）

（大意） 1水がどれほど大切かを立ち止まって考えたことはありますか？ すべての動物や植物はほとんどが水です。人の体の約65パーセントは水分です。私たちは毎日少なくとも5パイントの水を飲む必要があります。大きな動物は1日に約15ガロンの水が必要です。

水には他の用途もあります。洗濯やエアコンなどに使用されています。家事やガーデニングに使っています。鉄鋼，ガソリン，紙，その他の製品は2水の助けを借りて作られています。発電所では冷却に水を使用します。もちろん，農場では食物を育てるために水が必要です。

水は世界中で3物や人を運ぶためにも使用されています。水は水泳，ボート遊び，その他の種類のレクリエーションに使用されます。水には，魚，クジラ，貝，海藻など，多くの動植物が生息しています。

水がなければ生命は不可能であることは簡単にわかります。このため，水を4清潔で使用可能な状態に保つことが非常に重要です。しかし，汚染された水は非常に一般的になってきています。

汚染された水は安全に使用できません。下水やその他の未処理の廃棄物がそこに投棄されると，汚染が発生する可能性があります。汚染された水は臭いがしたり，ゴミが浮いたりして，水泳やボート遊びには適さないことがあります。しかし，5見た目はきれいで良い香りの水でも，汚染されている可能性はあります。目には見えない細菌や危険な化学物質が詰まっている可能性があります。

1 think how important water is　間接疑問文なので，〈疑問詞＋主語＋動詞〉の語順になる。

2 with the help of water　「～の助けによって」と表すときは〈 with the help of ～ 〉とする。

3 used to carry goods　不定詞の副詞的用法は「～するために」という意味で目的を表す。

基本 4 to keep our water clean　〈 keep A B 〉で「A を B のままにしておく」という意味になる。

5 water that looks clean　〈 A look B 〉で「A は B に見える」という意味を表す。

Ⅵ （会話文問題：文選択）

A　ヒサシ：エリ，君かい？

エリ：ヒサシ？　すごく久しぶりよね。調子はどう？

ヒサシ：いいよ。君が日本にいるとは知らなかったよ。(1)イギリスに留学しているのかと思ってた。

エリ：先週もどったの。

ヒサシ：(2)前とは違うみたいだね，エリ。

エリ：ええ，何年もたってるからよ。

ヒサシ：君の英語は今やとてもいいね。

エリ：ありがとう。(3)イギリス英語のアクセントで話しているとよく言われるのよ。

ヒサシ：そうだね。かっこいいね。ねえ，また会おうよ。来週の金曜日はどう？

エリ：すてきだわ，ヒサシ。

ヒサシ：イギリスでのわくわくする体験を全部話してよ。

エリ：わかった。(4)またすぐ会えるのが楽しみだわ。話すことが多くあるよね。

2「とてもがっかりしているようだね。」，5「日本は世界で一番美しい国です。」，7「率直に言って，私はアメリカで勉強したかった。」，8「あなたはアイルランドに行って美しい自然を楽しむべきだ。」

B　ベン：ねえ，コンサートが一時間で始まるよ。一年間楽しみにしてきたんだ。見逃せないよ。

リリー：知ってるよ。急がないといけないね。駅まで歩いたら時間がかかりすぎるね。(5)できるだけ早く駅まで走ろうよ。5時までには電車に乗らないと。

ベン：ちょっと待って。(6)家を出るときカギをかけた？

リリー：何？　わたしはかけてないわよ。あなたがかけたんだと思ってた。あなたもかけなかったの？

ベン：ああ，しまった！　戻ってカギをかけないと。外出するときに一番大切なことだよ。

リリー：その通り。それから，コンサートのチケットを持ってきた？

ベン：ああ，しまった，忘れた。(7)ぼくは何て不注意なんだろう。チケットがなかったらホールに入れないよね。

リリー：じゃあ，私たちはドアの鍵をかけてチケットを持たないといけないね。もし走っても間に合うほど速くいけないよ。(8)そこでタクシーに乗ったほうがいいわよ。始まるまでもう時間がないもの。

ベン：間に合うといいな。このコンサートは見逃せないほどいいんだよ！

1「私はなんて幸運だろう！」，4「それが始まるまで多くの時間がある。」，7「そこへ電車とバスで行くのは楽しいアイデアだ。」，8「他の計画がないとき私たちはコンサートに行ける。」

Ⅶ （長文読解問題・説明文：内容吟味，語句補充，指示語）

（大意）　ほとんどの熱帯雨林は，一年を通じて非常に暑く雨の多い国で生育しています。現在，アジア，アフリカ，南アメリカには大規模な熱帯雨林があります。(1)これらの中で最大のもの―世界の熱帯雨林の58％―はアマゾン周辺にあります。

しかし，熱帯雨林は木だけではありません。それは素晴らしい世界です。1平方キロメートルごとに，何千もの植物，鳥，動物が生息しています。熱帯雨林には他の場所よりも多くの生き物がいます。世界の熱帯雨林には1,000万から8,000万種類の動植物が生息しています。その数を実際に知っている人は誰もおらず，そのほとんどは名前がありません。しかし，おそらく世界中のすべての動植物の90％がそこに住んでいます。

熱帯雨林の中を1時間歩くと，約750種類の木々を見ることができます。(2)どの木も多くの動物や鳥にとって住み家であり，食べ物でもあります。森は生命に満ちています。

多くの階数がある高層ビルを思い浮かべてください。1階に住んでいる人もいます。最上階には他の人が住んでいます。森にも階があります。さまざまな植物や動物がさまざまな階に住んでいます。

飛行機から見ると，地表の(3)上の40～50メートルの梢の緑の葉が茂っているだけです。ここでは，林床から(3)上の高いところに木々が花や実をつけていますが，すべてが同じ時期に咲くわけではありません。どの木にも時期があります。森はいつも緑です。葉は一年を通して―ゆっくりと―落ちます。美しい色彩をした数百羽の鳥が梢に住んでいます。小動物もたくさん住んでいます。彼らは木に登ったり，木から木へと飛び移ったりします。彼らの多くは決して地上に降りることはありません。

森の木はどれも太陽の光を受けて成長したいと願っています。厚い緑の葉の下では光はあまりありません。いつも暗くて湿気が多いです。大きな木が倒れても，小さな木はすぐに光に向かって成長します。ここにも細長い植物がたくさんあります。木々の周りを登って光に向かうものもあります。何千もの小さな植物も木に生えています。それらの根は木の中，あるいはその周囲，空中に伸びます。他の植物は根を地面に下ろします。

林床や木々の下はいつも濡れていて暗いです。多くの場合，木は一年のうち何ヶ月も水の中に立っています。地面には枯れ葉や植物が生い茂っています。果実や種は梢から落ち，土の中で成長します。新しい植物が成長し，登っていきます。それらのほとんどは死にますが，少数の個体は背が高くなります。ここの林床には大型動物が生息しています。ここにも常にいくつかの種類の植物が生えています。それらはこの暗くて湿った世界が好きです。

最も高い木は，地面の下とその上に太く広い根を持っていることがよくあります。(4)これらが木を強くします。

世界中の熱帯雨林にはさらに3,000個以上の果物があります。ヨーロッパと米国の人々はそのうち約200個しか使用していません。熱帯雨林の植物は，果物や野菜，コーヒー，紅茶，チョコレート，砂糖など，私たちの日常の食べ物の多くを与えてくれました。今日，私たちは多くの国の農場でこれらを栽培していますが，それらは最初は熱帯雨林から来たものです。

現在の熱帯雨林には，名前のない植物も何千本も存在します。それらは世界にとって新しい安価な食品となるでしょうか？　多分そうでないかもしれません。熱帯雨林は減少しており，毎年何百種類もの植物が失われています。

私たちは病気になると医者に行きます。さまざまな病気に対応した薬を得ます。(5)世界の医薬品の4分の1は熱帯雨林の植物から作られています。医師たちは毎年，これらの植物から新しい薬を発見しています。そのうちの約10％は使える可能性があると言われています。しかし，熱帯雨林の植物は，私たちが試す前に急速に消え去っています。

「熱帯雨林はなぜ重要なのですか?」と時々尋ねられることがあります。これは非常に優れた答えの1つです—現在および将来の食品と医薬品のために—。

問1　1「暑く，湿潤な気候の国」 2「大きな熱帯雨林」 直前の文の large rainforests を指しているので，2が答え。 3「植物，鳥そして動物」 4「熱帯雨林での生活」

問2　1「そこに住む人々は，多くの動物や鳥のために家を建てるために木を切り倒す。」 人間について述べていないので，誤り。 2「そこに住む人々は，食べ物や家を建てるための木材を木から得る。」 人間について述べていないので，誤り。 3「多くの動物や鳥は，木を使って家を建て，そこに食べ物を保管する。」「食べ物を保管する」とは言っていないので，誤り。 4「多くの動物や鳥が木々に生息し，木々から食べ物を得ている。」 木は動物にとって「住み家であり，食べ物でもある」と言っているので，答え。

問3　いずれも地表から高い部分について説明している。ある場所から上方に離れているところを表すときには above を用いる。

問4「熱帯雨林の中はなぜ暗くて濡れているのか。」 1「葉の色が濃く，日光が当たらないため。」 色だけが理由になっているので，誤り。 2「木々の上に大きな屋根があり，日差しを遮るため。」 屋根はないので，誤り。 3「厚い緑の葉で陽の光が遮られるため。」「厚い緑の葉の下では光はあまりありません」とあるので，答え。 4「森ではいつも雨が降っているため。」 葉について触れていないので，誤り。

問5　直前にある「地面の下とその上に太く広い根を持っている」という内容に合うので，4が答え。

問6「熱帯雨林には毎年何が起こっているか。」 1「雨があまり降らないので，木の成長が遅くなる。」 文中に書かれていない内容なので，誤り。 2「熱帯雨林が減少しているため，多くの種類の植物が失われている。」「熱帯雨林は減少しており，毎年何百種類もの植物が失われています」とあるので，答え。 3「熱帯雨林では暑さが増しているので，多くの種類の植物が枯れている。」 文中に書かれていない内容なので，誤り。 4「非常に多くの人が熱帯雨林に住もうとしているため，食べ物が少なくなっている。」 文中に書かれていない内容なので，誤り。

問7　1「熱帯雨林の植物から作られている。」「熱帯雨林の植物から作られています」とあるので，答え。 2「熱帯雨林の植物を保護するために使用されている。」 文中に書かれていない内容なので，誤り。 3「熱帯雨林に住む人々に与えられる。」 文中に書かれていない内容なので，誤り。 4「それらは熱帯雨林で何人かの医師によって発見される。」 文中に書かれていない内容なので，誤り。

問8　1「熱帯雨林周辺の天気は，春から秋にかけて非常に暑く，湿気が多い。」 文中に書かれていない内容なので，誤り。 2「熱帯雨林には木がたくさんあるため，そこに生息する動物の種類はそれほど多くない。」 動物の種類は多いとあるので，誤り。 3「『熱帯雨林』とは，約1,000万種の植物が生い茂る地域を指す。」「1,000万から8,000万種類の動植物が生息しています」とあるので，誤り。 4「世界中のすべての動植物の90%が，世界の熱帯雨林に生息している可能性がある。」「おそらく世界中のすべての動植物の90%がそこに住んでいます」とあるので，答え。

問9　1「熱帯雨林の植物は，多層階の高層ビルの建設に利用できまる。」 文中に書かれていない内容なので，誤り。 2「植物や動物が異なる階に生息しているため，熱帯雨林は高層ビルに似ている。」「さまざまな植物や動物がさまざまな階に住んでいます」とあるので，答え。

3「熱帯雨林では，人間が地上で生活しているため，植物や動物は上層階に住み家を持っている。」 人間が生活しているとは書かれていないので，誤り。 4「飛行機からは，深い緑の葉と色とりどりの花や果物で覆われた熱帯雨林の林床が見える。」 熱帯雨林の地表は見えないと書かれているので，誤り。

重要　問10　1「熱帯雨林は，大きな森の中に根を張る植物が存在するため重要だ。」食料や医薬品について書かれていない内容なので，誤り。　2「大きな動物が木の上から落ちた果物や種子を食べるため，熱帯雨林は重要だ。」文中に書かれていない内容なので，誤り。　3「一部の種類のコーヒーや紅茶は他の場所では栽培できないため，熱帯雨林は重要だ。」薬について書かれていないので，誤り。　4「食料や医薬品が見つかる可能性があるから熱帯雨林は重要だ。」食料や医薬品が得られることが書かれているので，答え。

★ワンポイントアドバイス★

Ⅱの(2)にはalreadyを用いた問題である。現在完了の文では他にyetやneverも使われるので，確認しておこう。また，現在完了の文では，明らかに過去を表す語句や接続詞のwhenを使うことができないことも確認しておこう。

＜国語解答＞《学校からの正答の発表はありません。》

一　問一　(i)　ウ　(ii)　ア　(iii)　イ　問二　エ　問三　ア　問四　A　エ　B　ア　C　イ　問五　ウ　問六　ウ　問七　エ　問八　ア　問九　ア　問十　ウ　問十一　エ　問十二　エ　問十三　ア　問十四　ウ　問十五　イ　問十六　エ

二　問一　A　ウ　B　エ　問二　エ　問三　③　ア　⑧　イ　⑪　エ　問四　ア　問五　エ　問六　ア　問七　ウ　問八　ウ　問九　ア　問十　ア　問十一　ウ　問十二　エ　問十三　ウ　問十四　エ　問十五　ア

三　問一　ア　問二　ウ　問三　エ　問四　③　イ　⑤　イ　問五　ウ　問六　ウ　問七　イ　問八　ア　問九　エ　問十　エ　問十一　エ　問十二　ア

○推定配点○

一・二　各2点×38　三　問一・問十二　各1点×2　他　各2点×11　計100点

＜国語解説＞

一　**（論説文－大意・要旨，内容吟味，文脈把握，指示語，脱語補充，漢字の書き取り，語句の意味，対義語，四字熟語，文学史）**

基本　問一　傍線部(i)「自戒」，ア「怪物」イ「悔恨」ウ「戒律」エ「快方」。(ii)「抑圧」，ア「抑揚」イ「翌日」ウ「物欲」エ「浴場」。(iii)「冷笑」，ア「消防署」イ「一笑」ウ「警鐘」エ「詐称」。

問二　傍線部①は，「自分たちの規矩に自信を持っていて，それが正しいということ」なのでエが適当。①前の内容を踏まえていない他の選択肢は不適当。

やや難　問三　傍線部②は「アメリカは……」で始まる段落で述べているように，「日本のように文科省が……大きな権力を握ってしまって……教育，学校制度の内容全部に口を出して，それを管理する」事態のことなのでアが適当。この段落内容を踏まえていない他の選択肢は不適当。

問四　空欄Aは直前の内容とは相反する内容が続いているのでエ，Bは直後で具体例が続いているのでア，Cは直前の内容より直後の内容である，という意味でイがそれぞれ入る。

問五　傍線部⑬のウは，「その通りであると思われる」「何よりも，いちばん」という意味ではなく，直前の内容とは相反する内容を補足する意味で用いられている。

重要 問六　傍線部④は直前の段落で述べているように，体育や文学などの才能がある人もいれば，そういった才能がない人もいるという現実を回避して，運動会の徒競走でいつも一番になる人と，ビリになる人が出るから徒競走はやらないというような教育に対するものなのでウが適当。この段落内容を踏まえていない他の選択肢は不適当。

問七　傍線部⑤は，「自分というものをつか」み「自分が生きていくことに誠実であろうとするときに」「他の人に比べて自分はどうであるかということ」を「自覚していく」ことなのでエが適当。⑤のある段落内容を踏まえていない他の選択肢は不適当。

問八　人間は「優越感と劣等感で育っていくもの」なのに，「それをできるだけなくそうと」して「『オンリー・ワン』などという」のは傍線部⑥である，ということなのでアが適当。「オンリー・ワン」を批判的に捉え，皮肉を込めて⑥のように表現していることを説明していない他の選択肢は不適当。

問九　傍線部⑧は「尊敬と軽蔑とを生み出す」「劣等感と優越感」のことなのでアが適当。⑧直前の内容を指して説明していない他の選択肢は不適当。

問十　気持ちを奮い起こすという意味の「発奮」の対義語は，気持ちが落ち込むという意味のウ。

問十一　傍線部⑩は，その人の能力や地位，という意味で，自分にふさわしく十分な程度という意味のエと言い換えて用いられることもある。

問十二　他の作品の作者は，アは夏目漱石，イは樋口一葉，ウは武者小路実篤。

問十三　「ですから……」から続く2段落で，「子供の能力」の「現在の限界の中で，それより少し低いところのものを与えることによって教育が成り立つという考え方がかなり蔓延している」ため，「平等主義の平均値……より上のことをやってはいけないという考え方」で「ちょっと下のあたりを与えておけば無難で……そういう発想の中では」傍線部⑫である，と述べているのでアが適当。これらの段落内容を踏まえていない他の選択肢は不適当。

重要 問十四　傍線部⑭は，中学入試の発表で落ちたことを知って涙ぐむ筆者を，腹立たしく思った母親に張り飛ばされたことで，泣いたら自分の沽券に関わると思った筆者の表情なのでウが適当。⑭前後の内容を踏まえていない他の選択肢は不適当。「沽券に関わる」はプライドや面目が保てないこと。

問十五　傍線部⑮の状況を表す四字熟語は，自分に考えがなく，むやみに他人の意見に同調する意味のイが適当。アは手掛かりなどがつかめず，方針や見込みが立たなくて困ること。ウは表面の態度は丁寧だが，実は相手を見下げているさま。エは自分だけがすぐれているとうぬぼれること。

やや難 問十六　エは最後の段落内容を踏まえている。アは「それから，……」から続く2段落内容，イは「もっとも戦前でも……」で始まる段落内容，ウは「つまり最終的には……」で始まる段落内容と合わない。

二 （小説－情景・心情，内容吟味，文脈把握，指示語，脱語補充，語句の意味，表現技法，品詞）

基本 問一　空欄Aの「目が覚めるようだ」は，はっと驚くさまを表す。Bの「眉をひそめる」は，他人の言動などに不快を感じた時の表情。

重要 問二　傍線部①は，御木元さんの「要求にしっかり応えられるような力量はな」い級友たちに「御木元さんのハーモニーの追求」を「求めて」いることに対するもの，②は，そのような追求を生半可にしない御木元さんに対するものなのでエが適当。①が音楽経験の少ない級友たちが御木元さんについていけないこと，②が完璧を求める御木元さんの性格に対するものであることを説明していない他の選択肢は不適当。

問三　傍線部③は相撲で両方の力士が互いに両手を差し合ってがっぷりと組み合うことから転じて，物事に全力で尽くして取り組むという意味。⑧は江戸時代に町の代表として「世話をする人」を指す言葉として使われていたことが由来といわれる。⑪は敵を敵とも思わず，大胆で恐れを知らないこと。

重要　問四　傍線部④前で，御木元さんの「歌声に……合唱を導こうとする情熱に圧倒されて……御木元さんのことが猛烈に羨ましかった」，④後で自分に対して「勉強そのものが好きなわけでもないのに勉強してクラス委員をやっているだけじゃ，だめだ」という「私」の心情が描かれているのでアが適当。④前後の「私」の心情を踏まえていない他の選択肢は不適当。

問五　傍線部⑤前後で，「この人はすごい……御木元さんのことが猛烈に羨ましかった。敵わない」が，自分が「どうすればいいのかわからな」くて「無口になってしまった」ことで，⑤のように千夏に言われ，「お気楽な千夏に何がわかるのかと思」いながら「歌うことで何の迷いもなく進んでいける御木元玲と，なんにもない私」と思っている「私」の心情が描かれているのでエが適当。御木元さんと自分との違いに落胆し，⑤のように言う千夏に苛立っていることを説明していない他の選択肢は不適当。

問六　空欄Cには，心に深く感じるさまを表すアが適当。

問七　空欄Dは「お気楽そうな千夏」の「『……これからじゃないかな……』」という言葉に対するものなので，物事をあまり気にせず，気楽な様子を表すウが適当。

問八　傍線部⑥は，「合唱コンクールでさんざんな出来に終わった『麗しのマドンナ』を，マラソン大会で走る御木元さんの応援歌として歌った」ときのことを指しているのでウが適当。

問九　傍線部⑦では，「彼女」の固くなっている心を「雪」にたとえる比喩，アでも「こども達」の成長を「若竹の伸びゆくごとく」とたとえる比喩を用いている。イは倒置法，ウは体言止め，エは擬人法を用いている。

問十　傍線部⑨は言い切りの形が「～い」で終わっているのでアの連体形。イは活用がなく，名詞を修飾する。ウは活用がなく，主に用言を修飾する。エは活用があり，言い切りの形が「～だ」になる。

問十一　御木元さんの指示をおかしく思って傍線部⑩のようになりながらも，「真似をして」いて，みんなも「それに従っている」様子が描かれているのでウが適当。⑩後の描写を踏まえていない他の選択肢は不適当。

問十二　傍線部⑫前で，「意気込む私に……みんなが口々に声をかける」様子が描かれているが，エの様子は描かれていないので不適当。

重要　問十三　「すごいなあ……」で始まる段落で，合唱の練習をしながら「音楽というのは，お互いの親密さと信頼があって育っていくものらしい」と感じている「私」の心情が描かれているのでウが適当。この段落内容を踏まえていない他の選択肢は不適当。

やや難　問十四　御木元さんについて，「彼女の指導は厳しくて，……回を追うごとに人が集まらなくなった」が，「音楽に関して，歌うことに関しては，……がっぷり四つに組む以外に彼女には手はな」く，「合唱を導こうとする情熱」を持ち，マラソン大会での出来事をきっかけに，毎日の練習に「クラス全員が揃うようにな」り，「私」が「素直に感心」するような「指示を出せる」様子が描かれているのでエが適当。アの「周囲を気にせず」，イの「やっかみを受けていた」，ウの「自分の才能を自覚して」はいずれも読み取れないので不適当。

やや難　問十五　本文は，秋の合唱コンクールに始まり，冬のマラソン大会，三月の卒業生を送る会での合唱の練習の様子とともに，「私は一生冬のまま……生きていかなければならない」など自分の心情を季節に重ねた「私」の心情も描かれていることからアが適当。イの「会話文が……若さゆえの無鉄砲さを感じる表現」，ウの「心情を間接的に描く」，エの「色鮮やかな比喩表現」はいずれも不適当。

三 **（古文－主題，内容吟味，文脈把握，指示語，品詞・用法，仮名遣い，口語訳，表現技法，文学史）**

〈口語訳〉【文章A】 今からそれほど遠くない昔，美しい女房が，日々の生活は苦しかったが，見た目，姿が，可愛らしい娘を持っていて，十七,八ばかりだったので，「これをどうにかして，将来安心できる様子にしたい」と思うあまりに，石清水八幡宮へ娘とともに泣きながら参って，夜通し，神前にて，「わが身は今は，どうなっても構いません。この娘を安心できる様子にしてお見せください」と数珠をすり，泣きながらお願い申し上げていたのに，この娘は，神社に到着してから，母の膝を枕にして，起き上がりもせず，寝ていたので，明け方になって，母が申すには，「どれほどの決意で(やって来たと思っているのか)，どうにもかなわない心で，歩いて参ったのに，私が申す様に，一晩中，神も心を動かされるだろうというくらいにお願い申し上げている時に，何にも思うことがない様子で，寝てらっしゃるとは情けないことよ」と愚痴をこぼされて，娘は目を覚まして，「体がついていかないほどつらい道のりで疲れてしまって」と言って，

私の身のつらさを(自分からは)何と言うことはできませんが，石清水の八幡の神様は私の心を汲んでいらっしゃいます

と詠んだところ，母も(娘を責めるのが)恥ずかしくなって，ものも言わず，下山し京に向うほどに，七条大路と朱雀大路が交差する場所のあたりで，時流に乗って栄えていらっしゃる殿上人が，桂川で遊んでお帰りになられているところに，この娘をつかまえて，車に乗せて，やがて妻にして，終生大事にした。

【文章B】 和泉式部の娘の，小式部内侍が，たいそう重い病気になった。命の限り近くになって，人の顔なども見分けがつかないほどになって，横になっているので，和泉式部は，(娘の)そばにつき添って，(娘の)額に手を置いて泣いていると，(娘は)目をわずかに見開いて，母の顔をつくづくと見て，苦しい息の下に，

どうしましょう，(死んだ後)どこへ行けばよいのかわかりません，親に先立って(死んで)行く道も知らないので

と，ふるえる声で言いなさったところ，天井の上で，あくびを途中でやめたのだろうか，と思うような声がして，「ああすばらしい和歌だ」と言ったのだった。

そうして，(小式部内侍の)熱も下がって，病気も治ったのだった。

基本 問一 歴史的仮名遣いの「む」は現代仮名遣いで「ん」と読むので，アは不適当。

問二 傍線部①は直前の「女」を指している。この「女」は，「姫君」「娘」「北の方」と同一人物である。

問三 傍線部②の「かなはぬ」は，動詞の「かなふ」に打消しの助動詞「ぬ」が付いたもので「かなわない」という意味。

問四 傍線部③はイが適当。「おどろく」にはアの意味もあるが，姫君が「寝たりければ」という文脈からイであると判断する。⑤の「時めき(く)」は，時流に乗って栄える，もてはやされる，という意味。

重要 問五 傍線部④の和歌では，地名の「いはしみづ(石清水)」の「いは」が「言は」の掛詞になっているのでウが適当。

問六 傍線部⑥は「殿上人」が，「この女」をつかまえて，ということ。

重要 問七 空欄Ⅰ後で，連体形の「む」で結ばれているのでイが適当。

問八 傍線部⑦の「あはれ」は，「いかにせむ……」の和歌に対して，「天井の上」の「声」が「す

ばらしい和歌だ」とほめたということである。

問九　傍線部⑧は，重い病気をわずらっていた小式部内侍が，「身のあたたかさもさめて」すなわち熱が下がって⑧になった，ということなのでエが適当。

重要　問十　エは【文章B】の，自分が親より先に死ぬかもしれない親不孝を嘆く心情を述べた和歌の説明と合致する。アの「親子がどちらも」「日頃からとても仲の良い」，イの「母親が詠んだ和歌」，ウの「母親が……帰らぬ人となった」はいずれも合致しない。

やや難　問十一　【文章A】では娘が詠んだ和歌によって，素晴らしい縁談につながったこと，【文章B】でも小式部内侍が詠んだ和歌によって，病気が治ったことを述べているのでエが適当。和歌を詠むことによって幸運に恵まれることを説明していない他の選択肢は不適当。

問十二　他の作品のジャンルは，イは随筆，ウは和歌集，エは物語。

★ワンポイントアドバイス★

論説文では，段落ごとの要旨をおさえながら，全体の論の流れを把握していこう。

2023年度

★★★★★★★★★★★★★★★★★★★★★★★★

入　試　問　題

2023年度

日本大学櫻丘高等学校入試問題

【数　学】（60分）　＜満点：100点＞

【注意】　1．定規・コンパス・分度器・計算機は使用できない。

2．答えが分数の形で求められているときは，それ以上約分できない分数の形で答えること。例えば，$\frac{3}{4}$を$\frac{6}{8}$としてマークしないこと。

3．答えが比の形で求められているときは，最も簡単な整数の比の形で答えること。例えば，1：3を2：6としてマークしないこと。

4．答えが根号の中に数字を入れる形で求められているときは，根号の中の数はできるだけ小さな数にして答えること。例えば，$4\sqrt{2}$を$2\sqrt{8}$としてマークしないこと。

1　次の $\boxed{}$ に当てはまる数値を答えなさい。

(1)　$(6-2^2)\div 6+2\div\{7-(-2)^2\}=\boxed{\text{ア}}$

(2)　$\dfrac{(\sqrt{11}-\sqrt{22}+\sqrt{33})(\sqrt{11}-\sqrt{22}-\sqrt{33})}{(\sqrt{11}+\sqrt{22})(\sqrt{11}-\sqrt{22})}=\boxed{\text{イ}}\sqrt{\boxed{\text{ウ}}}$

(3)　連立方程式 $\begin{cases}\dfrac{2}{5}x-\dfrac{1}{3}y=-\dfrac{3}{5}\\[2mm] \dfrac{-3x-y}{6}=-1\end{cases}$ の解は，$x=\boxed{\text{エ}}$，$y=\boxed{\text{オ}}$である。

(4)　nを自然数とする。xの2次方程式$x^2+nx-n^2-4n+3=0$の1つの解が3であるとき，$n=\boxed{\text{カ}}$であり，この方程式のもう1つの解は$-\boxed{\text{キ}}$である。

2　次の $\boxed{}$ に当てはまる数値を答えなさい。

(1)　右の図のように，∠ABCが鋭角で，AB＝5，AD＝8である平行四辺形ABCDがある。∠ABC，∠BCDの二等分線と，辺ADとの交点をそれぞれE，Fとし，線分BE，CFとの交点をGとする。平行四辺形ABCDの面積が32であるとき，次の各問いに答えよ。

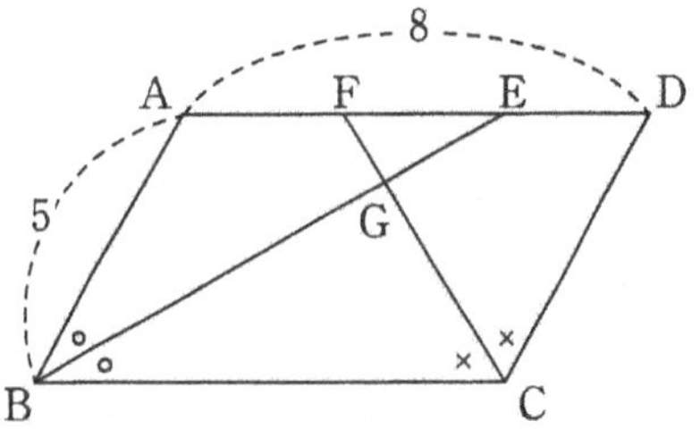

(i)　E：F＝$\boxed{\text{ア}}$，CG＝$\dfrac{\boxed{\text{イ}}\sqrt{\boxed{\text{ウ}}}}{\boxed{\text{エ}}}$である。

(ii)　平行四辺形ABCDの面積は△EFGの面積の $\boxed{\text{オカ}}$ 倍である。

(2)　立方体の各面に数0，1と素数2，3，5，7が1つずつ書かれているサイコロがある。このサイコロを2回続けて投げるとき，次の確率を求めよ。ただし，どの面が出る確率も同様に確からしいものとする。

(i)　出た目の積が0となる確率は$\dfrac{\boxed{\text{キク}}}{\boxed{\text{ケコ}}}$である。

(ii)　出た目の積が素数となる確率は$\dfrac{\boxed{\text{サ}}}{\boxed{\text{シ}}}$である。

(3)　ある20人のクラスで10点満点の計算テストを実施したところ，当日Aさん，Bさん2人が欠席したため，その2人を除いたテストの結果を度数分布表にまとめると，下のようになった。

得点(点)	10	9	8	7	6	5	4	3	2
人数(人)	1	1	4	3	3	3	1	1	1

翌日にAさん，Bさんが出席したため，この2人にも同じテストを実施してその結果も含めたところ，20人の平均値，中央値は共に6.5点となった。Aさんの得点を a，Bさんの得点を b とするとき，

$a + b =$ [スセ] である。

また，$a < b$ であるとき，$a =$ [ソ] である。

3　次の [　] に当てはまる数値を答えなさい。

一辺が x cmの正方形の中に，一辺が1cmの正方形のタイルを隙間なく並べる。

さらに，次の手順にしたがって，すべてのタイルに1，2，3の数を書く。

<手順>
① 左上のタイルに1と書く。
② 1と書かれたタイルの右と下のタイルに2と書く。
③ 2と書かれたタイルの右と下のタイルに3と書く。
④ 3と書かれたタイルの右と下のタイルに1と書く。
⑤ すべてのタイルに数が書かれるまで上記の②から④を繰り返す。

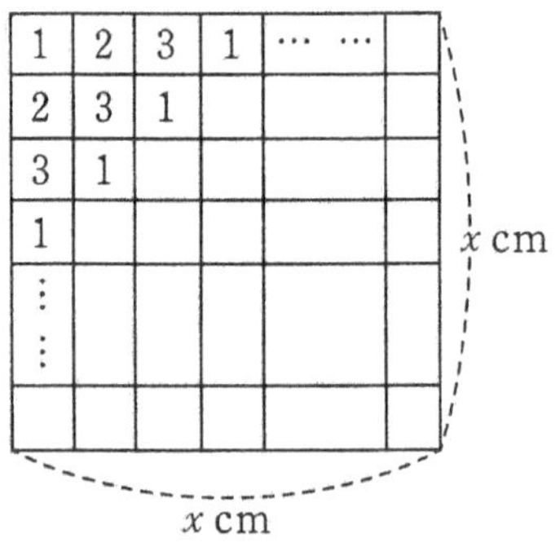

(1)　$x = 6$ のとき，2と書かれたタイルの枚数は [アイ] 枚である。

(2)　n を自然数とする。$x = 3n$ のとき，1と書かれたタイルの枚数は [ウ]$n^{[エ]}$ 枚である。

(3)　2と書かれたタイルの枚数が97枚であるとき，$x =$ [オカ] である。

4　次の [　] に当てはまる数値を答えなさい。

右の図のように，放物線 $y = x^2$ と $y = ax^2$ $(a < 0)$ がある。

$y = ax^2$ 上の点A（2，－2）を通り，傾きが1の直線と $y = ax^2$ との交点をDとする。

また，$y = x^2$ 上の点Bを通り，直線ADと平行な直線と $y = x^2$ との交点をCとする。

点Bの x 座標が2であるとき，次の各問いに答えよ。

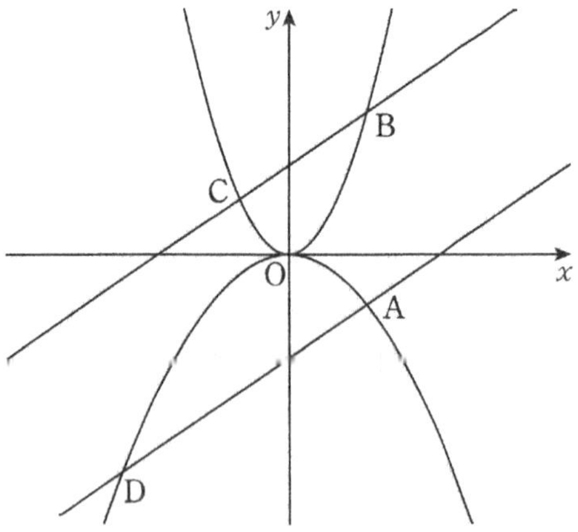

(1)　$a = -\frac{[ア]}{[イ]}$ であり，D（－[ウ]，－[エ]）である。

(2) 直線BCの方程式は $y=x+\boxed{\text{オ}}$ であり，四角形ABCDの面積は $\boxed{\text{カキ}}$ である。

(3) △BCDと△ABDの面積比は $\boxed{\text{ク}}:\boxed{\text{ケ}}$ である。

(4) 点Cを通る直線が四角形ABCDの面積を二等分するとき，その直線の傾きは $-\boxed{\text{コ}}$ である。

5 次の $\boxed{}$ に当てはまる数値を答えなさい。

底面の半径が5，高さが12である円すいが4つある。
この4つの円すいを高さが12である円柱の容器に入れると【図1】のようになった。また【図1】を真上から見ると【図2】のように4つの円すいの底面は互いに接し，容器の底面と円すいの底面も互いに接していた。

(1) 円すい1つの体積は $\boxed{\text{アイウ}}\,\pi$ であり，表面積は $\boxed{\text{エオ}}\,\pi$ である。

(2) 容器の底面の半径は $\boxed{\text{カ}}\left(\boxed{\text{キ}}+\sqrt{\boxed{\text{ク}}}\right)$ である。

(3) 【図3】のように半径 r の球 C を4つの円すいの間に入れ，容器にふたをすると球 C は容器のふたと4つの円すいの側面に接した。
【図4】は【図3】を真横から見た図である。
このとき，この球の半径は $r=\dfrac{\boxed{\text{ケコ}}\sqrt{\boxed{\text{サ}}}}{\boxed{\text{シ}}}$ である。
また，球 C と円すいの接する点は，円すいの底面から
$\boxed{\text{スセ}}-\dfrac{\boxed{\text{ソタ}}\sqrt{\boxed{\text{チ}}}}{\boxed{\text{ツテ}}}$ の高さにある。

【図1】

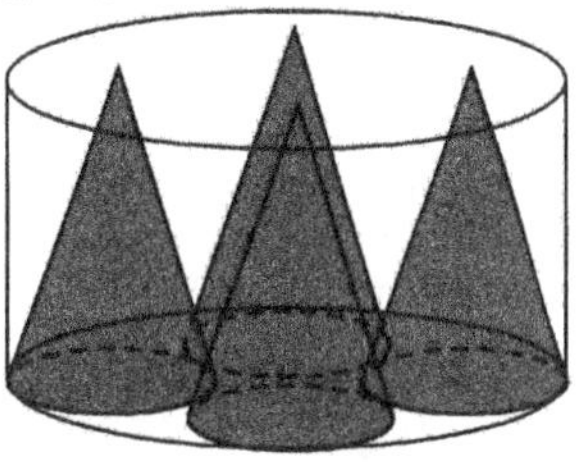

【図2】

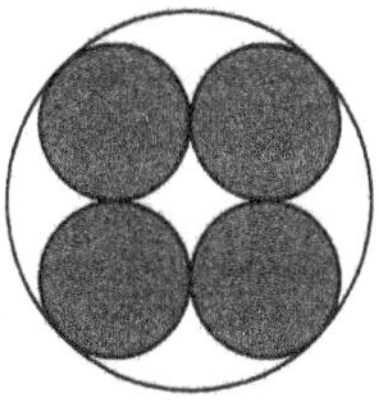

【図3】

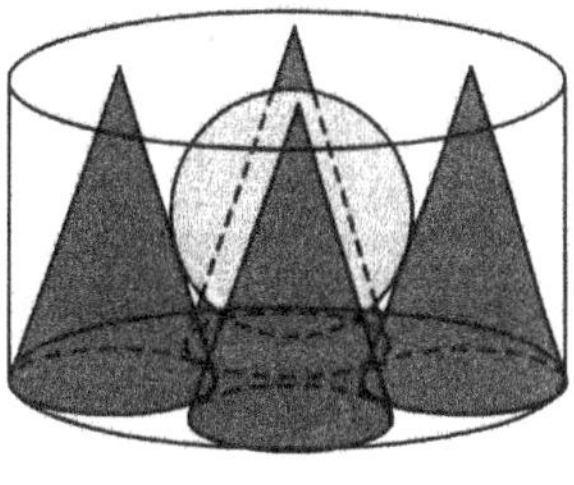

【図4】

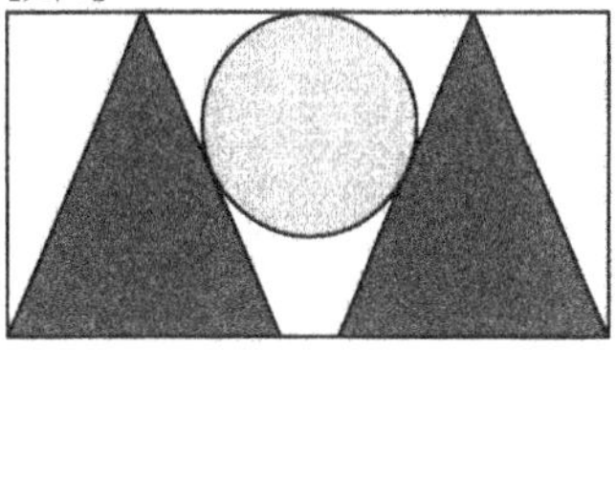

【英　語】（60分）　＜満点：100点＞

Ⅰ　これから放送によるリスニングテストを始めます。放送の内容をよく聞いて答えなさい。聞きながらメモをとってもかまいません。

問題1　次の(1)~(5)の写真について4つの英文が読まれます。写真の状況として最も適切な英文を1~4の中から1つ選び，その番号をマークしなさい。**英文は1回のみ放送されます。**

(1)

1．　2．　3．　4．

(2)

1．　2．　3．　4．

(3)

1．　2．　3．　4．

(4)

1.　2.　3.　4.

(5)

1.　2.　3.　4.

問題 2　これからベンが休日の過ごし方について話をします。英文を聞き，質問に対する答えとして最も適切なものを 1 ～ 4 の中から 1 つ選び，その番号をマークしなさい。**英文は 1 回のみ放送されます。**

Questions

No. (1)　What does Ben like to do on Sunday morning?

1. He meets his friends and talks with them.
2. He reads the newspaper for about thirty minutes.
3. He listens to music and plays the piano.
4. He reads novels at home.

No. (2)　Why does Ben love Sundays?

1. Because he can study hard.
2. Because he can cook meals.
3. Because he can watch good movies.
4. Because he can relax.

問題 3　これから読まれる 2 人の対話を聞き，質問に答える問題です。それぞれの質問に対する答えとして最も適切なものを 1 ～ 4 の中から 1 つ選び，その番号をマークしなさい。**英文は 2 回放送されます。**

Questions

No.(1) When did the couple's flight arrive?

1. Late at night　　2. In the evening
3. An hour ago　　4. Two hours ago

No.(2) Where could the man's luggage be?

1. In London　　2. In New York
3. In Los Angeles　　4. At the hotel

No.(3) When should the man's suitcase arrive at the hotel?

1. By 6:00 p.m.　　2. Before 5:00 p.m.
3. An hour after they spoke　　4. Tomorrow afternoon

＜リスニングテスト放送台本＞

問題1　次の(1)~(5)の写真について4つの英文が読まれます。写真の状況として最も適切な英文を1～4の中から1つ選び，その番号をマークしなさい。英文は1回のみ放送されます。

(1) 1. There is a small house by the lake.
2. The lake is covered with snow and ice.
3. Some people are swimming in the lake.
4. A lot of tall trees can be seen in this area.

(2) 1. A single tall flower is on the table.
2. A woman is holding a basket of flowers.
3. The flower basket is decorated with a ribbon.
4. Many flowers are being sold in front of the shop.

(3) 1. People are watching the half-time show.
2. There are no players on the football pitch.
3. A ball has been thrown onto the football pitch.
4. The keeper stopped the ball from going into the goal.

(4) 1. Some people are touching a giraffe's head.
2. A giraffe is trying to pick fruit from a tree.
3. Several giraffes are walking in a line.
4. Some animals are kept in this area.

(5) 1. Some people are having a barbecue outside.
2. Several tents are set up for camping.
3. A tent is being put away in the car.
4. A dog is running in front of a tent.

問題2　これからベンが休日の過ごし方について話をします。英文を聞き，質問に対する答えとして最も適切なものを1～4の中から1つ選び，その番号をマークしなさい。英文は1回のみ放送されます。

Hello, I'm Ben. I'm going to tell you how I spend time on Sundays. On Sundays, I usually get up at 8:00 or 8:30, a little later than usual. After breakfast, I read the newspaper for about half an hour. I think it is important to know what is happening in the world. Then I listen to music or play the guitar until noon. It's very interesting. My sister likes to listen to music too.

In the afternoon, I sometimes meet friends for coffee or lunch. It's very nice to talk with them. When I don't see them, I play tennis with my brother. I am the best tennis player in my family. At night, I like to stay home and read novels. I usually go to bed around 11:00. I love Sundays because I can have a good rest. I can't wait for the next Sunday to come.

問題3　これから読まれる2人の対話を聞き，質問に答える問題です。それぞれの質問に対する答えとして最も適切なものを1～4の中から1つ選び，その番号をマークしなさい。英文は2回放送されます。

W：Good afternoon sir, how may I help you?
M：Hello. I arrived on a flight from London two hours ago, but my luggage seems to be missing.
W：I'm sorry. Let me check your travel details. What is your name?
M：Ken Smith. I'm travelling with my wife, Jane. Her suitcase has arrived here in Los Angeles, but my suitcase hasn't.
W：Was this a direct flight from London?
M：No, we changed planes in New York, and then we flew here.
W：Yes, that must be the problem. Your suitcase could be in New York, according to my information.
M：I'm glad to know it. How soon can I get it?
W：We can have it here this afternoon at 5:00 p.m. and we will send it straight on to your address. Where are you staying in Los Angeles?
M：At a hotel near the airport. Here is the address.
W：Thanks. Then it should arrive there within an hour of us getting it at the airport.
M：Great. Thanks for your help.

Ⅱ　次の(1)～(5)の英文の（　）に入る最も適切な語（句）を1～4の中から1つ選び，その番号をマークしなさい。

(1) My friend always says he (　　) walking in the morning because it is good exercise.
　1．like　　2．likes　　3．liked　　4．would like

(2) Last summer, I stayed in New Zealand (　　) two weeks.
　1．for　　2．in　　3．since　　4．while

(3) We enjoyed (　　) in a Japanese style hotel, *ryokan*.
　1．take a bath　　2．stayed　　3．relaxing　　4．having arrived

(4) "(　　) you like another cup of tea?"

"Yes, please."

1. How about　2. What do　3. Would　4. Did

(5) Which car do you want to buy, a new one or a (　　) one?

1. use　2. used　3. using　4. user

Ⅲ 文脈を考え，次の(1)～(5)に入る最も適切な語を下の**語群**からそれぞれ１つずつ選び，その番号をマークしなさい。同じ語を２度以上使用してはいけません。

Do you have breakfast every morning? Some people are not interested in breakfast and start the day (1) it. They will say, "I don't have much (2) in the morning," or "I don't want to eat just after I get up." But breakfast is very important. It gives you energy. Your body gets warm and (3) when you eat breakfast. Eating breakfast makes your brain active, too. If you skip breakfast, you will be like a car with no gas.

Breakfast has some influence on the health of your (4). For example, when something bad happens, breakfast skippers will get angry easily. Sometimes they cannot think very (5) about one thing for a long time.

語群

1. with	2. sleepy	3. carefully	4. time
5. mind	6. body	7. active	8. without

Ⅳ 次の設問(1)(2)に答えなさい。

(1) 次の文章のタイトルとして最も適切なものを１～４から選び，その番号をマークしなさい。

We use language to talk with each other. Do dogs talk, too? Watch dogs carefully and you may understand what they want to say. Though you can't understand what they are saying, if you see how they move their body parts, you'll understand how they are feeling. When a dog is *wagging its tail, it shows us it's happy.

注 *wag：～を振る

1. Watching Dogs　2. How dogs communicate

3. Talking to Dogs　4. How Dogs Feel

(2) 次の英文を読んで，下線部から読み取れる内容として最も適切なものを１～４から選び，その番号をマークしなさい。

It's the sports day at Ken's school today. He doesn't like running, so he said to his mother, "I have a headache." His mother looked at him carefully, and <u>shook her head</u>. She said, "I'll be happy if you do your best."

1. She didn't believe him.
2. She didn't know what to do.
3. She wanted to take him to a doctor.
4. She wanted to show him how to swim.

Ⅴ 次の文中の1～5の（　）内にある語（句）を意味の通る文になるように並べ替えなさい。解答は例に従って，1～4番目の順に番号で答えなさい。

例題　We（1．school　　2．students　　3．are　　4．high）.

1番目	①	②	●	④
2番目	①	②	③	●
3番目	●	②	③	④
4番目	①	●	③	④

答え：この例では We are high school students とするため，③，④，①，②
　　を上から順にマークします。

For many people, January 1st is a time $_{1}$(1. about　2. forget　3. the past　4. to) year and *focus on the year ahead. Many foods $_{2}$(1. around　2. are　3. that　4. enjoyed) the New Year are thought to bring good luck.

Let $_{3}$(1. tell　2. about　3. me　4. you) a custom of Spanish culture. In Spain, grapes are eaten by everyone at midnight on New Year's Eve, one grape for each month of the year. Each grape *represents a different month. For example, if the first grape is sweet, it is thought that January will be a good month for you. If the second grape is a little sour, then it is believed that February $_{4}$(1. be　2. may　3. month　4. a difficult).

This custom is $_{5}$(1. interesting　2. that　3. so　4. I) want to go to Spain one day!

注　*focus on ～：～に集中する　　*represent：表す

Ⅵ 次の **A**，**B** の会話文の（1）～（8）に入る最も適切な文をそれぞれ選択肢から選び，その番号をマークしなさい。同じ選択肢を2度以上使用してはいけません。

A

アリスは友人の誕生日にパーティーを計画しています。

John　: So, how many people are coming to your friend's birthday party?
Alice : I'm inviting about ten people.
John　: (　1　) Are you making all of it by yourself?
Alice : Yes, I think I can. I love cooking.
John　: If you need some help, I can come early.
Alice : Thanks. If you can come an hour early, that would be great!
John　: You can *count on me! (　2　)
Alice : Really? What is your favorite thing to make?
John　: Fried chicken! I add a little soy sauce to the *batter.
Alice : Sounds great. (　3　)
John　: Sure. Shall I bring some drinks, too?
Alice : (　4　) I'm looking forward to your fried chicken!

John　: OK!　Then see you tomorrow.

Alice : All right, see you!

注　*count on~：～に任せる　　*batter：(液状の) 生地

A の選択肢

1. I like to cook.
2. I'm sorry to hear that.
3. That means a lot of food.
4. Soy sauce is really tasty.
5. The party won't be canceled.
6. I am good at speaking English.
7. I think we have enough, thanks.
8. Can you make some for the party?

B

アメリカから日本へ留学しているクリスは，レミと先週末のことについて教室で話し合っています。

Remi : Hello, Chris. (　5　)

Chris : Oh, hi, Remi, my weekend was great!

Remi : What did you do?　Tell me all about it.

Chris : My brother came to Japan from America last week.　He was on a business trip, and he stayed with me this weekend.　So I took him to Asakusa and we walked around the Skytree area.　He was excited to see the Skytree.　We had a great time.

Remi : How nice!　Did you draw *a fortune slip from the temple at Asakusa?

Chris : (　6　)　I got the best luck.　My brother's luck was only so-so.　What did you do this weekend?

Remi : I just cleaned my room and studied after that.　I was pretty busy.

Chris : What did you study?

Remi : I studied math and French.　(　7　)

Chris : Yeah, I know.　I had to do a lot of studying last week, because my brother was planning to stay with me over the weekend.

Remi : When did he leave?

Chris : (　8　)I think he is on the plane now.

Remi : I am sure he had a great time with you.　I hope he is having a nice flight back to America.

注　*a fortune slip：おみくじ

B の選択肢

1．We sure did!
2．We met long time ago.
3．How was your weekend?
4．I find both of them really hard.
5．He left for the airport this morning.
6．He decided to stay with us for one more week.
7．I never study at home because I think it is pointless.
8．No, we aren't interested in drawing fortune slips at all.

Ⅶ 次の英文を読み，それぞれの問に答えなさい。

Calgary is a Canadian city close to the Rocky Mountains. It has lots of parks and rivers but also lots of cafés, shops, tall buildings, cars and trains. Many *creatures live there too.

More than 10,000 *mallards stay on Calgary's lakes in the winter, because it is warmer in the city [(1)] in the country. But these beautiful birds have a problem. There is not much food for them to eat in the city because there is a lot of snow. They have to fly out of the city to find food. Then, they fly back to Calgary to feel warm again. Some animals live outside the city and come in for food – but these *intelligent birds (2) do the *opposite.

*Moose are tall, with long legs. They are the heaviest creatures in the *deer family. They are not very *frightened of the city. Calgary has lots of green places and the moose like them. In 2018, a moose came into the middle of Calgary and walked along the road! Sometimes the moose eat the grass near Calgary Airport or the apples in people's gardens.

*Porcupines are *mammals with thousands of sharp *quills. They like climbing trees, and they like Calgary's parks because there are lots of plants to eat. Some people in Calgary give (3) their old Christmas trees to the porcupines because the porcupines like eating them!

In the past, there were not many *bobcats in North America, but now there are more of them. Maybe this is because the winters are warmer now. Bobcats are also learning not to be frightened of people. In Calgary, they sometimes come into streets and gardens to hunt for food, but sometimes they attack family pets. Bobcats are much bigger [(1)] house cats, and they can kill bigger animals. (4) Often bobcats jump on other animals from above.

*Coyotes are intelligent, and they have sharp teeth. They kill and eat lots of other creatures. In the city, they eat everything from *rubbish to pet food ... and sometimes pets! Coyotes are part of life in Canada, and there are lots of very old stories about them.

White-tailed *jackrabbits have grey *fur but it turns white in winter. It is difficult to see them in the snow. Jackrabbits usually move around in the very early morning or very late evening. But in Calgary sometimes they move in the middle of the day because it is not dangerous. They can run at fifty-five kilometers per hour!

Canada is famous for its black bears. They usually live in the woods. Because they sleep all winter, they need to eat a lot of food in autumn. Hungry bears sometimes come to the *edge of Calgary because they want to find food. It is very important to keep away from them. These big animals are *furry, but they can also be dangerous.

People build cities for people. But animals do not understand (5) this. No one can tell a coyote, "Stay in the woods!" or tell a bird,"Don't fly!" No one can tell a fox, "Don't walk down the street."

It is not always easy for wildlife and people to live together, but we all want to survive. Our cities are growing. We need to make places for people and animals to live together.

How can you help? Put up a *nesting box. Teach other people about wildlife. Try to change things. It is very important to do the right thing for the animals around us.

Next time you are walking down a city street, look up, down and around. What wildlife can you see?

注　*creature：生き物　*mallard：マガモ　*intelligent：利口な　*opposite：反対のこと
*moose：アメリカヘラジカ　*deer：シカ　*frightened：怖がって　*porcupine：ヤマアラシ
*mammal：哺乳類　*quill：針　*bobcat：ボブキャット（ネコ科の中型獣）
*coyote：コヨーテ（イヌ科の肉食獣）　*rubbish：ごみ　*jackrabbit：ジャックウサギ
*fur：毛皮　*edge：はずれ　*furry：毛皮で覆われた　*nesting box：巣箱

問1　次の質問に対する答えとして最も適切なものを1つ選び，その番号をマークしなさい。
Which of the following is true about Calgary?
1．It is near the Rocky Mountains in Canada.
2．It has a lot of green places and no tall buildings.
3．It has a lot of snow so people worry about having enough food.
4．There is an airport and a train station in the center of Calgary.

問2　文中に2か所ある (1) に入る最も適切なものを1つ選び．その番号をマークしなさい。
1．as　2．to　3．for　4．than

問3　下線部(2)の具体的な内容を表しているものを1つ選び，その番号マークしなさい。
1．fly out of the city to find food
2．fly back to Calgary to feel relaxed
3．stay on Calgary's lakes in the winter
4．live outside the city and come in for food

問4　下線部(3)について，最も適切なものを1つ選び，その番号をマークしなさい。

1．Porcupines eat plants, so some people in Calgary give their old Christmas trees to them as food.

2．People in Calgary grow new Christmas trees every year, and they give porcupines the old ones.

3．Porcupines like Christmas trees because the trees – with their needle-like leaves – look like their friend.

4．People in Calgary put their old Christmas trees outside to keep away porcupines that eat plants in the garden.

問5　下線部(4)の解釈として最も適切なものを1つ選び，その番号をマークしなさい。

1．よくボブキャットの上に他の動物が飛び乗る。

2．よくボブキャットの上を他の動物が飛び越える。

3．よくボブキャットは上から他の動物に飛びつく。

4．よくボブキャットは他の動物の上を飛び越える。

問6　次の質問に対する答えとして最も適切なものを1つ選び，その番号をマークしなさい。

Why do black bears need to eat a lot of food in autumn?

1．Because it is easy to find food in this season.

2．Because they have to prepare for a long winter sleep.

3．Because people have to keep dangerous bears away in winter.

4．Because they want to get more fur to protect themselves from danger.

問7　下線部(5)が示す内容として最も適切なものを1つ選び，その番号をマークしなさい。

1．Animals must stay in the woods.

2．Animals cannot walk down the street.

3．Humans build cities for themselves.

4．Humans and animals want to survive.

問8　本文の内容と一致するものを1つ選び，その番号をマークしなさい。

1．A moose – a kind of deer – is a tall and very heavy animal.

2．Moose sometimes come to Calgary Airport and eat the apples there.

3．Both porcupines and bobcats eat meat, so some family pets are eaten by them.

4．Bobcats can kill small animals in people's gardens, but never attack big animals.

問9　本文の内容と一致するものを1つ選び，その番号をマークしなさい。

1．Coyotes like pet food, so they search through garbage cans for pet food that they can eat.

2．The coyote is an animal from Canadian fantasy stories, and it is thought to eat everything.

3．Jackrabbits are hard to find in the snowy winter because they have white fur in that season.

4．Jackrabbits in Calgary never walk around the city during the day because there are so many people.

問10 本文の内容と一致するものを１つ選び，その番号をマークしなさい。

1．We should stop animals from troubling people living in the city.

2．We have to create places for people and animals to live together.

3．We think it good to put up nesting boxes, but it is actually not helpful for birds.

4．We can find a lot of wild animals walking down city streets, so we must be careful not to kill them.

ウ　出会った修行者に都に残してきた人へ文を託せること。

エ　宇津の山に蔦や楓が茂って通行できなくなっていること。

問七、傍線部⑦「優しく」⑨「あまた」の本文中の意味として最も適当なものを、それぞれ後の中から選びなさい。

⑦　優しく
- ア　情け深い
- イ　すぐれている
- ウ　上品で美しい
- エ　ゆるやかである

⑨　あまた
- ア　少し
- イ　たくさん
- ウ　丁寧に
- エ　長く

問八、傍線部⑧「言へば」の主語として最も適当なものを、次の中から選びなさい。

ア　山伏　　イ　阿闍梨　　ウ　作者　　エ　夢に出てきた人

問九、傍線部⑩「聞ゆる」の活用形として最も適当なものを、次の中から選びなさい。

ア　連用形　　イ　終止形　　ウ　連体形　　エ　已然形《いぜんけい》

問十、空欄 X には、第二句にある「うつつ」の対義語が入る。最も適当なものを、次の中から選びなさい。

ア　夢　　イ　山　　ウ　家　　エ　旅

問十一、傍線部⑪「駿河の国」とは現在の何県に当たると考えられるか。最も適当なものを、後の中から選びなさい。

ア　滋賀県　　イ　岐阜県　　ウ　愛知県　　エ　静岡県

問十二、傍線部⑫「いたりぬ」の解釈として最も適当なものを、次の中から選びなさい。

ア　到着した　　イ　到着しない

ウ　到着するだろう　　エ　到着しよう

問十三、**【文章B】**の『伊勢物語』が成立した時代として最も適当なものを、次の中から選びなさい。

ア　奈良時代　　イ　平安時代

ウ　鎌倉時代　　エ　室町時代

＊菊川＝東海道の宿場の一つ。付近を菊川が流れる。
＊大井河＝赤石山脈を水源として駿河湾に注ぐ河川。大井川。
＊里＝長さを表す単位。
＊宇津の山＝「小夜の中山」と同様、東海道の難所として知られた山道。古くから和歌にも詠まれた名所。
＊阿闍梨＝真言宗・天台宗の高僧の称号。ここでは、都から同道している作者の息子のこと。
＊時雨れ（終止形は「時雨る」）＝時雨《しぐれ》（晩秋から初冬にかけて降ったりやんだりする冷たい雨）が降る。
＊こがるる＝色が変化する。

問一、傍線部①「小夜の中山」について、作者はどのような場所であると述べているか。最も適当なものを、次の中から選びなさい。

ア　どこを見ても山ばかりで、心細くつまらない場所。
イ　周辺の山々の形状が独特で、寂しくも趣深い場所。
ウ　山の陰になっていて、珍しい植物がみられる場所。
エ　けわしい山々に導かれて、常に強い風が吹く場所。

問二、傍線部②「有明の月」とはどのような月か。最も適当なものを、次の中から選びなさい。

ア　一ヶ月の中で最も明るく輝く月。
イ　薄雲を通してかすかに見える月。
ウ　旅先で故郷を思いながら見る月。
エ　夜が明けても空に残っている月。

問三、傍線部③「渡らむと思ひやかけし東路にありとばかりはきく川の水」の和歌に見られる修辞技法を説明したものとして、次の文Ⅰ・Ⅱの正誤の組み合わせとして正しいものを、後から選びなさい。

Ⅰ　「渡らむと」が「思ひ」の枕詞《まくらことば》となっている。
Ⅱ　「きく」が「（話を）聞く」と「菊（川）」の掛詞《かけことば》となっている。

ア　Ⅰ・Ⅱがともに正しい　　イ　Ⅰのみが正しい
ウ　Ⅱのみが正しい　　エ　Ⅰ・Ⅱがともに誤り

問四、傍線部④「わづらひなし」とはどういうことか。その説明として最も適当なものを、次の中から選びなさい。

ア　病気にかからず無事に進めたということ。
イ　面倒な手続きは必要なかったということ。
ウ　そこに川は流れていなかったということ。
エ　難なく川を渡ることができたということ。

問五、傍線部⑤「思ひ出づる都のことはおほ井河いく瀬の石の数も及ばじ」の和歌から読み取れる心情として最も適当なものを、次の中から選びなさい。

ア　都のことを恋しく思う気持ち。
イ　華やかな都を誇らしく思う気持ち。
ウ　都のことは忘れたいと思う気持ち。
エ　煩わしい都をうとましく思う気持ち。

問六、傍線部⑥「昔をわざとまねびたらむ心地して」とあるが、このような気持ちにさせたこととして最も適当なものを、次の中から選びなさい。

ア　宇津の山道が急なので進むことがためらわれること。
イ　約束通り顔見知りの修行者と宇津の山で落ち合えたこと。

三　次の【文章A】は一二八〇年頃の成立とされる、京都から鎌倉への紀行文『十六夜《いざよい》日記』の一節である。また【文章B】は【文章A】の後半部分を理解する上で参考となる『伊勢《いせ》物語』の一節である。それぞれの文章を読んで、後の問いに答えなさい。

【文章A】

二十四日、昼になりて、①*小夜《さや》の中山越ゆ。*ことのままといふ社《やしろ》の程、紅葉いと面白し。山陰にて、嵐も及ばぬなめり（のだろう）。深く入るままに、遠近《をちこち》の峰続き、異山《ことやま》に似ず、心細くあはれなり。麓の里、*菊川といふ所にとどまる。

　越えくらす麓の里の夕闇に松風おくる小夜の中山

暁、起きて見れば月も出《い》でにけり。

　雲かかる小夜の中山越えぬとは都に告げよ②有明の月

川音いとすごし。

　③渡らむと思ひやかけし東路《あづまぢ》にありとばかりはきく川の水

二十五日、菊川を出でて、今日は*大井河といふ川を渡る。水いとあせて、聞きしには違《たが》ひて、④わづらひなし。川原幾*里とかや、いと遥《はる》かなり。水の出でたらむ面影（ここに大水が出たらどんな様子だろうと）、おしはからる。

　⑤思ひ出づる都のことはおほ井河いく瀬の石の数も及ばじ

*宇津《うつ》の山越ゆる程にしも、*阿闍梨《あざり》の見知りたる山伏《やまぶし》、行きあひたり。「夢にも人を」など、⑥昔をわざとまねびたらむ（まねしたような感じがして）心地していと珍《めづら》かに、をかしくも、あはれにも、⑦優しくも覚ゆ（思われる）。「急ぐ道なり」と⑧言へば、文も⑨あまたはえ書かず（書けず）、ただやむごとなき所一つにぞおとづれ⑩聞ゆる。

　我が心うつつともなし宇津の山 X 路も遠き都恋ふとて

　蔦楓《つたかえで》*時雨《しぐ》れぬひまも宇津の山涙に袖の色ぞ*こがる

【文章B】

ゆきゆきて⑪駿河《するが》の国に⑫いたりぬ。宇津の山にいたりて、わが入らむとする道はいと暗う細きに、蔦かへでは茂り、もの心細く、すずろなる（思いがけない）めを見ることと思ふに、修行者あひたり。「かかる道は、いかでかいます（どうしていらっしゃるのか）る」といふを見れば、見し人（見知った）なりけり。京に、その人（あの方）の御もとにとて、文かきてつく。

　駿河なるうつの山辺のうつつにも夢にも人にあはぬなりけり

《注》　*小夜の中山＝東海道の難所として知られた山道。古くから和歌にも詠まれた名所。

*ことのままといふ社＝当地にある「事任八幡宮《ことのままはちまんぐう》」。

エ　「この走り」は基本的なフォームを重視した走り方で、「俺の走り」はフォームなど気にせずタイムを優先する走り方。

問八、傍線部⑤「あのころの俺はいつも弾丸のように走っていた」に使われている表現技法として最も適当なものを、次の中から選びなさい。

ア　直喩法　　イ　擬人法　　ウ　隠喩法　　エ　倒置法

問九、傍線部⑥「お前ら以上に、ずっとこんなふうに走りたかったんだ」とあるが、このときの「俺」の心情として最も適当なものを、次の中から選びなさい。

ア　普段から当たり前のように走ることができる施設がある崎山たちに対し、「俺」はその環境に恵まれていないため、立派な競技場で走ることができる喜びを味わっている。

イ　周囲の人に応援されながら走ることが多い崎山たちに対し、「俺」は孤独に走ることが多かったため、鈴香たちに応援されながら走ることができる喜びを味わっている。

ウ　部活動を通じて他者と走る機会が日常的にある崎山たちに対し、「俺」はその機会が無いため、他者と競いながら一生懸命に走ることができる喜びを味わっている。

エ　継続的に記録を取りながら活動する機会に恵まれている崎山たちに対し、「俺」は部活動に所属していないため、過去の自分の記録に挑戦しながら走ることができる喜びを味わっている。

問十、傍線部⑦「すごいよな。中学生って」とあるが、このときの「俺」の心情として最も適当なものを、次の中から選びなさい。

ア　レースに勝ったことで得意げな高校生の「俺」に対し、崎山は悔しさを感じさせない大人びた対応をしており、敬意を抱いている。

イ　一回の走りで疲れてしまった高校生の「俺」に対し、もう一度走り出そうとしている崎山の底が知れない体力に、敬意を抱いている。

ウ　わがままで自己中心的な高校生の「俺」に対し、仲間への励ましを忘れない崎山の類まれなるリーダーシップに、敬意を抱いている。

エ　自分のことで精一杯な高校生の「俺」に対し、同じように疲れているはずの崎山は周囲のことを考える余裕があり、敬意を抱いている。

問十一、本文の特徴として最も適当なものを、次の中から選びなさい。

ア　周囲の人の応援に励まされて懸命に走る「俺」の姿が、一人称視点からいきいきと描かれている。

イ　走ることで心のわだかまりから解放されていく「俺」の姿が、情景描写を通じて効果的に描かれている。

ウ　中学生との交流の中で成長していく「俺」の姿が、会話文を主体として魅力的に描かれている。

エ　自分自身の限界を超えて走ることに打ち込む「俺」の姿が、擬音語を多用することによって、はつらつと描かれている。

問十二、本文の作者瀬尾まいこは『卵の緒』で「坊っちゃん文学賞」を受賞している。この賞の名称の元となった『坊っちゃん』の作者を、次の中から選びなさい。

ア　島崎藤村　　イ　谷崎潤一郎　　ウ　夏目漱石　　エ　太宰治

ア　X　ちょろちょろ　Z　だらり
イ　X　おどおど　Z　がっちり
ウ　X　いらいら　Z　きっちり
エ　X　きょろきょろ　Z　すらり

問三、空欄 Y に入る語として最も適当なものを、次の中から選びなさい。

ア　体　イ　首　ウ　顔　エ　肩

問四、傍線部①「みんなの目の色が変わった」のはなぜか。最も適当なものを、次の中から選びなさい。

ア　「俺」のことを自分たちとあまり関わりのない人だと思っていたが、陸上の能力が優れている人物だと分かり、印象が変化したから。
イ　「俺」のことを外見から当初は怖がっていたが、母校の卒業生であるということを知り、安心したから。
ウ　「俺」のことを取るに足らない人物だと認識していたが、自分たちの目標としている人物だと判明し、尊敬の念を抱いたから。
エ　「俺」のことを初めは歓迎していなかったが、上原の話を聞き、上辺だけでも歓迎しているように見せかけようと思ったから。

問五、傍線部②「いいぞ。俺は自分の体に手ごたえを感じた」とあるが、このときの「俺」の心情として最も適当なものを、次の中から選びなさい。

ア　中学生と競うことを目標に日々走り込んできていたため、万全の仕上がりになっていることに安心している。
イ　中学生に負けるはずがないという自信は元々あったが、実際に走ってみてその認識が間違っていなかったと確信している。
ウ　久しぶりのタイムを競う走りに不安を感じていたが、想像していたよりもブランクを感じておらず、少し自信が生まれてきている。
エ　二年間無駄な時間を過ごしていたため走ることへの恐怖はあったが、実際には周囲を見る余裕があるなど、気持ちが楽になっている。

問六、傍線部③「俺とは全然違う毎日」についての説明として最も適当なものを、次の中から選びなさい。

ア　「俺」が部活動よりも学業を優先する日々を送っていたのに対し、崎山は文武両道を貫き通す日々を送っていたということ。
イ　「俺」が何事に対しても無責任な日々を送っていたのに対し、崎山は部長として責任感ある行動を取る日々を送っていたということ。
ウ　「俺」が現実から逃避して子どもと遊ぶだけの日々を送っていたのに対し、崎山は理想と現実の差にもがき、抗《あらが》う日々を送っていたということ。
エ　「俺」が目的もなく無為に日々を送っていたのに対し、崎山は目標に向かって努力を積み重ねる日々を送っていたということ。

問七、傍線部④「この走りは俺の走りとは違う」についての説明として最も適当なものを、次の中から選びなさい。

ア　「この走り」は身体に負担がかからないような穏やかな走り方で、「俺の走り」はペースよりもスピードを重視したパワフルな走り方。
イ　「この走り」は計画的にペースを守る走り方で、「俺の走り」はただがむしゃらに後のことを考えない走り方。
ウ　「この走り」は他者を意識しながら機をうかがう走り方で、「俺の走り」は誰よりも先頭に立ち、自分のペースを守る走り方。

ら以上に、ずっとこんなふうに走りたかったんだ。

「ラストー、ファイト。ここまで」

ゴール地点に、俺は倒れこむように突入した。(c)なりふりかまわずただ前に突っ込んだ。そして、倒れこんだ分だけ、崎山よりわずかに先に走りぬいた。

ゴールした俺はそのまま動けずべたりと座り込んでしまったけれど、崎山は涼しい顔で汗をぬぐっただけだった。

「お前、すごいじゃん」

俺は思わず崎山を見上げて言った。

「負けるわけないって思ってたんですけど……。さすがっすね」

崎山はそんな俺に静かに微笑《ほほえ》んだ。

「いや、完全にレースはお前の勝ちだわ。あと10メートルでもあったら完敗だ」

俺は正直に言った。最後の最後、ただ声援に乗せられて体が進んだだけだ。

「駅伝では、僕も倒れるまで走ります」

「そんなことしたら、お前ダントツ一位だな」

「ありがとうございます」

崎山は軽く頭を下げると、ほかのやつらに「腕を振れよ」「あと２００」などと声をかけ始めた。

⑦すごいよな。中学生って。走りきって疲れた後に、俺に負けて悔しい気持ちのままで、誰かに声を送れるなんて。

俺はその様子を見ながら上原にもらったアクエリアスを飲みほした。もう高校生になってしまった俺は、たかだか３０００メートル走っただけで、完全に体は空っぽで、立ち上がることも声を出すこともできないくらいへばっていた。

（瀬尾まいこ『君が夏を走らせる』による）

《注》＊篠山＝地名。
＊ラップタイム＝トラック一周にかかる所要時間。
＊愛ちゃんと由奈ちゃん＝公園で出会った鈴香の友達。
＊お母さんたち＝愛ちゃんと由奈ちゃんの母親たち。
＊ぶんぶー＝鈴香のお気に入りの言葉。

問一、傍線部(a)「平然としている」(b)「つたない」(c)「なりふりかまわず」の、本文中の意味として最も適当なものを、それぞれ後の中から選びなさい。

(a) 平然としている
ア ひたむきな様子である
イ 爽やかな様子である
ウ 勇ましい様子である
エ 落ち着いた様子である

(b) つたない
ア 上手でない
イ ささやかな
ウ つまらない
エ 消え入りそうな

(c) なりふりかまわず
ア 服装にこだわらないで
イ 大人げない行為にもかかわらず
ウ 周囲の目線を気にしないで
エ 非難されるにもかかわらず

問二、空欄 X と Z に入る語の組み合わせとして最も適当なものを、次の中から選びなさい。

あとのことはどうだっていい。体中弾ませて、無鉄砲でも前に向かっていく走り。それが俺の走りだ。それをしなくちゃ走る意味はない。大きく腕を振ると、俺は体ごと前に送り出した。その勢いにちゃんと足も付いてくる。よし、いける。俺は大きく息を吐くと、そのまま崎山を抜き去った。

「あと、一周400メートル」

上原の声が聞こえ、崎山もペースを上げ俺につけてきた。さすが部長だ。まだ余力を残していたんだな。悪いけど、負けてはいられない。体があの夏を思い出して、何度も何度もスパートをかけている。⑤あのころの俺はいつも弾丸のように走っていた。レース展開なんて考えず、ただゴールに向かうことに、ただタスキを渡すことに、必死だった。

「ラスト200、がんばって」

ここからはもう短距離だ。このままゴールまで一息に行こう。だけど、さすがに俺の体は重くなって足の回転が遅くなり出した。むやみにかけたスパートのせいで、息も完全に乱れている。そんな俺に反して、崎山は自分のペースを取り戻し、真後ろにぴたりとついている。そして、「やっぱり正しい走りが一番なんだな」そう思った瞬間に、するりと抜かされてしまった。

当然だ。たまたま調子よく走れていただけで、まじめにやってるやつにかなうわけがない。高校の陸上部もいつのまにかやめて、何ひとつやりきっていない俺が勝てるほどレースは甘くないのだ。どんどん崎山の背中は遠のいていく。こうなったら、二位だけは保たないとな。せめて9分台で走りきろう。そう呼吸を整えて、腕を軽く揺すったところに、声が飛んできた。

「おじさん、ファイト!」

*愛ちゃんと由奈ちゃんの声だ。

「ほら、しっかりー! 前離れてるよ!」

*お母さんたちも大きな声で応援してくれている。

「ばんばってー」

そして、一番よく聞こえるのは、みんなのまねをして叫ぶ(b)つたない鈴香の言葉だ。

中学校駅伝のブロック大会。駅伝は6区間もあるから、わざわざ俺が走る2区を応援しにくるやつなど誰もいなかった。他校の選手への声援が飛ぶ中、俺は孤独にそれでもがむしゃらに走っていた。そんな最後の上り坂。声援を浴びた他の選手が加速し、俺を引き離したときだ。担任の小野田の声が聞こえた。

「走れ! お前ならやれる」って。その声で俺の体は、勢いがついたんだっけ。

「前抜けるよ!」

「あと少しファイト!」

お母さんたちの声援の合間に、愛ちゃんたちがきゃあきゃあ叫び、そのそばで、鈴香は「*ぶんぶー」と「ばんばってー」を繰り返している。

ただのタイムトライアル。それなのに、声をかけられると、残された力が沸き立ってくる。まだ余力があったのかと自分で驚くくらい、手にも足にも力が満ちていく。崎山の背中は手を伸ばせば届くところに近づいた。残りは50メートル。ここですべてを出し切ってやる。毎日走ってるやつらには悪いけど、俺はやれるんだ。⑥俺は走りたかったんだ。お前に走り慣れているし、体に負担がかからないような穏やかな走りだ。もう一人は真っ黒に日に焼けたがっちりしたやつ。駅伝のために集められたのだろう、長距離がなじんでないから体が無駄にはねているけど、スピードがある。体にペースが染みついていけば、力が付きそうだ。

「二周目終了、この周78、79、」

　スタート地点を通過すると、*ラップタイムを読み上げる上原の声が聞こえた。最初の周とほぼ同じタイムだ。このペースで行けば、３０００メートル10分を切れる。なかなかいい速度だ。それに、俺の体はまだどこも疲れてはいない。毎日鈴香の家まで走っているし、ショッピングモールや駅に行くときも走ることが多い。いつもジョグ程度の速さだけれど、心肺は鍛えられているようで、まだ息も上がっちゃいない。それどころか、ここにきて足や腕にエンジンがかかり、勢いを増している。

②いいぞ。俺は自分の体に手ごたえを感じた。

「三周通過、この周、76、77、78……」

　１２００メートルを過ぎても、まだ速度は落ちていなかった。練習を積んだ中学生と対等に走れるなんて思った以上だ。崎山が3メートルほど前を走り、俺の真ん前に色黒のやつが足音を響かせながら走っている。パワフルな走りに、最後まで持つのだろうか、とこっちが心配になってしまう。ほかの六人はだんだん後れを取り始め、半周近くの差が開いているやつもでてきた。

「四周終了、この周77、78」

　１６００メートルを通過し、俺は上原の読み上げるタイムに、驚いた。一番前を行く［Z］とした背中。崎山のペースは一切乱れていない。なんという正確な走りだろう。その一方で、俺はだんだん息が上がってきた。前を行く色黒のやつも俺と同じように息が乱れている。さすがにこの速度で3キロを走るのはきつい。だけど、9分台で走るには、崎山から離れてはだめだ。俺は腕を軽く振って息を整えると、もう一度足に力を込めた。ここで少し勢いをつけよう。パワーのあるうちに詰めておかなくては。わりいな。俺は心の中でつぶやきながら、すぐ前を走る背中を追い抜いた。

「五周目、76、77、78……、残り二周半」

　２０００メートル経過。それでも崎山は速くなることも遅くなることもせず、同じ間隔で足を運んでいる。一年生で駅伝練習に参加していたときは、か弱くすぐにバテていたというのに。こいつはこの一年、どれだけ練習を積んできたのだろう。③俺とは全然違う毎日を重ねてきたはずだ。うっかり気を抜いたら一気に離されてしまう。俺はしっかりと背中を見つめ、前へ前へ足を運んだ。

「六周経過、この周79、80……。残り一周半」

　上原の声が響く。あと６００メートルだ。七周目に入って、俺は周回遅れのやつを二人抜いた。そのたびに少しペースが崩れ、息が上がる。先を行く崎山は誰かを抜かしてもペースに変動がない。相変わらずリズムを刻むように走っていく。細いけれど、体幹が鍛えられているのだろう。体はまったくぶれがない。すげえペースメーカーだ。このまま、崎山についていけさえすれば、俺も9分台で3キロを走りきれるだろう。

　いや、それじゃだめだ。これではおもしろくない。④この走りは俺の走りとは違う。体が空っぽになっていくあの快感はまだやってきていない。ここでスパートをかけるのは早すぎるし、もう体も疲れかけている。でも、このペースから外れたいと、跳び出したいと体は言っている。

きに」
　上原が言うのに、「うわ、すげえ」という声が漏れた。
「そう。すごいの。で、ブロック大会では9分48秒で区間二位。県大会では*篠山《ささやま》のコースを9分46秒で走ったんだ」
　上原が掲げるタイムに、①みんなの目の色が変わった。数字って説得力があるんだな。さっきまで軽く見られていたのに、一目置かれている。昔残した記録が、俺を救ってくれてるようだった。
「そんな人と走れるなんて光栄でしょう。めったにない機会だよ。十分後スタートするから、それぞれアップしてね」
　上原がそう告げると、みんなは俺に負けられないとでも思ったのか、すぐさま体を動かしにかかった。
「おい。お前、どうして、記録覚えてんだ？」
「記録？」
　みんなが散らばった後、声をかけると、上原が［Y］をかしげた。
「試走とかの俺のタイムだよ」
「覚えてるって、最初の試走と本番だけだよ」
　上原はあたりまえだという顔をした。
「へえ……」
　こいつにもすごいとこがあるんだな。俺みたいなやつの記録まで覚えてるなんて。
「大田君もアップしとかないと、あとで体に来るよ」
　上原はそう言うと、トラックの中の小石をのけ始めた。
「ああ、わかってる」
　グラウンドの隅のほうに目をやると、砂場から移動してきた鈴香たちが陰に置かれたベンチに座ってこっちに手を振っている。母校の練習に参加するだけなのに、何かの大会のようだ。俺は手を上げて応えると、屈伸をして、軽いジョグを始めた。
　今日走るのも駅伝と同じ距離の3キロ。昔の記録とあまりにもかけ離れた走りはしたくない。「久しぶりだからだ」なんて言い訳をしないといけないような結果は残したくない。４００メートルトラックを確かめるようにジョグをしている間に、体が目覚めてきた。最後に流しを入れると、手足の先までが高揚しているのがわかる。誰かとグラウンドを走る。俺の体はそのことにすっかり興奮していた。
「一分前だよー」
　上原の声に、スタート地点にみんなが集まってきた。中学生たちはいつもの練習の一環だから(a)平然としているけど、俺の心臓は高鳴っていた。３０００のタイムトライアル。こいつらとのレースが始まるのだ。
「よーい、スタート」
　上原の合図に合わせて、一斉にスタートを切る。俺の体もぐんと前に飛び出る。このトラックを七周半。以前の俺なら9分台で走れただろう。あれから二年。無駄に過ごした時間は、俺をどれくらいなまらせてしまっているのだろうか。俺は自分の体を確かめながら、足を進めた。
　連なって走っていたのは２００メートルほどで、一周を過ぎるとだいぶ差がついてきた。駅伝練習がスタートして、一ヶ月は経っているのだろうか。中学生たちの走りもそれなりに様にはなっている。それでも、まだ夏休みの時点では長距離を走り慣れてないやつが多いようで、俺より前を走るのは二人だけだ。
　一番前を走るのは崎山。一定のリズムを刻みながら進んでいる。完全

イ　パンデミックがなければ家族圧を克服する機会を得ることができなかったであろうから。

ウ　パンデミックがなければリモート授業の利便性に気付くことはなかったであろうから。

エ　パンデミックがなければ感染症予防を考えて行動しようとは考えなかったであろうから。

問十四、本文の内容と合致するものを、次の中から選びなさい。

ア　時代の変化によって子供の在り方が変わるとともに世界中を混乱させたパンデミックがきっかけとなり、今までとは異なる新しい家族の在り方ができつつある。

イ　ホーム・ドラマで描かれた新しい家族の姿に子供が触発されて、親と子供が互いの存在を尊重して暮らすという家族の幸福な循環が断ち切られてしまった。

ウ　インターネットの急速な普及により家族内の直接的なコミュニケーションが減り、他者との距離感をつかめない若者が増加するという大きな問題が発生した。

エ　他者との接触を避けることが求められる時代の中で生きていくためには、家族内でのソーシャル・ディスタンスの在り方を考えて慎重に行動する必要がある。

二

次の文章を読んで、後の問いに答えなさい。

高校二年生の大田（「俺」）は、夏休みに三歳上の先輩から、二歳になる娘の「鈴香」を一ヶ月の間面倒《めんどう》を見て欲しいと頼まれる。次の文章は、鈴香と公園で遊んでいたときに、中学校時代に駅伝の顧問をしていた上原に声をかけられ、中学生と競技場でタイムトライアルをする場面である。

「集まってー」

上原が声をかけると、生徒たちがパラパラと寄ってきた。

「今からタイムトライアルするんだけど、大田君にも参加してもらおうと思って」

上原が横にいる俺を手で示した。

八人の生徒は、俺を一瞥《いちべつ》しただけで、誰もうれしそうな顔はしなかった。そりゃそうだ。こいつらが一年生のときに俺は三年生だ。直接知らなくても、俺の悪い評判は聞いてるだろうし、こんなふざけた格好のやつと走りたいわけがない。

「大田君だよ。知らないの？　部長は知ってるでしょう」

無反応のみんなを見渡して上原が言った。

「知ってますけど。僕が一年のときに駅伝に来ていたから」

崎山だ。俺が駅伝練習に参加してたときは、まだ一年生で補欠だった。こいつが部長になったのか。あのときは小さかったのに、今は俺より背が高く、すらりとした足にきれいな筋肉がついている。

「あ、なんか聞いたことがある。坊主《ぼうず》にして走った人ですよね」

崎山の横で、落ち着きなく［X］していたやつが言った。こいつはまだ二年生だろう。ほんのわずかだけど、みんなより顔つきが幼い。

「そういえば本番は坊主だったかな。こないだみんなで試走に行ったでしょう？　あの上りの多い2区のコースを、大田君は最初の試走、10分ジャストで走ったんだよ。しかも、まだあんまり体動かしてなかったと

(c) 拍車をかけた
ア 進行を一段と早めた
イ 決定的な打撃を与えた
ウ 大きな影響を及ぼした
エ 特に注目を集めた

問七、空欄 1 ・ 2 に入る語として最も適当なものを、それぞれ後の中から選びなさい。

1
ア だから　イ ところが　ウ なぜなら　エ あるいは

2
ア よもや　イ まるで　ウ にわかに　エ もはや

問八、傍線部②「『起爆剤』」とはどのようなきっかけとなるものか。最も適当なものを、次の中から選びなさい。
ア 子供に親の有り難みを押し付けるきっかけとなるもの。
イ 親の権威を子供に振りかざすきっかけとなるもの。
ウ 家族構成の多様性を容認するきっかけとなるもの。
エ これまでの家族の在り方が変わるきっかけとなるもの。

問九、傍線部③「『子供の発見』」とはどのような考えのことか。最も適当なものを、次の中から選びなさい。
ア 子供は生産力になっているため、きちんと賃金を支払われる存在であるべきだという考え。
イ 子供は家族に養ってもらうために、労働力として貢献する存在であるべきだという考え。
ウ 子供は家族の中で大切に保護され、人として尊重される存在であるべきだという考え。
エ 子供は親から早く自立し、自分の家族を新たに作る存在であるべきだという考え。

問十、傍線部④「家族のあり方における大きな変化を促し」た理由として最も適当なものを、次の中から選びなさい。
ア 十分な収入のある親から経済的な援助を受ければよいという価値観が社会に広がったから。
イ 親の世代の価値観に反発を覚えたために新しい生き方を選ぶ子供が増えたから。
ウ 家族という枠に囚《とら》われなくても同じ価値観を持つ人とつながれるようになったから。
エ 価値観というものは政治の影響を受けて変化するということに若者が気付いたから。

問十一、傍線部⑤「第三フェーズ」で見られる状態の説明として最も適当なものを、次の中から選びなさい。
ア 父の稼ぎで母が家計のやりくりをして子供を育てている状態。
イ 家族を含めた他者との物理的距離感が意識されている状態。
ウ 親子の対立によって家族という関係が崩壊し始めている状態。
エ 子供が社会から孤立しないように親が見守っている状態。

問十二、傍線部⑥「崩壊」と同じ構成の熟語を、次の中から選びなさい。
ア 登山　イ 前後　ウ 腹痛　エ 寒冷

問十三、傍線部⑦「パンデミックの皮肉な効果だった」と言えるのはなぜか。最も適当なものを、次の中から選びなさい。
ア パンデミックがなければ家族をかえりみようとする発想には至らなかったであろうから。

(i) ソク進
- ア 図書の返却を催ソクする。
- イ 彼はソク座に答えなかった。
- ウ 校ソクの見直しを始めた。
- エ 会議で補ソク説明をする。

(ii) 不カ分
- ア 私が得意なカ目は国語です。
- イ 提出期限までにカ題をこなす
- ウ 使いやすいようにカ工する。
- エ 友人との外泊の許カをもらう。

(iii) 懸ネン
- ア 車のネン費を考えて買い替えた。
- イ ネン願の高校に合格した。
- ウ 天ネンの鮎《あゆ》を釣り上げた。
- エ 四月から新ネン度が始まった。

問二、空欄 X に入る語として最も適当なものを、次の中から選びなさい。

ア 頭数　イ 維持　ウ 役割　エ 年齢

問三、空欄 A ・ B ・ C に入る語の組み合わせとして最も適当なものを、次の中から選びなさい。

- ア A 継続　B 人間　C 平均
- イ A 倫理　B 合理　C 一時
- ウ A 経済　B 絶対　C 安定
- エ A 人道　B 閉鎖　C 断片

問四、傍線部①「この三つの関係」とはどのような関係か。最も適当なものを、次の中から選びなさい。

- ア 社会維持のために労働に励む父と母の帰りを、子供が大人しく家で待つ関係。
- イ 父が労働により社会を維持し、母が家事により家族を維持して、子供を育てる関係。
- ウ 父と母が家族を維持するために家事を役割分担しながら、子供を育てる関係。
- エ 家族を維持するために労働する父の収入に、母と子供が頼り切っている関係。

問五、本文には次の二文が抜けている。補うのに最も適当な箇所は、本文中の【Ⅰ】～【Ⅳ】のどこか。後の中から選びなさい。

> この近代以前には、子供は「子供」ではなかった。「小さな大人」だったのです。

ア【Ⅰ】　イ【Ⅱ】　ウ【Ⅲ】　エ【Ⅳ】

問六、傍線部(a)「謳歌していく」(b)「確執」(c)「拍車をかけた」の本文中の意味として最も適当なものを、それぞれ後の中から選びなさい。

(a) 謳歌していく
- ア のんびりと心ゆくまで休む
- イ よい境遇にあることを楽しむ
- ウ 何度も同じことを繰り返す
- エ 不安を感じることなく過ごす

(b) 確執
- ア 違いが際立つこと
- イ お互いに遠慮すること
- ウ 変化に苦しむこと
- エ 仲が悪くなること

ここまでの家族の変化の形態を、まとめてみましょう。第一フェーズの父親を中心とした「農業集約型モデル」から、第二フェーズの父・母・子が、それぞれの役割を迷いなく遂行できた「性別役割分担モデル」が、戦争という大きな契機の前後に生じた社会変化の中で変貌してきました。それまで、［ C ］的に見えたカタチが、「大人になれない子供」という家族内部からの変化、さらには外部からは社会構造の大きな変化などを受けて、じわじわと足元が溶け出していくという⑤第三フェーズに、私たちは直面しているわけです。これは、「家族の崩壊」と言ってもいいのではないでしょうか。

この「家族」の⑥崩壊という現象の中で、今後、私が(iii)懸ネンしている問題を挙げていきます。精神分析家としての私の仕事においては、家族のあり方はいつも大きな問題になります。直接的であったり、間接的であったり、その現れ方は様々ですが、多くの人の心のベースにあるのは、一番身近な対人関係としての家族の問題だということは変わらないのではないでしょうか。【中略】

二〇二〇年、世界中を混乱の渦に巻き込んだパンデミックの時代は、家族のあり方に、大きなクエスチョン・マークを投げかけました。それを二つの視点から、整理してみます。

ひとつ目は、「家族こそが不安の材料になる」ということです。感染拡大の初期、外出自粛、ステイホームの動きの中で、家庭内でのDVや、虐待などのニュースが多く報道されたことには驚きました。学校や職場など、一種の逃げ場を奪われ、常に家族が面と向かい合わなければならない、そんな通常とは違う生活を強いられる中で、家族圧とでもいうべき強いストレスを抱えた人たちが少なくなかったのでしょう。また、盛り場での感染が一段落したあと、次に、家族内感染という言葉がニュース報道などで目立ち始めました。本来、究極の安全地帯であるはずの家庭が感染の原因になるという、何とも皮肉な状況に皆さんも戸惑ったことと思われます。しかし、家族という存在を考え直す機会を与えてくれたのは、⑦パンデミックの皮肉な効果だったのかもしれません。

もうひとつは、「接触することが不安の材料になる」ということです。パンデミックの時代は、接触すること、近づくことが危険・不安材料になり、ソーシャル・ディスタンスというかけ声のもと、あらゆる場面で、距離を保つことが求められました。しかし、家族という存在は本来的に、接触をベースに近接して存在しているものです。その根本が脅かされているわけです。家族のソーシャル・ディスタンスって……例えば、別々の部屋でスマートフォンのリモート機能で話すこと。いやいや、それは家族とは言えないのではないでしょうか。

実は、この二つ目の、「ソーシャル・ディスタンス」という問題は、家族だけにとどまらず、社会全体の問題と捉えることもできます。接触が忌避される、いわば「疎外された世界」で、私たちは、他者との信頼をどう築いていけばいいのでしょうか。リモートでの授業が続く大学、テレワークで回っていく会社、それに慣れていくことの先には、何があるのでしょうか。パンデミック時代の家族を考えることは、このように新しい社会のモデルを考えることにつながっていきます。

（妙木浩之『AIが私たちに嘘をつく日』による　一部改変）

問一、傍線部(i)～(iii)のカタカナ部分と同じ漢字を使う熟語として最も適当なものを、それぞれ後の中から選びなさい。

や和解を描くものでした。

　ここで、今述べた、「子供」という存在がいつ発見されたかということについてお話ししましょう。歴史家のアリエスが『〈子供〉の誕生』で、「十六世紀から十七世紀にかけて、こうしてほとばしり出る家族意識は子供という意識と(ii)不可分である」と、家族の中で守られる、あるいは成長を助けられる子供というのは、近代という時代の意識の産物であると述べています。【 Ⅲ 】どういうことかと言うと、子供は、あくまで、一人前の労働力になるまでの前段階に過ぎないものであって、そこには何らかの意味や権利などは存在しないという考え方です。先ほど、述べた第一次産業の時代には、これは当然のことであり、誰も疑問は持たなかった。そして、近代、第三次産業の時代になって、子供の人権や、存在意味などがアリエスによって述べられたものから、また変化してくるわけです。

　家族の中の子供の位置づけを考えるときに、フロイトのエディプス・コンプレックスという考え方も興味深いものです。エディプス・コンプレックスとは、子供にとって、父母と自分との位置づけを体験・理解していく際に必要なプロセスのことを指します。この過程の中で、子供が成長していくにつれて、親との葛藤が生まれ、(b)確執が起こり、分離していく。ここで、生まれてきたのが、「青年」という概念の発見です。これは、社会に出ていくまでの「子供」というものの存在の移行期を表したもので、だいたい一四歳から、大学生あたり、一八歳ぐらいまでを指すものです。

　最近言われていることは、この青年期というものが、一八歳などではなくて、三〇歳ぐらいまで延びてしまったのではないかということであり、第三フェーズの家族では、その「青年」が大きな役割を持つことになるのです。

　「大人になれない子供」が家にとどまって、うまく社会に出ていくことができなくなっている。【 Ⅳ 】そこで生まれてきた社会問題が、「引きこもり」であり、それに(c)拍車をかけたのが、九〇年代に入ってからのインターネットの普及です。そこでは、ネットによって、容易に他者とつながることができ、そこで仲間を作り始めた。つまり、引きこもっていても、孤立はしていないわけです。そこには、むしろ家族とは別の新しい、共通の価値観を持ったもうひとつの「縁」という新しい価値観が生まれてきたわけです。このことの是非はまた後ほど、お話ししますが、この変化に伴って目に見える大きな問題が二つ起きてきました。

　ひとつは、社会を維持していくための労働者の欠如。もうひとつは、子供がなかなか「男と女」になれない、その結果の少子化ということです。これが、結果として、④家族のあり方における大きな変化を促し、成長し続ける社会を背景にした家族の幸福な循環が崩れ始めました。

　ここまで述べてきたような家族内部の変化に追い打ちをかけたのが二一世紀以降の社会変化です。政治の不安定、世界的な不況の中で進行していく格差社会の拡大というのは、［ 2 ］、どの国にも共通の問題です。日本は、まだましなほうだという論調もありますが、今後、悪くなることはあっても、良くなることはないというのが正直なところでしょう。そこでは、幸福な高度成長期のモデルである、父親（だけ）が外で稼ぎ、母親（だけ）が家を守る、というような家族は、間違いなく恵まれた少数派であり、共働きでないと生活を維持できない家族のほうが、もはや普通なのではないでしょうか。

【国　語】（六〇分）〈満点：一〇〇点〉

一　次の文章を読んで、後の問いに答えなさい。

まず、第一のフェーズ（段階）は、農業など第一次産業をベースにしていた戦前の社会における家族です。ここでの父親・母親の役割分担は、それほど明確ではなく、総動員体制で少しでも多くの農産物を生産することが目標です。いわば「農業集約型モデル」とでも言うべき家族です。ここでは、子供も「小さな大人」として、つまり、ひとりの生産者として、できる範囲で農業生産に携わっていたわけです。ですから、この「農業集約型モデル」にとって最も大切なのは何か。それは、 X です。子供は、ひとりでも多ければ、また、少しでも力のある男のほうが「農業集約型モデル」の家族にとってはありがたかったのです。

そのあとの第二フェーズは、戦後の高度成長期に入って、都市部のサービス業など第三次産業をベースにした社会が形成されてきたころに生じてきました。ここでは、男は家の外に働きに出て金を稼ぎそれを持ち帰る。女は家にいて食生活の維持を中心に家族を守っていく。いわば「性別役割分担モデル」とでもいう形態です。このモデルにおいては、家族という集団は、「家族を維持する」こと、「社会を維持する」こと、という二つの異なる役割が要求されます。「社会を維持する」というのは経済活動を(i)ソク進させる、という言い方もできます。高度成長期は、この前者を母親が、後者を父親が担うというのが多くの家族の基本的なかたちでした。そして、次の世代へのたすきをつないでいくために、子供にはある年齢まで、 A 的な投資と、精神的な支えというサポートをしていく。親（父・母）と子の役割分担が明快に設定することができ、①この三つの関係が、うまく相互に絡み合って、互いに成長していくことができ、社会への貢献も果たされる。【 Ⅰ 】これは、高度成長期を支えた理想のロールモデルでもあったのです。

高度成長期の社会は、このようにいろいろなものがうまく循環していた時代だったのですが、この第二フェーズの後半、具体的には一九七〇年代後半あたりになって、親と子の対立というものが目立つようになってきました。第一フェーズの、いわば総力戦家族の時代には、家族内における対立というものはそもそも存在しません。妻に対しての夫、子に対しての親というものは B 的存在であり、家族というものは、家長（夫・父・男）という存在を先頭に迷いなく進んでいくものだったからです。【 Ⅱ 】そして、第二フェーズ前半、幸福な循環が続いていたときにも、父、母、子、それぞれが自分の役割に対して大きな不満を持つことはなく、粛々とそれをこなし、日々の生活を(a)謳歌《おうか》していくことができたのです。 1 、第二フェーズ後半、それまで、親への従属的存在であり、次世代へのたすきでしかなかった子供の存在が、家族の構造に対して大きな揺さぶりをかけてくるのです。②「起爆剤」が起動してきたのです。

子供は、単なる「小さな大人」ではなく、その存在そのものとして意味を持っている。この③「子供の発見」によって生まれてきた大きな問題が、親子の対立というもので、それまでの幸福な家族のあり方をねじまげていきました。

戦後の日本文学で、このテーマを扱った作品は膨大にあります。また、七〇年代からのテレビの世界で生まれたホーム・ドラマというのも、多くは、この家族形態の中の親子の対立、夫婦の対立、その中での軋轢《あつれき》

MEMO

大切なことはメモしておこうネ！

2023年度

解　答　と　解　説

《2023年度の配点は解答欄に掲載してあります。》

＜数学解答＞　《学校からの正答の発表はありません。》

1　(1)　ア　1　(2)　イ　2　ウ　2　(3)　エ　1　オ　3　(4)　カ　3　キ　6

2　(1)　(ⅰ)　ア　2　イ　8　ウ　5　エ　5　(ⅱ)　オ　4　カ　0
(2)　(ⅰ)　キ　1　ク　1　ケ　3　コ　6　(ⅱ)　サ　2　シ　9
(3)　ス　1　セ　6　ソ　6

3　(1)　ア　1　イ　2　(2)　ウ　3　エ　2　(3)　オ　1　カ　7

4　(1)　ア　1　イ　2　ウ　4　エ　8　(2)　オ　2　カ　2　キ　7
(3)　ク　1　ケ　2　(4)　コ　3

5　(1)　ア　1　イ　0　ウ　0　エ　9　オ　0　(2)　カ　5　キ　1　ク　2
(3)　ケ　1　コ　0　サ　2　シ　3　ス　1　セ　2　ソ　6　タ　0
チ　2　ツ　1　テ　3

○推定配点○

1　各4点×4　2　(1)　各4点×3　(2)　各4点×2　(3)　各4点×2　3　各4点×3
4　(1)　各4点×2　(2)　各4点×2　(3)　4点　(4)　4点　5　(1)　各4点×2
(2)　4点　(3)　各4点×2　計100点

＜数学解説＞

基本　1　(正負の数，平方根，連立方程式，2次方程式)

(1)　$(6-2^2)\div6+2\div\{7-(-2)^2\}=(6-4)\div6+2\div(7-4)=\frac{1}{3}+\frac{2}{3}=1$

(2)　$\frac{(\sqrt{11}-\sqrt{22}+\sqrt{33})(\sqrt{11}-\sqrt{22}-\sqrt{33})}{(\sqrt{11}+\sqrt{22})(\sqrt{11}-\sqrt{22})}=\frac{(\sqrt{11}-\sqrt{22})^2-(\sqrt{33})^2}{11-22}=\frac{11-2\times11\sqrt{2}+22-33}{-11}=2\sqrt{2}$

(3)　$\frac{2}{5}x-\frac{1}{3}y=-\frac{3}{5}$より，$6x-5y=-9$…①，$\frac{-3x-y}{6}=-1$より，$3x+y=6$…②　②×2－①より，$7y=21$　$y=3$　これを②に代入して，$3x+3=6$　$x=1$

(4)　$x^2+nx-n^2-4n+3=0$に$x=3$を代入して，$9+3n-n^2-4n+3=0$　$n^2+n-12=0$　$(n-3)(n+4)=0$　nは自然数だから，$n=3$　このとき，元の方程式は，$x^2+3x-18=0$　$(x-3)(x+6)=0$　$x=3,\ -6$　よって，もう1つの解は-6

2　(平面図形，確率，データの整理)

重要　(1)　(ⅰ)　平行線の錯角は等しいから，∠AEB＝∠CBE　仮定より，∠ABE＝∠CBE　よって，∠AEB＝∠ABEより，AE＝AB＝5　同様にして，DF＝DC＝5　したがって，EF＝AE＋DE－AD＝5＋5－8＝2　AからBCにひいた垂線をAHとすると，$AH=\frac{32}{8}=4$より，$BH=\sqrt{5^2-4^2}=3$　FからBCにひいた垂線をFIとすると，HI＝AF＝5－2＝3　よって，CI＝8－3－3＝2　△CFIに三平方の定理を用いて，$CF=\sqrt{4^2+2^2}=2\sqrt{5}$　平行線と比の定理より，FG：GC＝EF：BC＝2：

$8=1:4$　よって，$CG=\frac{4}{1+4}CF=\frac{4}{5}\times2\sqrt{5}=\frac{8\sqrt{5}}{5}$

重要　（ⅱ）$\triangle EFG:\triangle EFC=FG:FC=1:5$　$\triangle EFC:\triangle ADC=EF:AD=2:8=1:4$　よって，平行四辺形ABCDの面積は，$2\triangle ADC=2\times4\triangle EFC=8\times5\triangle EFG=40\triangle EFG$より，△EFGの面積の40倍である。

(2)　サイコロの目の出方の総数は$6\times6=36$(通り)

重要　（ⅰ）題意を満たすのは，少なくとも1つは0の目が出るときだから，求める確率は，$1-\frac{5\times5}{36}=\frac{11}{36}$

基本　（ⅱ）題意を満たすのは，一方のサイコロの目が1で，他方のサイコロの目が2，3，5，7のときだから，求める確率は，$\frac{4\times2}{36}=\frac{2}{9}$

基本　(3)　$a+b=6.5\times20-(10+9+8\times4+7\times3+6\times3+5\times3+4+3+2)=130-114=16\cdots*$　得点が6点以下の人数は，$1+1+1+3+3=9$だから，中央値が6.5点より，$a=6$　このとき，＊より，$b=10$で，適する。

3 （規則性）

基本　(1)　$x=6$のとき，正方形のタイルに書かれた数字は右の図のようになるから，2と書かれたタイルの枚数は，縦1列に2枚ずつあるから，全部で$2\times6=12$(枚)

1	2	3	1	2	3
2	3	1	2	3	1
3	1	2	3	1	2
1	2	3	1	2	3
2	3	1	2	3	1
3	1	2	3	1	2

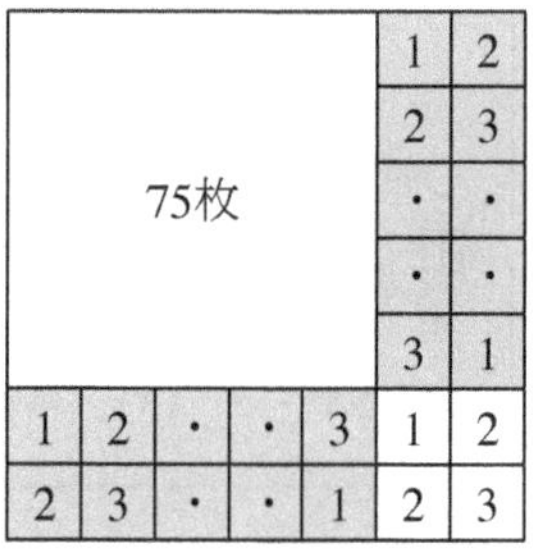

(2)　$x=3n$のとき，どの数字のタイルも縦1列にn枚ずつあるから，全部で，$n\times x=3n^2$(枚)

(3)　$n=5$のとき，$x=3\times5=15$で，$3n^2=3\times5^2=75$　右上の図で，▢の縦横各1列には，2と書かれたタイルの枚数は5枚ずつあるから，右下の2枚を合わせて，全部で，$75+5\times4+2=97$(枚)となり，適する。よって，$x=15+2=17$

4 （図形と関数・グラフの融合問題）

基本　(1)　$y=ax^2$はA$(2,\ -2)$を通るから，$-2=a\times2^2$　$a=-\frac{1}{2}$　直線ADの式を$y=x+b$とすると，点Aを通るから，$-2=2+b$　$b=-4$　よって，$y=x-4$　$y=-\frac{1}{2}x^2$と$y=x-4$からyを消去して，$-\frac{1}{2}x^2=x-4$　$x^2+2x-8=0$　$(x+4)(x-2)=0$　$x=-4,\ 2$　よって，D$(-4,\ -8)$

重要　(2)　$y=x^2$に$x=2$を代入して$y=4$　よって，B$(2,\ 4)$　直線BCの式を$y=x+c$とすると，点Bを通るから，$4=2+c$　$c=2$　よって，$y=x+2$　$y=x^2$と$y=x+2$からyを消去して，$x^2=x+2$　$x^2-x-2=0$　$(x+1)(x-2)=0$　$x=-1,\ 2$　よって，C$(-1,\ 1)$　P$(0,\ 2)$，Q$(0,\ -4)$とする。四角形ABCDの面積は△ABDと△BCDの面積の和に等しい。AD//BCより，$\triangle ABD=\triangle APD=\triangle APQ+\triangle DPQ=\frac{1}{2}\times(2+4)\times2+\frac{1}{2}\times(2+4)\times4=18$　$\triangle BCD=\triangle BCQ=\triangle BQP+\triangle CQP=\frac{1}{2}\times(2+4)\times2+\frac{1}{2}\times(2+4)\times1=9$　よって，四角形ABCDの面積は，$18+9=27$

基本　(3)　(2)より，$\triangle BCD:\triangle ABD=9:18=1:2$

重要 (4)　CB：DA＝△BCD：△ABD＝1：2＝2：4より，線分DA上にDR：RA＝3：1となる点Rをとれば，△CDR：(四角形CRAB)＝DR：(CB＋RA)＝3：(2＋1)＝1：1となり題意を満たす。点Rのx座標をtとすると，DR：RA＝$\{t-(-4)\}:(2-t)=3:1$　$t+4=6-3t$　$t=\frac{1}{2}$　$y=x-4$に$x=\frac{1}{2}$を代入して，$y=-\frac{7}{2}$　よって，R$\left(\frac{1}{2},\ -\frac{7}{2}\right)$　したがって，直線CRの傾きは，$\left(-\frac{7}{2}-1\right)\div\left\{\frac{1}{2}-(-1)\right\}=-3$

5 (空間図形の計量)

基本 (1)　円すい1つの体積は，$\frac{1}{3}\pi\times5^2\times12=100\pi$　母線の長さは，$\sqrt{5^2+12^2}=13$より，円すい1つの表面積は，$\pi\times5^2+\pi\times13\times5=90\pi$

基本 (2)　隣り合う円すいの中心を結んでできる正方形の1辺の長さは5＋5＝10より，対角線の長さは$10\sqrt{2}$だから，容器の底面の半径は，$(5+10\sqrt{2}+5)\div2=5+5\sqrt{2}=5(1+\sqrt{2})$

重要 (3)　右の図の直角三角形OAPの3辺の比は5：12：13でAB＝$10\sqrt{2}$より，OP＝$12\sqrt{2}$，PA＝PB＝$13\sqrt{2}$　△PAB＝△CAP＋△CPB＋△CBAより，$\frac{1}{2}\times10\sqrt{2}\times12\sqrt{2}=\frac{1}{2}r(13\sqrt{2}+13\sqrt{2}+10\sqrt{2})$　$r=\frac{240}{36\sqrt{2}}=\frac{10\sqrt{2}}{3}$
球Cと円すいの接点QからOPにひいた垂線をQRとすると，AO//QRより，OR：OP＝AQ：AP＝$5\sqrt{2}:13\sqrt{2}=5:13$だから，OR＝$\frac{5}{13}$OP＝$\frac{60\sqrt{2}}{13}$
よって，点Qの円すいの底面からの高さは，$12-\frac{60\sqrt{2}}{13}$

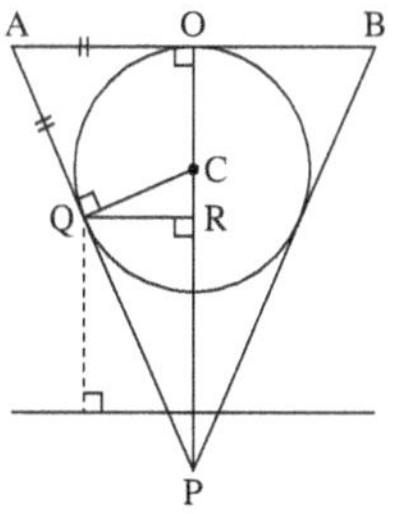

★ワンポイントアドバイス★
出題構成，難易度とも大きな変化はない。時間配分を考えながらできるところからミスのないように解いていこう。

＜英語解答＞ 《学校からの正答の発表はありません。》

Ⅰ　問題1　(1)　4　(2)　3　(3)　2　(4)　4　(5)　2
問題2　(1)　2　(2)　4　問題3　(1)　4　(2)　2　(3)　1

Ⅱ　(1)　2　(2)　1　(3)　3　(4)　3　(5)　2

Ⅲ　(1)　8　(2)　4　(3)　7　(4)　5　(5)　3

Ⅳ　(1)　2　(2)　1

Ⅴ　1　4213　2　3241　3　3142　4　2143　5　3124

Ⅵ　A　(1)　3　(2)　1　(3)　4　(4)　8
B　(5)　3　(6)　1　(7)　4　(8)　5

Ⅶ　問1　1　問2　4　問3　1　問4　1　問5　3　問6　2　問7　3　問8　1
問9　3　問10　2

○推定配点○
Ⅰ～Ⅵ　各2点×35　Ⅶ　各3点×10　計100点

＜英語解説＞

I　リスニング問題解説省略。

II　（語句選択問題：時制，前置詞，動名詞，助動詞，分詞）

基本　(1)「私の友達は，いい運動なので朝歩くのが好きだといつも言う。」 習慣的行動に関することは現在形で表す。

(2)「去年の夏，私は2週間ニュージーランドにいた。」 期間を表すときはforを用いる。

(3)「私たちは日本風のホテルの旅館でくつろぐことを楽しんだ。」〈enjoy ～ ing〉で「～するのを楽しむ」という意味を表す。

(4)「もう一杯お茶をいかがですか。」「はい，お願いします。」 相手にものをすすめるときは〈would you like ～〉を使う。

(5)「あなたは，新しい車と中古車のどちらを買いたいですか。」 過去分詞は「～された」という意味を表す。

III　（長文読解問題・説明文：語句補充）

（全訳） あなたは毎朝朝食を食べるだろうか？ 朝食に興味がなく，朝食(1)なしで1日を始める人もいる。彼らは，「朝は(2)時間がない」とか「起きてすぐに食べたくない」と言うだろう。でも朝食はとても大事だ。それはあなたにエネルギーを与える。朝食を食べると体が温まり，(3)活動的になる。朝ごはんを食べると脳も活性化する。朝食を抜くと，ガソリンのない車のようになる。

朝食は(4)心の健康に何らかの影響を与える。たとえば，何か悪いことが起こると，朝食を食べない人はすぐに怒る。あることを長い間(5)注意深く考えられないことがある。

IV　（長文読解問題・説明文：文整序）

(1)「私たちは言語を使って互いに話し合う。犬も話すのだろうか？ 犬を注意深く観察すれば，彼らの言いたいことが理解できるかもしれない。何を言っているのかわからなくても，体の動きを見れば気持ちはわかるだろう。犬がしっぽを振っているとき，それは私たちに幸せであることを示している。」 犬がどのようにして気持ちを伝えるかについて書いているので，2が答え。1「犬を見ること」，2「犬はどうやってコミュニケーションするか」，3「犬に話しかけること」，4「犬はどのように感じるか」

(2)「今日はケンの学校の運動会だ。彼は走るのが好きではないので，母親に「頭が痛い」と言った。彼の母親は注意深く彼を見て，頭を振った。彼女は『あなたが頑張ってくれたら嬉しい。』と言った。」 母親はケンが言うことに耳を傾けなかったので，1が答え。1「彼女は彼を信じなかった。」，2「彼女はどうするべきかわからなかった。」，3「彼女は彼を医師のところに連れていきたかった。」，4「彼女は彼に泳ぎ方を教えたかった。」

V　（長文読解問題・説明文：語句整序）

（大意） 多くの人にとって，一月は1昨年のことを忘れて，次の年に集中する時期だ。正月2頃に楽しまれる多くの食べ物は，幸運をもたらすと考えられている。

スペイン文化の習慣について3話そう。スペインでは，大晦日の真夜中に誰もがブドウを食べ，一つのブドウは一年の各月を表す。ブドウは異なる各月を表す。たとえば，最初のブドウが甘い場合，一月はあなたにとって良い月になると考えられる。二番目のブドウが少し酸っぱい場合，二月は1難しい月になる可能性があると考えられる。

この風習は5とても面白いので，私はいつかスペインに行きたい！

1　to forget about the past　不定詞の形容詞的用法は「～するべき」という意味を表す。

2　that are enjoyed around　受動態の文なので〈be動詞＋過去分詞〉という形にする。

3　me tell you about　〈let ＋ O ＋原形動詞〉で「Oに～させる」という意味を表す。

基本 4　may be a difficult month　may は「～かもしれない」という意味を表す。
5　so interesting that I　〈so ～ that …〉で「とても～なので…」という意味になる。

Ⅵ　（会話文問題：文選択）

A　ジョン：それで何人の人が君の友達の誕生日パーティーに来るの？
アリス：10人ぐらいを招待しているの。
ジョン：(1)じゃあ食べ物がたくさんいるね。全部自分で作るの？
アリス：ええ，できると思うわ。私は料理が大好きなのよ。
ジョン：助けがいるなら，ぼくが早く行ってもいいよ。
アリス：ありがとう。もし1時間早く来てくれたら，うれしいわ！
ジョン：ぼくに任せて！　(2)ぼくは料理が好きなんだよ。
アリス：本当？　何を作るのが好きなの？
ジョン：フライドチキン！　ぼくは生地にしょう油を加えるんだ。
アリス：よさそうね。(8)パーティー用にいくつか作ってくれる？
ジョン：そうだね。飲み物も持っていこうか？
アリス：(4)ありがとう，でも十分あると思うわ。あなたのフライドチキンが待ち遠しいな！
ジョン：オッケイ！　じゃあ明日。
アリス：わかった，じゃあね！

2「そう聞いて残念です。」，4「しょう油は本当においしいです。」，5「パーティーはキャンセルされません。」，6「私は英語を話すのが上手です。」，

B　レミ　：やあ，クリス。(5)週末はどうだった？
クリス：ああ，やあ，レミ，週末はよかったよ！
レミ　：何をしたの？　私に話して。
クリス：兄が先週アメリカから日本に来たんだ。彼は仕事で来て，今週ぼくのところにいたんだよ。それでぼくは彼を浅草に連れていって，スカイツリーの地域を歩いて回ったんだ。彼はスカイツリーを見て興奮していたよ。楽しかったよ。
レミ　：まあ，いいわね！　浅草のお寺でおみくじを引いた？
クリス：(6)もちろんだよ！　ぼくはいい運勢だった。兄の運はまずまずだね。君はこの週末何をしたの？
レミ　：私は部屋を掃除して，それから勉強したの。とても忙しかったわ。
クリス：何を勉強したの？
レミ　：数学とフランス語。(7)両方とも本当にむずかしかったわ。
クリス：ああ，知ってる。兄が週末中ぼくと過ごす計画をしていたので，ぼくは先週たくさん勉強しなければならなかったんだ。
レミ　：彼はいつ出発したの？
クリス：(8)今朝空港を発ったよ。今は飛行機の中だと思う。
レミ　：あなたと楽しい時間を過ごしたと思うわ。アメリカまで快適な旅であることを願うわ。

2「私たちは昔会いました。」，6「彼はもう1週間私たちとともにいることを決めました。」，7「私は意味がないと思うので，家では決して勉強しません。」，8「いいえ，私たちはおみくじを引くことに全く興味がありません。」

Ⅶ　（長文読解問題・説明文：内容吟味，語句補充，指示語）

（大意）　カルガリーは，ロッキー山脈に近いカナダの都市である。公園や川がたくさんあるだけでなく，カフェ，ショップ，高層ビル，車や電車もたくさんある。多くの生き物もそこに住んでい

る。

冬の間，カルガリーの湖には10,000羽以上のマガモが滞在する。これは，都市部の方が田舎(1)よりも暖かいためだ。しかし，これらの美しい鳥には問題がある。雪が多いので，都会では食べ物があまりないのだ。彼らは食べ物を見つけるために町から飛び出さなければならない。その後，再び体を温めるためにカルガリーに戻る。一部の動物は都市の外に住んでいて，食べ物を求めてやって来るが，これらの知的な鳥は(2)反対のことをする。

アメリカヘラジカは背が高く，足が長い。彼らはシカ科の中で最も重い生き物だ。彼らは都市をあまり恐れていない。カルガリーには緑の場所がたくさんあり，アメリカヘラジカはそれらを好む。2018年，アメリカヘラジカがカルガリーの真ん中にやってきて道を歩いていた！　ヘラジカは，カルガリー空港近くの草や，民家の庭のリンゴを食べることがある。

ヤマアラシは何千もの鋭い針を持つ哺乳類だ。彼らは木登りが好きで，食べられる植物がたくさんあるカルガリーの公園が好きだ。カルガリーの一部の人々は，ヤマアラシが食べるのを好むので，(3)彼等の古いクリスマスツリーをヤマアラシに与える。

以前は，北米にはボブキャットがあまりいなかったが，現在はより多くのボブキャットがいる。これは冬が暖かくなったからかもしれない。ボブキャットはまた，人を怖がらないことを学んでいる。カルガリーでは，食べ物を求めて通りや庭に出てくることもあるが，家族のペットを攻撃することもある。ボブキャットは飼い猫(1)よりもはるかに大きく，より大きな動物を殺すことができる。(4)多くの場合，ボブキャットは上から他の動物に飛びつく。

コヨーテは頭が良く，鋭い歯を持っている。彼らは他の多くの生き物を殺し，食べる。都市では，彼らはゴミからペットフードまで，そして時にはペットまで，あらゆるものを食べる！　コヨーテはカナダの生活の一部であり，コヨーテについての非常に古い話がたくさんある。

ジャックウサギの毛皮は灰色だが，冬になると白くなる。雪の中でそれを見つけるのは難しい。ジャックウサギは通常，非常に早い朝または非常に遅い時間に動き回る。しかし，カルガリーでは危険ではないため，日中に移動することもある。彼らは時速55キロで走ることができる！

カナダはツキノワグマで有名だ。彼らは通常森に住んでいる。彼らは冬の間ずっと寝ているので，秋にはたくさんの食べ物を食べる必要がある。お腹を空かせたクマは，食べ物を求めてカルガリーの端にやってくることがある。それらから遠ざかっておくことは非常に重要だ。これらの大きな動物は毛皮で覆われ，危険な場合もある。

人は人のために都市をつくる。しかし，動物は(5)これを理解していない。コヨーテに「森の中にいなさい！」，鳥に「飛ばないで！」と言う人はいない。キツネに「通りを歩くな。」とは誰も言えない。

野生生物と人間が共存することは必ずしも容易ではないが，私たちは皆，生き残りたいと思っている。私たちの都市は成長している。人と動物が共生する場をつくらなければならない。

どうやって助けることができるだろう？　巣箱を置いてほしい。野生生物について他の人に教えてほしい。物事を変えてみてほしい。私たちの周りの動物のために正しいことをすることは非常に重要だ。

次に町の通りを歩いているときは，上，下，周りを見渡そう。どんな野生動物を見ることができるだろうか？

問1　「カルガリーについてどれが正しいか。」

1「カナダのロッキー山脈の近くにある。」「ロッキー山脈に近いカナダの都市である」とあるので，正しい。　2「多くの緑の場所があり，背の高い建物はない。」高層ビルがたくさんあるとある。　3「たくさん雪が降るので，人々は十分な食料を得ることに困る。」文中に書かれていない内容である。 4「カルガリーの中央には空港と電車の駅がある。」 文中に書かれていない内容である。

問2 比較級の文なので than を使う。

問3 直前の2文の内容を指している。「彼らは食べ物を見つけるために町から飛び出さなければならない。その後，再び体を温めるためにカルガリーに戻る」とあるので，1が答え。
1「食べ物を探すために町から飛び出る」，2「くつろぐためにカルガリーにもどる。」，3「冬にはカルガリーの湖にとどまる」，4「町の外側で暮らし，食べ物のために町の中に来る」

問4 1「ヤマアラシは植物を食べるので，カルガリーでは古いクリスマスツリーをヤマアラシに餌として与える人がいる。」「カルガリーの一部の人々は，ヤマアラシが食べるのを好むので，彼等の古いクリスマスツリーをヤマアラシに与える」とあるので，正しい。 2「カルガリーの人々は毎年新しいクリスマスツリーを育て，ヤマアラシに古いものを贈る」「新しいクリスマスツリーを育てる」とは書かれていない。 3「ヤマアラシがクリスマスツリーを好む理由は，針のような葉を持つツリーが自分たちの友達のように見えるからだ。」 文中に書かれていない内容である。 4「カルガリーの人々は，庭の植物を食べるヤマアラシを遠ざけるために，古いクリスマスツリーを外に置く。」 文中に書かれていない内容である。

問5 〈jump on ～〉で「(上から)～に飛びかかる」という意味を表す。

問6 「ツキノワグマはなぜ秋にたくさんの食べ物を食べる必要があるか。」
1「この季節は食べ物が手に入りやすいから。」 文中に書かれていない内容である。 2「長い冬眠の準備をしなければならないから。」「彼らは冬の間ずっと寝ているので，秋にはたくさんの食べ物を食べる必要がある」とあるので，正しい。 3「冬の間，人々は危険なクマを遠ざけなければならないから。」 たくさんの食べ物を食べる理由ではない。 4「危険から身を守るために毛皮を増やしたいから。」 文中に書かれていない内容である。

問7 直前の文の内容を指すので，3が答え。1「動物は森の中にいなければならない。」，2「動物は通りを歩いてはならない。」，3「人間は自分たち自身のために町をつくる。」，4「人間と動物は生き残りたい。」

問8 1「アメリカヘラジカはシカの一種で，背が高く，非常に重い動物だ。」「彼らはシカ科の中で最も重い生き物だ」とあるので，正しい。 2「ヘラジカは時々カルガリー空港に来て，そこでりんごを食べる。」「カルガリー空港近くの草」を食べるとある。 3「ヤマアラシもボブキャットも肉を食べるので，ヤマアラシに食べられるペットもいる。」 ヤマアラシが肉を食べるとは書かれていない。 4「ボブキャットは人の庭にいる小動物を殺すことができるが，大きな動物を攻撃することはない。」「より大きな動物を殺すことができる」とある。

問9 1「コヨーテはペットフードが好きなので，食べられるペットフードをゴミ箱の中から探す。」「ペットフードをゴミ箱の中から探す」とは書かれていない。 2「コヨーテはカナダのファンタジーに登場する動物で，なんでも食べるとされている。」 文中に書かれていない内容である。
3「雪の降る冬は毛が白いジャックウサギを見つけるのが難しい。」「雪の中でそれを見つけるのは難しい」とあるので，正しい。 4「カルガリーのジャックウサギは日中は町を歩き回らない。」文中に書かれていない内容である。

重要 問10 1「私たちは，動物が都市に住む人々に迷惑をかけるのを止めるべきだ。」 文中に書かれていない内容である。 2「私たちは人と動物が共生する場をつくらなければならない。」「人と動物が共生する場をつくらなければならない」とあるので，正しい。 3「巣箱を作るのはいいと思いますが，実は鳥にとっては役に立たない。」 文中に書かれていない内容である。 4「町の通りを歩いている野生動物をたくさん見かけるので，殺さないように注意しなければならない。」

文中に書かれていない内容である。

★ワンポイントアドバイス★

Ⅲ (4)には〈would you like ～〉が使われている。これは〈how about ～〉を使って書き換えられる。この文を書き換えると，How about having another cup of tea? となる。いずれも相手に何かをすすめるための表現である。

＜国語解答＞ 《学校からの正答の発表はありません。》

一 問一 (ⅰ) ア (ⅱ) エ (ⅲ) イ 問二 ア 問三 ウ 問四 イ
問五 ウ 問六 (a) イ (b) エ (c) ア 問七 1 イ 2 エ
問八 エ 問九 ウ 問十 ウ 問十一 イ 問十二 エ 問十三 ア
問十四 ア

二 問一 (a) エ (b) ア (c) ウ 問二 エ 問三 イ 問四 ア
問五 ウ 問六 エ 問七 イ 問八 ア 問九 ウ 問十 エ 問十一 ウ
問十二 ウ

三 問一 イ 問二 エ 問三 ウ 問四 エ 問五 ア 問六 ウ
問七 ⑦ ア ⑨ イ 問八 ア 問九 ウ 問十 ア 問十一 エ
問十二 ア 問十三 イ

○推定配点○

一 問十一・問十三・問十四 各3点×3 他 各2点×16
二 問九～問十一 各3点×3 他 各2点×11 三 各2点×14 計100点

＜国語解説＞

一 （論説文一大意・要旨，内容吟味，文脈把握，漢字の書き取り，脱文・脱語補充，語句の意味，熟語）

基本 問一 傍線部(ⅰ)「促進」，ア「催促」 イ「即座」 ウ「校則」 エ「補足」。(ⅱ)「不可分」，ア「科目」 イ「課題」 ウ「加工」 エ「許可」。(ⅲ)「懸念」，ア「燃費」 イ「念願」 ウ「天然」 エ「新年度」。

問二 空欄Xには，必要な人数という意味でアが適当。

問三 空欄Aには，金銭に関係があるさまという意味で「経済」，Bには代わるものが無いという意味で「絶対」，Cには落ち着いていて変化のない状態にあるという意味で「安定」がそれぞれ入る。

重要 問四 傍線部①は直前までで述べているように，「家族を維持する」ことを母親，「社会を維持する」ことを父親が担い，子供をサポートしていくという「親(父・母)と子の役割分担」のことなのでイが適当。①の段落内容をふまえていない他の選択肢は不適当。

問五 「ここで，今述べた……」で始まる段落では「子供」という存在について歴史的に振り返り，子供という意識は近代という時代の意識の産物であるという歴史家のアリエスの言葉を引用→Ⅲに抜けている二文→二文の説明，という流れになっている。

問六 傍線部(a)の「謳歌」は恵まれた境遇を楽しみ喜ぶこと。(b)はお互いに自分の意見を強く主張して譲らないこと。(c)は馬の腹に拍車を当てて馬を進ませることから，物事の進行を一段と早めること。

問七　空欄1は直前の内容とは相反する内容が続いているので「ところが」，2はすでにある状態になっていることを表わす意味で「もはや」がそれぞれ入る。

問八　「起爆剤」は比喩的にある事が起こるきっかけとなるものという意味で，傍線部②は「家族の構造に対して大きな揺さぶりをかけ」，「家族のあり方をねじまげ」る子供の存在のことなのでエが適当。②前後の内容をふまえていない他の選択肢は不適当。

問九　傍線部③について次段落で，「『子供』という存在」は「歴史家のアリエス」によって発見され，「家族の中で守られ……成長を助けられる子供というのは，近代という時代の意識の産物であると述べてい」ることを引用しているのでウが適当。アリエスの考えをふまえていない他の選択肢は不適当。

重要　問十　傍線部④直前の段落で述べているように，「インターネットの普及」によって「容易に他者とつながることができ，そこで仲間を作り始め」，「家族とは別の新しい，共通の価値観をもったもうひとつの『縁』という価値観が生まれ」た結果，④のようになったということなのでウが適当。④直前の段落内容をふまえていない他の選択肢は不適当。

問十一　傍線部⑤の「第三フェーズ」の問題点として，イは最後の2段落で述べている。アは第二フェーズで見られる状態なので不適当。「親子の対立」を根拠としているウ，エの説明も不適当。

基本　問十二　傍線部⑥とエは，意味が似た漢字を重ねた構成。アは下の字が上の字の目的語になっている構成。イは反対の意味の漢字を重ねた構成。ウは上下の字が主語・述語の構成。

重要　問十三　傍線部⑦の段落で，パンデミックによって「本来，究極の安全地帯であるはずの家庭が感染の原因になるという……皮肉な状況に」なったが，「家庭という存在を考え直す機会を与えてくれた」ことを⑦のように述べているのでアが適当。⑦の段落内容をふまえていない他の選択肢は不適当。

やや難　問十四　本文では，時代とともに子供の存在のあり方が変化していることに加え，パンデミックが家族のあり方を考え直す機会となり，新しい社会のモデルを考えることにつながる，ということを述べているので，これらの内容をふまえたアが合致する。イの「ホーム・ドラマで描かれた新しい家族の姿に子供が触発されて」，ウの「他者との距離感をつかめない若者が増加する」は述べていない。エも「もうひとつは……」で始まる段落内容と合致しない。

二　**(小説―情景・心情，内容吟味，文脈把握，脱語補充，語句の意味，表現技法，文学史)**

基本　問一　傍線部(a)の「平然」は平気で落ち着いている様子。(b)は下手である，巧みでないこと。(c)は体裁や他人にどのように見られるのかなどを気にしないこと。

問二　空欄Xは落着きなく周りを見回す様子を表す「きょろきょろ」，Zは「細いけれど，体幹が鍛えられている」崎山の「背中」なので「すらり」がそれぞれ入る。

問三　空欄Yの「首をかしげる」は疑問に思ったり理解できなかったりする様子を表す。

重要　問四　傍線部①は，顧問の上原が「俺」を紹介したときには「無反応」だったが，試走や駅伝本番のタイムを聞いたときの「みんな」の反応なのでアが適当。イの「母校の卒業生で……安心した」，ウの「自分たちの目標としている人物」，エの「上辺だけでも」はいずれも読み取れない。

問五　スタートした時は「自分の体を確かめながら」走っていたが，「なかなかいい速度」で体に「エンジンがかかり，勢いを増している」という「俺」の心情が描かれているのでウが適当。「中学生」に触れて説明しているア・イ，「走ることへの恐怖」「気持ちが楽になって」とあるエはいずれも不適当。

重要　問六　「上原の合図に……」で始まる段落で描かれているように，「あれから二年。無駄に過ごした時間は，俺をどのくらいなまらせてしまっているのだろうか」と思っているのに対し，崎山に対して「この二年，どれだけ練習を積んできたのだろう」と思っていることからエが適当。アの「学業を優先」「文武両道」，イの「無責任」「部長として」，ウの「現実から逃避」「理想と現実の差にもがき，抗う」はいずれも描かれていない。

問七　傍線部④は「ペースに変動がな」く「リズムを刻むよう」な崎山の走りは，「あとのことはどうだっていい……無鉄砲でも前に向かっていく」「俺」の走りとは違う，ということなのでイが適当。④前後の崎山と「俺」の走りの描写をふまえていない他の選択肢は不適当。

問八　傍線部⑤は「ように」を用いてたとえているのでアが使われている。イは人ではないものを人に見立てる技法。ウは「ように(な)」「ごとく」などを用いずにたとえる技法。エは語や文節を普通の順序とは逆にする技法。

重要　問九　傍線部⑥前後で，残り50メートルで先を走る崎山の背中に近づいた「俺」の「ここですべてを出し切ってやる。毎日走ってるやつらには悪いけど，……俺は走りたかったんだ」という心情が描かれていることからウが適当。⑥前の「俺」の心情をふまえ，崎山と競い合って全力で走る喜びを説明していない他の選択肢は不適当。

重要　問十　傍線部⑦直後で「走りきって疲れた後に，俺に負けて悔しい気持ちのままで，誰かに声を送れるなんて」という「俺」の心情が描かれているのでエが適当。アの「得意げな」，イの「もう一度走り出そうとしている崎山」，ウの「わがままで自己中心的」はいずれも描かれていない。

やや難　問十一　本文は，中学生とのタイムトライアルを通して，無駄に過ごした時間のことや「何ひとつやりきっていない俺が勝てるほどレースは甘くない」ということを思いながら，自分や周りを客観的に見ることができている「俺」の様子が描かれているのでウが適当。「周囲の人の応援」は「最後の最後」だけなのでアは不適当。イの「情景描写を通じて」，エの「擬音語を多用」も不適当。

問十二　他の作者の作品は，アは『若菜集』『破戒』など，イは『刺青』『陰翳礼讃』など，エは『走れメロス』『人間失格』など。

三　(古文―大意・要旨，内容吟味，文脈把握，対義語，品詞・用法，口語訳，表現技法，文学史)

〈口語訳〉【文章A】 二十四日，昼になって，小夜の中山を越えた。事任八幡宮という社では，紅葉がとてもすばらしい。山の陰なので，嵐も吹かないのだろう。山深く入っていくと，あちこちに峰が続いて，他の山とは違って，心細くしみじみとした感慨がある。その麓の里の，菊川という所に泊まる。

(小夜の中山を)越えて泊まることになった麓の里の夕闇の中を，小夜の中山から松風が吹き下ろしてくる

明け方，起きて(外を)見ると月が出ていた。

(もうすでに)雲のかかる小夜の中山を無事越えましたよ，都に知らせてください，有明の月よ

川の音がとてもすごい。

東下りをすれば必ず渡ることになるだろうと，しばしば聞いていた菊川よ

二十五日，菊川を出発して，今日は大井河という川を渡る。水量が少なくて，聞いていたのとは違って，難なく渡ることができた。(それでも)川幅はいく里もあって，(川向こうは)はるか遠い。ここに大水が出たらどんな様子だろうと，思いやられる。

思い出す都のことは多く，大井川の川瀬にいくつもある石の数もそれには及ばないだろう

宇津の山を越えるうちに，阿闍梨の知り合いの山伏に，出くわした。「夢にも人に」などと，昔をわざとまねしたような感じがして本当に珍しく，興味深く，しみじみとした感慨も，情け深くも思われる。(山伏は)「急ぐ旅です」と言うので，手紙もたくさんは書けず，格別に大切な方にだけ

簡単な音信を(書いた手紙を)差し上げ(て託し)た。

私の心は(旅を)現実ではないと思いながらも，宇津の山を旅している，夢の中ではいつも遠い都を恋しく思っています

(宇津の山の)蔦や楓が時雨で紅葉しない間でも，私の袖は涙で紅葉のように色が変化します

【文章B】 先へ先へと進んでいって駿河の国に到着した。宇津の山に着いて，自分が入ろうとする道はとても暗く細い上に，蔦やかえでが茂り，なんとなく心細く，思いがけないつらい目を見ることと思っていると，修行者が通りかかった。「このような道を，どうしていらっしゃるのか」と言うのを見ると，見知った人だった。京に，あの方の御もとにということで，手紙を書いて託す。

駿河の国の宇津の山辺に来ましたが，現実にも夢の中にもあなたに会えないことです

やや難 問一 傍線部①は，山深く入っていくと，あちこちに峰が続いて，他の山とは違って，心細くしみじみとした感慨がある所なのでイが適当。「遠近の峰……あはれなり」をふまえていない他の選択肢は不適当。

問二 傍線部②は，夜が明けてもまだ空にある月のこと。

重要 問三 傍線部③の和歌は「きく」が「聞く」と「菊(川)」の掛詞になっているのでウが正しい。「渡らむと」という枕詞はない。

問四 傍線部④の「わづらひ」は「川を渡る」ことに対するもので，やっかいなこと，手間のかかること，という意味になるのでエが適当。

問五 傍線部⑤の和歌は「おほ井」が「多い」と「大井(河)」の掛詞になっており，思い出す都のことは大井川の川瀬にいくつもある石の数よりも多い，ということなのでアが適当。

やや難 問六 傍線部⑥の「昔」は【文章B】にあるように『伊勢物語』の一節をまねたような感じがして，ということなので，A・Bどちらにも共通している内容であるウが適当。

問七 傍線部⑦は「情が深い，心がやさしい」という意味。⑨は「数多」と書き，「たくさん，数量が多い」という意味。

重要 問八 傍線部⑧は，阿闍梨の知り合いの「山伏」が「『急ぐ道なり』」と言うので，ということ。

重要 問九 傍線部⑩は上に係助詞の「ぞ」があるので連体形で結ばれる。

問十 「うつつ」は「現実，現世」という意味で，対義語はアである。

問十一 傍線部⑪は現在の静岡県中部。

問十二 傍線部⑫の「ぬ」は連用形の「いたり」に接続しているので完了の意味になる。

基本 問十三 『伊勢物語』の成立は平安時代で，在原業平を思わせる男を主人公とした歌物語。作者は不詳。【文章B】の『伊勢物語』の成立は，「一二八〇年頃」すなわち鎌倉時代に成立した【文章A】より前であることも参考にする。

★ワンポイントアドバイス★

小説では，主人公の心情の変化を読み取るとともに，その変化の根拠も必ず確認しよう。

MEMO

大切なことはメモしておこうネ！

2022年度

★★★★★★★★★★★★★★★★★★★★★★★★

入　試　問　題

2022年度

日本大学櫻丘高等学校入試問題

【数　学】（60分）　＜満点：100点＞

【注意】 1．定規・コンパス・分度器・計算機は使用できない。

2．答えが分数の形で求められているときは，それ以上約分できない分数の形で答えること。例えば，$\frac{3}{4}$を$\frac{6}{8}$　としてマークしないこと。

3．答えが比の形で求められているときは，最も簡単な整数の比の形で答えること。例えば，１：３を２：６としてマークしないこと。

4．答えが根号の中に数字を入れる形で求められているときは，根号の中の数はできるだけ小さな数にして答えること。例えば，$4\sqrt{2}$を$2\sqrt{8}$としてマークしないこと。

1　次の $\boxed{}$ に当てはまる数値を答えなさい。

(1)　$3\times\left(1+\frac{5}{3}\right)-\frac{1}{4}\div\left(\frac{1}{3}-\frac{1}{4}\right)=\boxed{\text{ア}}$

(2)　$(3\sqrt{3}+2)^2+(\sqrt{3}-5)^2-(3\sqrt{3}-2)^2-(\sqrt{3}+5)^2=\boxed{\text{イ}}\sqrt{\boxed{\text{ウ}}}$

(3)　連立方程式 $\begin{cases}\dfrac{x+6}{9}+\dfrac{y}{6}=2\\[2mm]\dfrac{x-3}{3}+\dfrac{y}{4}=2\end{cases}$ の解は，$x=\boxed{\text{エ}}$，$y=\boxed{\text{オ}}$ である。

(4)　2次方程式 $x^2-7x+9=0$ の2つの解の積は $\boxed{\text{カ}}$ である。

2　次の $\boxed{}$ に当てはまる数値を答えなさい。

(1)　右の図のように，半径2の円が5つあり，隣り合う円同士は互いに接している。
このとき，ぬりつぶされた ▓ 部分と接しない太線部の周の長さは $\boxed{\text{アイ}}$ π であり，ぬりつぶされた部分の面積の和は $\boxed{\text{ウエ}}\sqrt{\boxed{\text{オ}}}-\boxed{\text{カ}}\pi$ である。

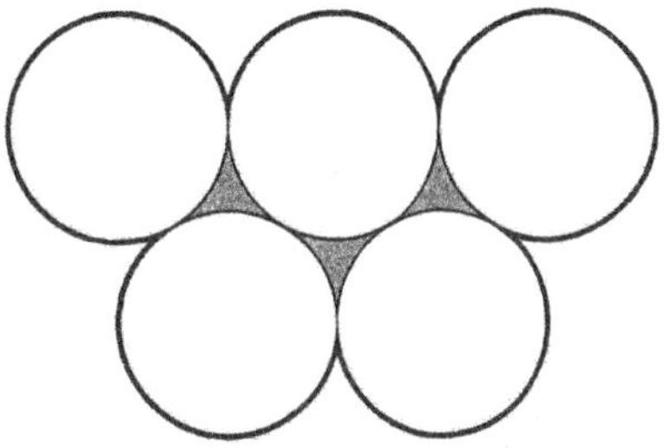

(2)　生徒5人a～eにテストを行ったところ，点数が下の表のようになった。

生徒	a	b	c	d	e
点数（点）	86	79	96	82	72

i）5人の点数について，平均値は $\boxed{\text{キク}}$ 点，中央値は $\boxed{\text{ケコ}}$ 点である。

ii）5人のテストの結果を点検したところ，1人の生徒の点数に誤りがあることがわかった。
その生徒の点数を訂正したところ，5人の点数の平均値は84点となり，訂正した生徒の点数が中央値となった。このとき，点数が誤っていた生徒は $\boxed{\text{サ}}$ である。
$\boxed{\text{サ}}$ は次のページの選択肢から選びなさい。

【選択肢】
①a　②b　③c　④d　⑤e

⑶　A，B，C，D，Eの5人が右の図のような1台の車に乗る。座席は前に2人，後ろに3人並んで座ることができ，運転はA，Bの2人だけができる。前にある運転席にはA，Bのいずれかが座る。
このとき，5人の座り方は シス 通りあり，D，Eの2人が隣り合う確率は$\frac{セ}{ソ}$である。

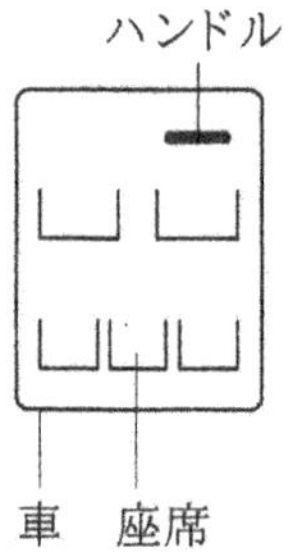

3　B4サイズの大きさの用紙を用意し，図1のように真ん中で折って重ねて，冊子を作る。できた冊子の外側から，左開きになるようにページ番号を1，2，3，……の順で書いていく。ただし，すべてのページに番号を書くものとする。このとき，次の □ に当てはまる数値を答えなさい。

図1

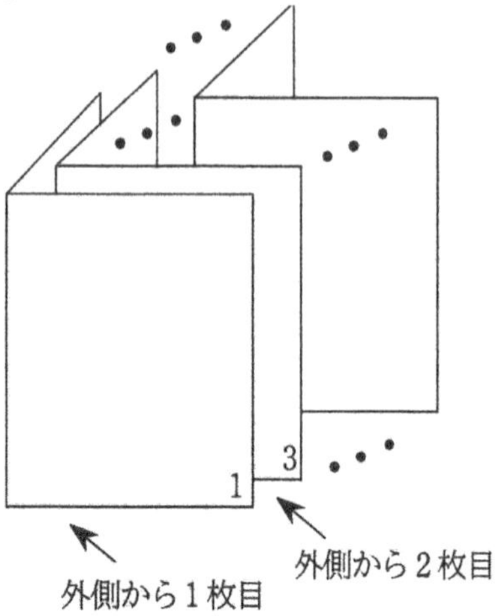

図2
最後のページ番号が48のときの外側から1枚目

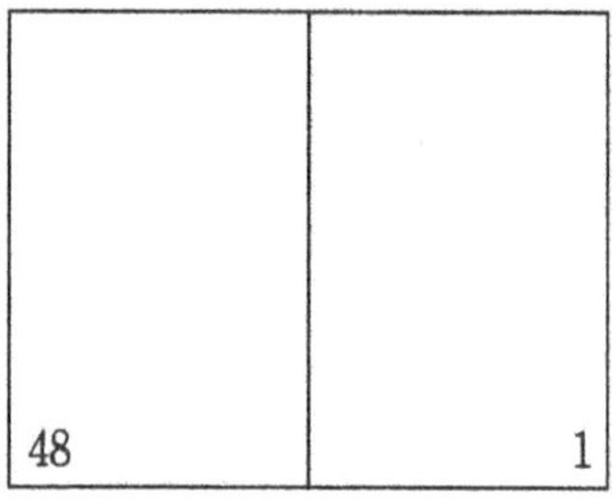

⑴　最後のページの番号が48である場合，B4の用紙は アイ 枚使ったことになる。また，外側から6枚目の用紙を抜き取り，図2のように広げたとき，同じ面にある2つのページ番号の和は ウエ であり，両面にある4つのページ番号のうち2番目に大きいページ番号は オカ である。

⑵　次の条件①～③を満たす冊子の最後のページ番号は キク である。
条件①：冊子の最後のページ番号は80より小さい。
条件②：冊子の中から抜き取った1枚の用紙にある4つのページ番号のうち，2つは39と40であった。
条件③：条件②で抜き取った用紙において，最も大きいページ番号と最も小さいページ番号の積に6を加えると残り2つのページ番号の積に等しくなった。

4 右の図のように，点 (6, 18) を通る関数 $y=ax^2$ …① のグラフ上に２点A，Bと，y 軸上に点Cを四角形OACBが正方形となるようにとる。このとき，次の $\boxed{}$ に当てはまる数値を答えなさい。

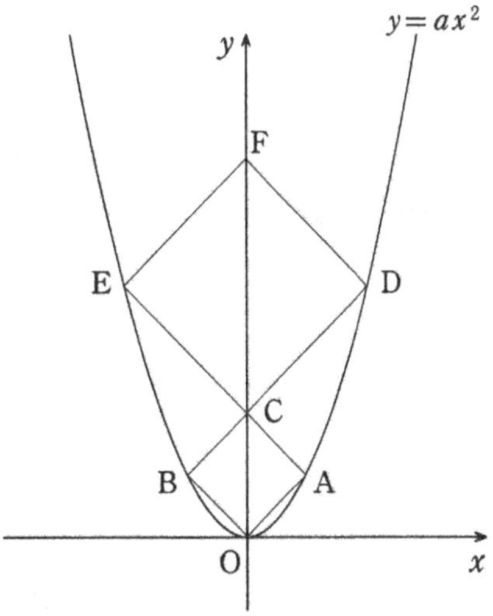

⑴ $a=\dfrac{\boxed{\text{ア}}}{\boxed{\text{イ}}}$，点Aの座標は（$\boxed{\text{ウ}}$，$\boxed{\text{エ}}$），点Cの座標は（$\boxed{\text{オ}}$，$\boxed{\text{カ}}$）である。

⑵ ２点A，Bと異なる①のグラフ上の２点D，Eと，点Cに関してOと反対側の y 軸上の点Fを四角形CDFEが正方形となるようにとるとき，点Dの座標は（$\boxed{\text{キ}}$，$\boxed{\text{ク}}$）である。

⑶ 点(0, 1) をPとする。直線DPと①のグラフの交点のうち，Dではない方の点の x 座標は $-\dfrac{\boxed{\text{ケ}}}{\boxed{\text{コ}}}$ であり，直線DPは正方形OACBの面積を $\boxed{\text{サシ}}$: $\boxed{\text{ス}}$ の比に分割する。

5 右の図は，△ABCを１つの底面とする三角柱である。この三角柱においてAB＝６cm，AC＝10cm，AD＝12cmであり，側面はすべて長方形である。また，∠ABC＝∠DEF＝90°である。点Pは点Aを出発して辺AB，BC，CA上をA→B→C→Aの順に毎秒２cm，点Qは点Aを出発して辺AD，DE上をA→D→E→D→Aの順に毎秒３cm，点Rは点Eを出発して辺EB上をE→Bへ毎秒１cmで動くものとする。３点P，Q，Rが同時に出発して t 秒後について，次の $\boxed{}$ に当てはまる数値を答えなさい。ただし，$0 \leqq t \leqq 12$ とする。

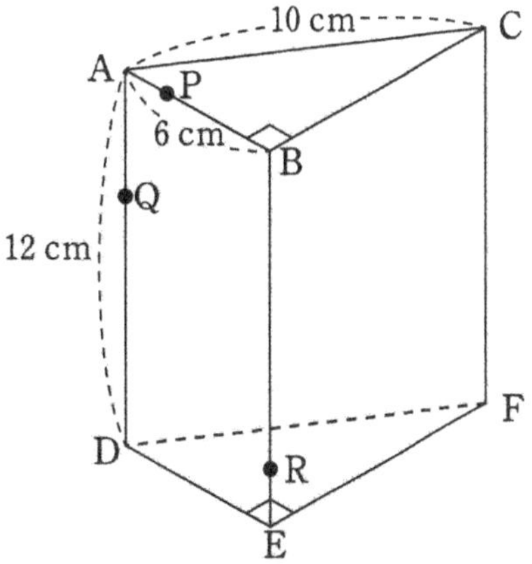

⑴ $t=2$ のとき，AP＝ $\boxed{\text{ア}}$ cmであり，PQ＝ $\boxed{\text{イ}}\sqrt{\boxed{\text{ウエ}}}$ cmである。

⑵ $t=9$ のとき，△ABPと△ABCの面積の比は $\boxed{\text{オ}}$: $\boxed{\text{カ}}$ であるから，三角すいQ－ABPの体積は $\dfrac{\boxed{\text{キクケ}}}{\boxed{\text{コ}}}$ cm^{3}である。

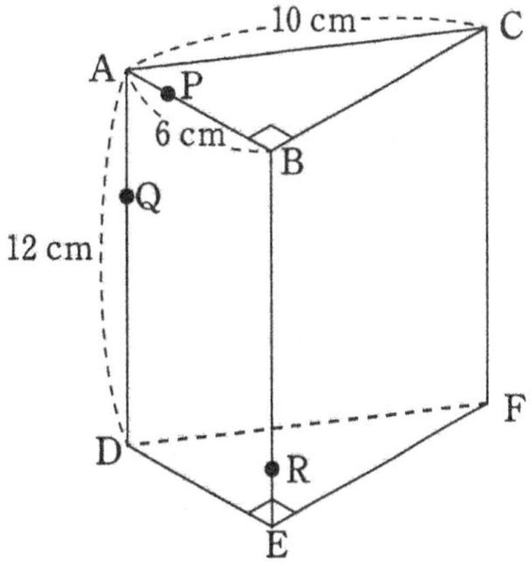

⑶ この三角柱の側面の長方形において，３点P，Q，Rが１つの長方形の辺上にあるとき，△PQRの面積が18cm^{2}となる時間を t_1，t_2（秒）とする。$t_1 < t_2$ としたとき，$t_1=\dfrac{\boxed{\text{サシ}}-\boxed{\text{ス}}\sqrt{\boxed{\text{セソ}}}}{\boxed{\text{タ}}}$，$t_2=$ $\boxed{\text{チ}}$ である。

【英　語】（60分）　＜満点：100点＞

Ⅰ　これから放送によるリスニングテストを始めます。放送の内容をよく聞いて答えなさい。聞きながらメモをとってもかまいません。

問題１　次の⑴～⑸の写真について**４**つの英文が読まれます。写真の状況として最も適切な英文を１～４の中から１つ選び，その番号をマークしなさい。**英文は１回のみ放送されます。**

⑴

１．２．３．４．

⑵

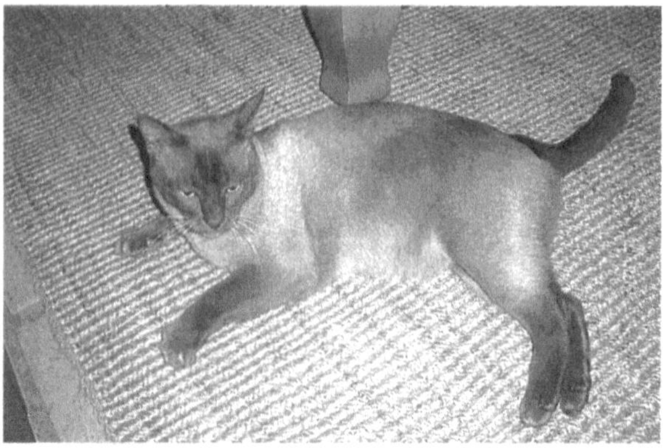

１．２．３．４．

⑶

１．２．３．４．

(4)

1．2．3．4．

(5)

1．2．3．4．

問題２　これから Lisa が自分のおばあさんについて話をします。英文を聞き，質問に対する答えとして最も適切なものを１～４の中から１つ選び，その番号をマークしなさい。**英文は１回のみ放送されます。**

Questions

No. (1)　Why doesn't Lisa see her grandmother very often?

1．Because her grandmother lives in a small town.
2．Because her grandmother's life is full of interesting things.
3．Because her grandmother lives three hours away from Lisa.
4．Because her grandmother talks and laughs with a lot of friends.

No. (2)　How does Lisa's grandmother stay in touch with family and friends?

1．She visits them.　　2．She writes letters.
3．She uses a smartphone.　　4．She cooks dinner for them.

問題３　これから読まれる２人の対話を聞き，質問に答える問題です。それぞれの質問に対する答えとして最も適切なものを１～４の中から１つ選び，その番号をマークしなさい。**英文は２回放送されます。**

Questions

No. (1)　What time will they probably arrive at the concert hall?

1．4:00　　2．4:15　　3．4:20　　4．4:30

No. (2)　What time will they meet at the station?

1．3:20　　2．3:40　　3．4:00　　4．4:20

No. (3) What is the man's cell phone number?

１．610-0075　　２．610-0057　　３．061-0075　　４．061-0057

＜リスニングテスト放送台本＞

問題１　次の(1)～(5)の写真について４つの英文が読まれます。写真の状況として最も適切な英文を１～４の中から１つ選び，その番号をマークしなさい。**英文は１回のみ放送されます。**

(1) Look at the picture marked number 1 in your test booklet.

１．A man and a woman are pulling a boat.

２．A man is rowing a boat with the number "six" on it.

３．There are many boats in the river.

４．There is a line of birds swimming alongside.

(2) Look at the picture marked number 2 in your test booklet.

１．A cat is looking out of the window.

２．A cat is eating some food.

３．A cat is going into a room.

４．A cat is lying on the floor.

(3) Look at the picture marked number 3 in your test booklet.

１．Some women are wearing gorgeous dresses.

２．A woman in a long dress is sitting.

３．Women in dresses are dancing in a circle.

４．Some women are looking at a dress on display.

(4) Look at the picture marked number 4 in your test booklet.

１．It is snowing heavily on the mountain.

２．A long horn has been left on the ground.

３．A man is standing on the grass.

４．No clouds can be seen in the sky.

(5) Look at the picture marked number 5 in your test booklet.

１．A person is crossing the street on a bike.

２．A lot of cars are parked in front of a building.

３．There are several tall buildings on the street.

４．Some people are standing on the balcony of a building.

問題２　これから Lisa が自分のおばあさんについて話をします。英文を聞き，質問に対する答えとして最も適切なものを１～４の中から１つ選び，その番号をマークしなさい。**英文は１回のみ放送されます。**

I visited my grandmother last week. I don't see her very often because she lives in a small town about three hours away from me. I stayed for a week and learned a lot about my grandmother's life.

My grandmother doesn't have a smartphone or even a computer. But she has an interesting life. She enjoys planting new flowers in her garden and she picks vegetables to cook for dinner. She has a lot of friends, and talks and laughs with them. She loves to read and write. She writes letters to her family and friends. In this way, she stays in touch with them.

After I returned home, I got a handwritten letter from my grandmother. She thanked me for coming to visit. I want to see her again very soon.

Questions

No. (1) Why doesn't Lisa see her grandmother very often?

No. (2) How does Lisa's grandmother stay in touch with family and friends?

問題３　これから読まれる２人の対話を聞き，質問に答える問題です。それぞれの質問に対する答えとして最も適切なものを１～４の中から１つ選び，その番号をマークしなさい。**英文は２回放送されます。**

A：Why don't we go to Meg's concert together tomorrow?

B：Good idea. What time shall we meet?

A：Do you know what time the concert starts?

B：The concert starts at 4:30. It will take 15 minutes from the station to the concert hall. So we should arrive at the station at 4:00.

A：OK, but first I want to buy flowers for Meg at the station. What do you think?

B：Sounds good. How much time will it take to buy flowers?

A：15 minutes? No, maybe 20 minutes.

B：Well, then, let's meet at the station at 20 to 4:00.

A：Yes, I think so. If there is any change, please let me know. My new cellphone number is 061-0057.

Questions

No. (1) What time will they probably arrive at the concert hall?

No. (2) What time will they meet at the station?

No. (3) What is the man's cell phone number?

Ⅱ　次の(1)～(5)の英文の（　）に入る最も適切な語（句）を１～４の中から１つ選び，その番号をマークしなさい。

(1) How about (　　) a game online with local kids next weekend?

１．play　　２．played　　３．playing　　４．is playing

(2) I saw his uncle (　　) the first time in ten years.

１．at　　２．for　　３．in　　４．on

(3) When (　　) you going to come back to Tokyo next time?

１．are　　２．do　　３．will　　４．can

(4) We need a chance to learn how (　　) computers.

１．using　　２．is used　　３．should use　　４．to use

(5) I have been in this soccer club (　　) I was six years old.

１．from　　２．for　　３．since　　４．while

Ⅲ 文脈を考え，次の(1)～(5)に入る最も適切な語を下の**語群**からそれぞれ１つずつ選び，その番号をマークしなさい。同じ語を２度使用してはいけません。

At first, potatoes were not popular among European people as a food. People didn't want to eat vegetables that grew underground, but they loved the potato flowers. At one time in France, potato flowers were one of the most (1) kinds.

Ireland was the first country to adopt the potato of flower as a daily food in the 17th century. The Irish found that they had many (2). The potato grew in their cold and wet (3), and they could harvest a lot even from (4) land. In Germany in the 18th century, King Frederic Ⅱ strongly encouraged people to (5) potatoes. He thought that they would save his people from hunger, and he was right.

語群

1．advantages	2．rich	3．expensive	4．climate
5．temperature	6．wrong	7．plant	8．poor

Ⅳ 次の設問に答えなさい。

(1) 次の英文を意味が通るように正しい順序で並べ替えた場合，**3番目にくるもの**はどれか，1～4の中から１つ選び，その番号をマークしなさい。

1．The movie business was one of them.
2．The coronavirus had a big impact on many businesses in 2020.
3．Because of this, there was a *revival of *Gihbli movies in the summer of 2020.
4．Many studios had to stop making movies, and some movies did not open on time.

注 *revival：再上映 *Gihbli movies：スタジオジブリが製作した映画

(2) 以下の英文中で意味が通るようにア～エの英文を並べ替えた場合，正しい順番になっているものを１～４の中から１つ選び，その番号をマークしなさい。

In his free time, Jeff loves to go bicycling. [⇒ ⇒ ⇒] Everyone says Jeff is very healthy and has very strong legs.

ア Some of his friends also ride bicycles.
イ They often ride their bicycles together.
ウ Sometimes he rides his bicycle for hours.
エ So on weekends he goes for bicycle rides.

1．イ⇒ア⇒エ⇒ウ　2．イ⇒ウ⇒エ⇒ア
3．エ⇒イ⇒ア⇒ウ　4．エ⇒ウ⇒ア⇒イ

Ⅴ　次の文中の１～５の（　）内にある語（句）を意味の通る文になるように並べ替えなさい。解答は例にしたがって，１～４番目の順に番号で答えなさい。

例題　We（1. school　2. students　3. are　4. high）.

1番目	①　②　●　④
2番目	①　②　③　●
3番目	●　②　③　④
4番目	①　●　③　④

答え：この例では We are high school students とするため，③，④，①，②を上から順にマークします。

What do you do if you need to $_{1}$(1. with　2. from　3. talk　4. people) foreign countries? It may be at a party, at a sports club, or on a long train trip. I'd like $_{2}$(1. some advice　2. give　3. to　4. you) that will help you in such cases.

First of all, find out $_{3}$(1. long　2. have　3. they　4. how) been in Japan. If they have been here for a short time, then making conversation will be very easy. They'll probably enjoy talking about their impressions of Japan, Japanese food and why they came. They won't mind if $_{4}$(1. they　2. treated　3. are　4. like) guests.

You should be careful, however, when you talk with foreigners who have lived in Japan for a long time. Such people usually want to forget they are foreigners. I do, too. After all, words like *gaijin* and *foreigner* mean "outsider." And $_{5}$(1. really wants　2. to be　3. one　4. no) an outsider.

Ⅵ　次のA，Bの会話文（１）～（８）に入る最も適切な文をそれぞれ選択肢から選び，その番号をマークしなさい。同じ選択肢を２度使用してはいけません。

A

John : How long are you staying here?

Mary : Just five more days. (　1　)

John : Hmm. Have you been to Underwater World?

Mary : No. What is it?

John : It's a huge aquarium with sharks and lots of big fish in it.

Mary : Is it fun?

John : It's awesome! You should definitely go there.

Mary : It sounds great. Maybe I'll do that. (　2　)

John : Well, you could go up the Sky Tower. There are some amazing views from up there.

Mary : The Sky Tower? It sounds high.

John : (　3　) It's very, very high.

Mary : Uh, I don't really like heights.
John : Really? But the Sky Tower is cool!
Mary : Thanks for the idea. (4)

Aの選択肢

1. It is.
2. Anything else?
3. I'll think about it.
4. Oh, that's too bad.
5. I heard it wasn't so good.
6. What should I do before I leave?
7. Were you busy on Sunday morning?
8. Do you have any information about the Sky Tower?

B

Greg : Hi, Anna. How are you doing?
Anna : Great, thanks. (5)
Greg : Oh, yeah? What's going on?
Anna : Well, I'm in a school play. We have our first performance next week, so I'm *rehearsing every night this week. I'm also studying for the *midterm exams.
Greg : Me too. I'm studying for about two or three hours a day.
Anna : Yeah, same here.
Greg : So, what's the play about?
Anna : Well, it's a comedy. It's really funny. (6)
Greg : Oh, sure. I'll definitely be there.
Anna : I'm glad to hear that. How are things going with you?
Greg : Actually, I'm pretty busy too. I have a part-time job now.
Anna : Where are you working?
Greg : At the coffee shop near our university. (7) I'm saving money for my trip to France next year.
Anna : France? Wow. Do you speak French?
Greg : Not much, but I'm learning French.
Anna : You know, my roommate comes from France. (8)
Greg : Really? That's a good idea.

注 *rehearse：リハーサルをする *midterm exams：中間試験

Bの選択肢

1. Around 7:00 p.m.
2. I hope you can come.

3. She speaks good English.
4. You can practice with her.
5. I work three nights a week.
6. What do you think of the play?
7. But I'm really busy these days.
8. I'm studying for my history test.

Ⅷ 次の英文を読み，それぞれの問に答えなさい。

One day, in a big house in *Brussels, *Belgium, a man took his daughter in his arms. Little Audrey Hepburn looked up and saw some beautiful lights above her. They were as white as snow. She remembered those lights all her life. She always loved the color white. She saw white and remembered (1)her father. Then she felt safe and warm.

Audrey Kathleen van Heemstra Hepburn-Ruston was born in Brussels on May 4, 1929. Her mother, Baroness Ella van Heemstra, was *Dutch. Her father, Joseph, was half English, half *Irish. He worked for many companies and made a lot of money.

Young Audrey enjoyed reading and loved animals and birds. But (2)her greatest love was music. "What's music?" Audrey asked her mother one day. "It's for dancing," her mother answered.

Audrey wanted to be a dancer, but she was [(3)]. "I'm too fat," she thought. "Dancers are thin and pretty, but my face is too round and my legs are too big.

Her parents were [(3)] too. They often fought. One night her mother and father had a big fight. When Audrey woke up the next morning, her father was not there. Audrey cried for days.

Her mother took her to England. At school, Audrey was different from the other girls. The other girls were funny and noisy. They enjoyed sports and talked about their fathers. Audrey was quiet and sad. Her English was not good and she hated sports. She did not talk to anybody about her father. But, slowly, Audrey began to make some friends.

Then, suddenly, in 1939, her mother took her away from England. She could not say goodbye to her schoolfriends. There was no time. "Why are we leaving?" Audrey asked.

"There's going to be a war," her mother told her. "We're going to *Holland. You'll be safe there."

Audrey lived with her mother and two *half-brothers in the Dutch town of *Arnhem. She became more and more interested in dancing. At the age of ten she wanted to be a world-famous ballet dancer. But one morning, Audrey's mother came into her bedroom. "Wake up," she told her daughter. "It's war."

In the early days of the war Audrey did not leave school or stop dancing. Then, one day, the Germans sent everybody out of the town. Outside, in the country, there was very little food. Audrey and her family (4) had to dig vegetables in the winter from the hard ground. When the war finished, Audrey was very thin and weak. People from the *United Nations came to Arnhem and gave the children milk, sugar, and chocolate. Audrey never forgot them.

Audrey and her mother moved to *Amsterdam after the war. Her mother became a cook. She was not rich, but she paid for Audrey's dancing lessons. Audrey had the best dancing teacher in Holland. Then, when she was seventeen, she had a small part in a travel movie. The director loved her happy face. He said, "A little sun is shining in her eyes."

In 1948 Audrey and her mother moved to London. Her mother worked in a flower store. Friends gave them some money, and Audrey went to the Ballet Rambert. This was the most important ballet school in London. Audrey worked hard at her dancing. She had no time for boyfriends. But one day the ballet school told her, "I'm sorry, but you'll never be a famous dancer. You're too tall."

Audrey was sad, but then something happened. It changed her life. Somebody remembered her from the ballet school, and gave her a small part in a big London musical. Three thousand girls tried to get the part, but the producers wanted Audrey. She quickly found jobs in other musicals. Everybody liked this thin girl with the pretty face and wide smile. "I was not a great dancer," Audrey remembered later. "I *threw up my arms and smiled. That's all."

When Audrey was twenty, her photo was in many magazines. She had small parts in three cheap movies, and she was a *cigarette-girl in the famous movie, *The Lavender Hill Mob* (1951).

注　*Brussels：ブリュッセル（ベルギーの街）　*Belgium：ベルギー　*Dutch：オランダ人／オランダの
*Irish：アイルランド人　*Holland：オランダ　*half-brother：異母［異父］の兄弟
*Arnhem：アーネム（オランダの街）　*United Nations：国際連合
*Amsterdam：アムステルダム（オランダの街）　*throw up：～を勢い良く上げる
*cigarette-girl：煙草やスナック菓子をトレーに入れて販売する女性

問１　下線部(1)について，最も適切なものを１つ選び，その番号をマークしなさい。

1．One of his parents was Irish and the other was English.
2．He made a lot of money because he had many companies to manage.
3．He married a woman who was born in Holland and they came to live there.
4．He and his wife moved to Brussels in 1929 and his daughter was born in the same year.

問２　下線部(2)と最も意味が近いものを１つ選び，その番号をマークしなさい。

1．the best book which she loved

2. the thing which she liked the best
3. the most interesting topic which she read about
4. the most fun which she and her animals and birds had

問3　文中に2か所ある [(3)] に入る最も適切なものを1つ選び，その番号をマークしなさい。

1. attractive　2. excited　3. strong　4. unhappy

問4　Audrey の England での学校生活について，本文に書かれている内容を1つ選び，その番号をマークしなさい。

1. Audrey did her best to speak English and play sports although she was not good at them.
2. Audrey was different from the other girls at school because of the number of languages she could speak.
3. Audrey already had some friends at school when she had to leave the country with her mother in 1939.
4. Audrey was quiet at first, but she soon became friends with the other girls and began to talk about her father.

問5　下線部(4)の解釈として最も適切なものを1つ選び，その番号をマークしなさい。

1. 冬に固い地面に野菜を植え始めた。
2. 冬に固い地面からとれる野菜を売っていた。
3. 冬に固い地面で育つ野菜を食べようと決めた。
4. 冬に固い地面から野菜を掘らなければならなかった。

問6　次の質問に対する答えとして最も適切なものを1つ選び，その番号をマークしなさい，

Which of the following happened in the early days of the war?

1. Audrey appeared in a travel movie.
2. Audrey's mother started working as a cook.
3. People from the United Nations came to Arnhem.
4. The Germans sent people from Arnhem out of the town.

問7　次の質問に対する答えとして最も適切なものを1つ選び，その番号をマークしなさい。

What happened before Audrey became a movie actress in London?

1. After a short performance in a big London musical, Audrey soon appeared in other musicals.
2. A person remembered Audrey from the Ballet Rambert, and she was asked to appear in a movie which he was making.
3. The producers of a big London musical liked Audrey, so her photos were sent to many magazine companies after that.
4. Audrey became the best dancer of the three thousand girls at the ballet school, and appeared in many performances.

問8　本文の内容と一致するものを1つ選び，その番号をマークしなさい。

1. Audrey remembered her father and felt safe when she saw the color white.
2. Audrey liked to see snow because white was her favorite color when she

was a little child.

3. Audrey enjoyed taking care of some animals and birds which she kept when she was young.

4. Audrey had a very thin body and a pretty face when she became interested in being a dancer.

問9　本文の内容と一致するものを１つ選び，その番号をマークしなさい。

1. Audrey's father left their home in England when she was asleep at night, and never returned.

2. Audrey's mother wanted to protect her family from the war, so she took them to Holland.

3. Audrey's brothers lived in Arnhem with their sister and mother, but they were taken away by the Germans.

4. Audrey's friends were sorry that they couldn't say goodbye to her, so they decided to help her go to the ballet school in London.

問10　本文の内容と一致するものを１つ選び，その番号をマークしなさい。

1. The dance school which Audrey went to told Audrey not to have a boyfriend and to work hard.

2. The Ballet Rambert did not give Audrey a chance to dance in a musical because she was too tall.

3. When Audrey lived in Amsterdam after the war, the best dancing teacher in Holland taught her.

4. A lot of magazines came to have a photo of Audrey after she appeared in the movie, *The Lavender Hill Mob*.

ア　死は誰もがその存在を知っているということ。
イ　死は人の世で常に繰り返されているということ。
ウ　死は生・老・病の後に必ず訪れるということ。
エ　死は人が気づかない間に迫っているということ。

問十、本文を二つの段落に分ける場合、後の段落の始まりとして最も適当な箇所は、本文中の〔Ⅰ〕～〔Ⅳ〕のどこか。次の中から選びなさい。

ア〔Ⅰ〕　イ〔Ⅱ〕　ウ〔Ⅲ〕　エ〔Ⅳ〕

問十一、本文の内容と合致するものとして最も適当なものを、次の中から選びなさい。

ア　自分の都合しか考えない人は、世間で認められて成功を収めることなど決してできない。
イ　人にとって大事なことは、勢いの激しい川のように強い意志で努力を続けることである。
ウ　必ず成し遂げたいということがある場合には、何はさておきすぐに取りかかるべきである。
エ　すべての物事が移り変わる無常の世では、流れに身を任せて生きてゆくことが大切である。

問十二、本文の出典である『徒然草』の作者を、次の中から選びなさい。

ア　兼好　イ　鴨長明　ウ　清少納言　エ　西行

*真俗＝出世間（俗世間の生活を離れて僧になること）と、俗世間（一般の人が住む世の中）とをさす。

*もよひ＝用意。準備。

*下よりきざしつはるに堪へずして＝下から芽ぐみきざす力にこらえきれないで。

*迎ふる気、下に設けたるゆゑに＝待ちうけている気力を下に準備してあるので。

*急ならざるに＝切迫していないうちに。

*干潟＝潮の干あがった遠浅の砂地。

*磯＝陸地に近い磯（岩の多い海辺）。

問一、傍線部①「機嫌」④「やがて」の本文中の意味として最も適当なものを、それぞれ次の中から選びなさい。

① 機嫌

ア 願いを実現する方法　イ 自分の意向や気持ち

ウ 相手の世間での評判　エ 事が進んでいく順序

④ やがて

ア ずっと　イ すぐに

ウ すっかり　エ ゆっくり

問二、傍線部②「人の X にもさかひ」が、「いい意見でも人に受け入れられず」の意味になるように、空欄 X に補う語として最も適当なものを、次の中から選びなさい。

ア 耳　イ 目　ウ 口　エ 手

問三、傍線部③「ついで悪しとてやむことなし」の現代語訳として最も適当なものを、次の中から選びなさい。

ア 後回しは良くないといって、優先しても仕方がない。

イ 時機が悪いからといって、途中で止まることはない。

ウ 片手間に行うのは良くないといって、始めない。

エ 具合が悪いからといって、治すことはできない。

問四、波線部a～dの「なり」の中に一つだけ動詞があるが、それはどれか。最も適当なものを、次の中から選びなさい。

ア a　イ b　ウ c　エ d

問五、傍線部⑤「十月」の月の異名として最も適当なものを、次の中から選びなさい。

ア 神無月《かみなづき》　イ 霜月《しもつき》　ウ 長月《ながつき》　エ 葉月《はづき》

問六、空欄 Y に補う語として最も適当なものを、次の中から選びなさい。

ア 夜寒《よさむ》　イ 小春《こはる》　ウ 花冷《はなび》え　エ 入梅《にゅうばい》

問七、傍線部⑥「ゆゑ」の「ゑ」は何行か。最も適当なものを、次の中から選びなさい。

ア ア行　イ ヤ行　ウ ラ行　エ ワ行

問八、傍線部⑦「これ」の表す内容として最も適当なものを、次の中から選びなさい。

ア 生・住・異・滅がめぐりくること

イ 草が茂り梅がつぼみをつけること

ウ 春・夏・秋・冬が移り変わること

エ 沖の方から海水が満ちてくること

問九、傍線部⑧「磯より潮の満つるが如し」とあるが、比喩の内容として最も適当なものを、次の中から選びなさい。

イ　弓には十分な力がこめられているようだった
ウ　バネ仕掛けのようにはじけとんだ
エ　見たことがないような、険しい表情だった

問十五、本文に登場する「坂口先生」の人物像として最も適当なものを、次の中から選びなさい。
ア　髪を染めて登校した実良に対して何も言えずにいる気弱な人物。
イ　技術があっても練習しない者の言葉には耳を貸さない冷淡な人物。
ウ　実良が髪を染めて練習したことを大声で叱責する気性の荒い人物。
エ　ものごとを表面的な要素だけで判断しない冷静で思慮深い人物。

問十六、本文の表現の特徴を述べたものとして最も適当なものを、次の中から選びなさい。
ア　早弥や実良たち弓道部員と指導者の坂口先生の会話を中心に展開している一方、会話以外の説明や叙述は主に早弥の視点によって表現されている。
イ　弓道が持つ独特の複雑さや難しさが示されるとともに、苦悩しながらも一歩ずつ前進する部員の様子が弓道の所作を通して丁寧に描かれている。
ウ　北九州の中学校の弓道部を舞台にした内容であるが、共通語で話す坂口先生をはじめ、本文からは北九州の地域性を見出《みいだ》すことができない表現となっている。
エ　はつらつとした弓道部員の会話を中心にしつつも、早弥や実良たちが抱いている思春期特有の葛藤や悩みが倒置法や擬人法などを多用して描かれている。

三　次の文章を読んで、後の問いに答えなさい。

＊世に従《したが》はん人は、先《ま》づ①機嫌《きげん》を知るべし。ついで悪《あ》しき事は、②人の［X］にも＊さかひ、心にもたがひて、その事成らず。さやうの折節《をりふし》を心得《こころう》べきなり。〔Ⅰ〕但《ただ》し、病をうけ、子うみ、死ぬる事のみ、機嫌をはからず、③ついで悪しとてやむことなし。＊生《しやう》・住《ぢゆう》・異《い》・滅《めつ》の移りかはる、実《まこと》の大事は、たけき河《かは》のみなぎり流るるが如《ごと》し。しばしもとどこほらず、ただちに＊行《おこな》ひゆくものaなり。〔Ⅱ〕されば、＊真俗《しんぞく》につけて、必ず果《はた》し遂《と》げんと思はん事は、機嫌をいふべからず。とかくの＊もよひなく、足をふみとどむまじきbなり。〔Ⅲ〕春暮れてのち夏になり、夏果《は》てて秋の来《く》るにはあらず。春は④やがて夏の気《き》をもよほし、夏より既に秋は通《かよ》ひ、秋は則《すなは》ち寒くcなり、⑤十月は［Y］の天気、草も青くなり梅もつぼみぬ。木《こ》の葉《は》の落つるも、先づ落ちて芽《め》ぐむにはあらず。＊下《した》よりきざしつはるに堪《た》へずして落つるdなり。＊迎《むか》ふる気《き》、下《した》に設《まう》けたる⑥ゆゑに、待ちとるついで甚《はなは》だはやし。生《しやう》・老《らう》・病《びやう》・死《し》の移り来《きた》る事、又⑦これに過ぎたり。四季はなほ定まれるついであり。死期《しご》はついでを待たず。〔Ⅳ〕死は前よりしも来《きた》らず、かねて後《うしろ》に迫《せま》れり。人皆死あることを知りて、待つこと、しかも＊急ならざるに、覚えずして来《きた》る。沖の＊干潟《ひかた》遥《はる》かなれども、⑧＊磯《いそ》より潮《しほ》の満《み》つるが如《ごと》し。

（『徒然草』による　一部改変）

《注》＊世に従はん＝世間の大勢に順応して生きる意。
＊さかひ＝「逆ひ」。さからうこと。
＊生・住・異・滅＝仏教の用語。四つの有為転変、四相。物が生じ、存続し、変化し、滅び去ること。人間でいえば生・老・病・死にあたる。
＊行ひゆく＝実現してゆく。

B

ア　よたよたと　イ　ゆったりと
ウ　のんびりと　エ　がっちりと

問八、 空欄 X に入る助詞として最も適当なものを、次の中から選びなさい。

ア　まで　イ　だに　ウ　など　エ　こそ

問九、 傍線部⑦「早弥は息を潜める」とあるが、この時の早弥の気持ちとして最も適当なものを、次の中から選びなさい。

ア　実良に自分が見ていることを気づかれたくない気持ち。
イ　実良の弓道に対する情熱を汚《けが》したくない気持ち。
ウ　実良の邪魔をしないよう少しの音も立てたくない気持ち。
エ　実良への期待を坂口先生に知られたくない気持ち。

問十、 傍線部⑧「中った」とあるが、ここでの「中」と同じ意味で「中」が用いられている熟語を、次の中から選びなさい。

ア　中毒　イ　懐中　ウ　中流　エ　中止

問十一、 傍線部⑨「早弥もつられて控えから射場に飛びこんだ」とあるが、この時の早弥の気持ちを説明したものとして最も適当なものを、次の中から選びなさい。

ア　実良がスランプから脱したとは思えなかったが、せっかく盛り上がっている雰囲気を壊したくないと思っている。
イ　実良の奔放な取り組み方にとまどっていたが、見事に的を射たことを自分のことのようにうれしく思っている。
ウ　実良がスランプを脱したと勘違いしていることに気づいたが、まずは的を射たことをほめたいと思っている。
エ　実良を苦々しく思っている坂口先生に遠慮していたが、的を射たことでもうその必要はないと思っている。

問十二、 本文には次の一文が抜けている。補うのに最も適当な箇所は、本文中の【Ⅰ】～【Ⅳ】のどこか。後の中から選びなさい。

周りの気を集めて封じこめたような静かな時間。

ア　【Ⅰ】　イ　【Ⅱ】　ウ　【Ⅲ】　エ　【Ⅳ】

問十三、 傍線部⑩「『疲れた。帰る』」とあるが、実良がこのように発言した理由として最も適当なものを、次の中から選びなさい。

ア　久しぶりに練習に参加し巻きわら練習のほか的前練習まで行い、最後の一本以外の矢を的中させるほど高い集中力で取り組んだから。
イ　最近になく明るく振る舞うなど自分が変わったことを必死にアピールしたにもかかわらず、坂口先生は全く認めてくれなかったから。
ウ　髪の色を変えても競技力が変わるわけではないと他の部員たちの前で諭され、自分が恥ずかしくいたたまれない気持ちになったから。
エ　坂口先生が見抜いた通りの結果に終わり悔しかったものの、それを受け入れざるをえないことにも気づき意気消沈してしまったから。

問十四、 波線部ア～エの中で直喩が用いられているものを次の中から選びなさい。

ア　格別に力がみなぎっているような気がした

時の早弥の気持ちを説明したものとして最も適当なものを、次の中から選びなさい。

ア　実良が高い集中力で今日の練習に向き合っているのは確かだが、髪を染めたぐらいで内面まで変わるはずないと信用できないでいる。

イ　今日の実良の取り組みはとても前向きで素晴らしい結果も出しているが、それは先生の前だけの態度なのではないかと疑っている。

ウ　髪を染めて真剣に練習している姿に実良の変化を認めるが、最近のだらけた練習態度も記憶に新しいため評価に迷っている。

エ　髪を染めても気持ちまでは変わらないだろうと思っていたが、実良が巻きわら練習でスランプの克服を示したため嬉しく思っている。

問三、傍線部③「申し出た」と同じ種類の敬語が用いられている文を、次の中から選びなさい。

ア　資料を御覧ください。

イ　午後三時にうかがいます。

ウ　どうぞ召し上がってください。

エ　名物のリンゴでございます。

問四、傍線部④「やや時間を置いてから」とあるが、坂口先生の対応がこのようになった理由として最も適当なものを、次の中から選びなさい。

ア　勝手なことをしている実良に的前練習をさせると、真面目に取り組んでいる部員に示しがつかないのではないかと迷っているうちに時間が経ってしまったから。

イ　巻きわら練習よりも高度な技術を必要とする的前練習を、実力不足の実良に行わせることに危険はないかと安全確認をしているうちに時間が経ってしまったから。

ウ　練習不足のまま的前練習をしても意味が無いと思う一方、実良自身がやってみて納得する必要もあると考えているうちに時間が経ってしまったから。

エ　久しぶりに練習に出てきたにもかかわらず、おわびの一言もない実良の希望をそのまま受け入れていいかためらっているうちに時間が経ってしまったから。

問五、傍線部⑤「あっけにとられる」の意味として最も適当なものを、次の中から選びなさい。

ア　相手にやり込められ反論できない状態

イ　意外な事に直面し驚きあきれる状態

ウ　周囲に惑わされて何もできない状態

エ　悲しみのあまりに言葉を失った状態

問六、傍線部⑥「怪しいところがあった」の解釈として最も適当なものを、次の中から選びなさい。

ア　不思議な魅力があった　　イ　品がなく見苦しかった

ウ　不気味な雰囲気があった　　エ　あいまいで不正確だった

問七、空欄［A］・［B］に入る語として最も適当なものを、それぞれ後の中から選びなさい。

［A］

ア　おだやかな　　イ　こまやかな

ウ　しなやかな　　エ　おごそかな

実良は再び的に向かった。先生はその姿をじっと見つめている。おこっているのか、困っているのか、表情からは読み取れない。【 Ⅰ 】

実良は的を確かめると、足場を決めた。背中がすっと伸びている。実良は本当に姿勢がいい。滑らかな動きに合わせて、弓が少しずつ上昇を始める。【 Ⅱ 】位置が決まった。力がこもる実良の左手。＊ゆがけの右手が弦を伸ばし始めた。【 Ⅲ 】はりつめた背中。きっと肩甲骨の間の筋肉をしっかりと使っているにちがいない。正しい力を入れているからこそ、こんなに美しいのだ。

あと少し。弓が完全に引きしぼられたら、訪れる、静止のとき。【 Ⅳ 】

ぎゃん。

！

訪れたばかりの静寂を、にごった音が破った。だれかの悲鳴のような音だった。

「あ」

実良は小さく叫んだ。的を確かめるまでもない。矢は的を射ていない。

「なんで」

実良は自分の右手を呆然《ぼうぜん》と見た。それきり言葉が出ない。

「松原さん」

坂口先生は静かに歩み寄った。

「あなたがやる気になったのは、大変よいことだと思いますよ。髪の色を変えて、気分を一新したかったのもわかります。だからその自分を変えたいという気持ちを大事になさい。そのうち、いろんなことがわかってくるはずです」

実良は歯を食いしばるようにして、先生を見た。目がゆがんでいる。今にも涙がこぼれそうだ。それを必死でこらえている。

⑩「疲れた。帰る」

やがて実良は、ぽつんとそう言うと制服に着替えて帰っていった。

（まはら三桃『たまごを持つように』による　一部改変）

《注》＊控え＝射場の隣にある控え室。

＊巻きわら＝射術練習用の的。米俵型に藁《わら》を固く束ねたもの。

＊的前練習＝初心者が取り組む練習のうち、最終段階のもの。一般に、ゴム弓や巻きわらでの練習を十分に積んでから行う。

＊会から離れまで＝「会」は弓を引きしぼった状態のこと。「離れ」は矢を放つこと。

＊ゆがけ＝弦から指を保護するための手袋状の用具。

問一、 傍線部①「『松原は来とるか』」とあるが、古賀先生がこのように聞いた理由として最も適当なものを、次の中から選びなさい。

ア　実良が練習を休みがちだと聞きその事実を確かめようとしたから。

イ　実良が花壇のコスモスを引き抜いたことをとがめようとしたから。

ウ　実良に会って髪の毛を染めたことについて注意しようとしたから。

エ　実良の最近の様子を同じ部活動の早弥から聞き出そうとしたから。

問二、 傍線部②「本当に実良は生まれ変わったのかな」とあるが、このばかりで、的に向かうことはなかった。「暑い、暑い」と、だれてばかりいた。

「大丈夫。あたしは生まれ変わったんやけん」

「変わりすぎやろ」

⑤あっけにとられる春を尻目に、実良は射場に入っていった。

とまどう三人の視線を背負って、実良は射法を始めた。所作はところどころ⑥怪しいところがあったが、確かにやる気はみなぎっている。

見た目の印象はずいぶんちがうけれど、［A］手足の伸びは実良のものだ。

久しぶりに実良が射場に立っている。

それを見ると、胸が高鳴った。やっぱり実良には、弓を引いていてほしい。

イ弓には十分な力がこめられているようだった。弦も滑らかに引きしぼられ、実良は微動［X］しない。

大丈夫。

⑦早弥は息を潜める。

やがて、［B］構えた弓から、矢が飛び出した。＊会から離れまで、十分な間があったと思えた。

「飛んだ」

「⑧中《あた》った」

矢が的を射た。

実良がしゃがみこんだ。

「実良？」

「やったーっ」

しゃがみこんでいた実良が、ウバネ仕掛けのようにはじけとんだ。

「中ったあ！　直ったあ！」

その場で叫んでジャンプし始めた。

「直った？　よかったあ」

⑨早弥もつられて控えから射場に飛びこんだ。実良の手を握って、喜び合った。そのとき、

「おやめなさい」

ガラスまで震えるくらいの大声がした。

はっと坂口先生を見る。エ見たことがないような、険しい表情だった。

「直ってなどいません」

「えー、でも前みたいにできました。ちゃんと中ったし」

実良の抗議を先生は受け入れなかった。

「今のは、正射ではありません。まぐれです」

「ひどっ」

「それから、前みたいにできたと言いましたね」

「はい。言いました」

ぶすっとしたまま、実良は返事をした。

「それはあなたが覚えていないのです。あまりに練習を怠ってきたから、以前の感覚を忘れてしまっているだけなのです」

「ひっどーい！」

実良は鋭い視線を先生に返し、挑むように言った。

「じゃあもう一度やってみせます。それで中ったら直ったっていうことだから。こんなに気合が入っているのに、できんことなんかあるわけないやん」

だった。
「そうか」
古賀先生はもう一度うなると、
「松原が来たら、おれのところに来るように言ってくれ」
と、帰っていった。
今度は何をしたんやか。
早弥の疑問は、実良の登場とともに明らかになった。
「よろしくお願いしまーす」
最近では珍しいテンションで、実良は入ってきた。
「わっ」
早弥は声をあげた。
「松原さん……」
坂口先生は、実良の名前を呼んだきり絶句し、さすがの春もうわずった声を出した。
「どうしたんかっちゃ。その髪」
「あー、これ？　ちょっと明るかったかね」
実良は、セミロングの髪をかきあげた。茶色というより、黄色に近い髪色だ。
「ちょっとやないよ」
実良は顔のメイクには熱心だけれど、髪の毛だけには手を加えていなかった。実良の髪は、黒くてつややかなストレートで、とてもきれいだった。
「どうして、そんな髪にしたのですか。何か心境の変化でもあったんですか」
坂口先生が穏やかにたずねると、実良は大きな声で答えた。
「そうです。あたし、新しい自分になりたかったんです。髪の毛を染めて、気合を入れてがんばります！」
心配顔の坂口先生に、実良は力強く言い、すたすたと神棚の前へ歩いていった。そして、その意気ごみの表現なのか、いつもより力強く柏手《かしわで》を打ち、念入りに頭を下げた。
黄色い髪を一つにたばねて、実良は巻きわらに向かっている。
びゅん、びゅんと、弦の音がする。至近距離からねらう巻きわらの矢は、通常のものよりも太いため、大きな音が出るものだが、それにしても響いている。今日の実良には、ア格別に力がみなぎっているような気がした。
実良は続けざまに、八本の矢を射た。そのどれもが、巻きわらのほぼ同じところに刺さっている。集中度の高さを証明していた。
②本当に実良は生まれ変わったのかな。
早弥がしばらくうかがっていると、実良は坂口先生にこう③申し出た。
「＊的前練習をさせてください」
坂口先生は④やや時間を置いてから、うなずいた。
「あなたがやりたいと思うなら、おやりなさい」
「やります」
実良は四本の矢を握った。
「久しぶりにそれは、きついんやない？」
このところの実良は、練習に来てもストレッチやゴム弓を適当にやるてわかりやすく説明している。

イ　筆者の実体験を踏まえながら「カッコよさ」の変遷を振り返りつつ、今後の展望を提示している。

ウ　「カッコ悪い」や「ダサい」の考察によって、逆説的に「カッコいい」とは何かを浮き彫りにしている。

エ　国内外で見られる課題や懸念を明らかにし、「カッコよさ」への向き合い方を論理的に提示している。

二　次の文章を読んで、後の問いに答えなさい。

主人公の伊吹早弥《いぶきさや》は、北九州市の光陵中学校で弓道部に所属、不器用ながら地道に技術の向上に励んでいる。弓道部員には他に天才肌の松原実良《みら》やアメリカ人の父を持つ石田春《はる》フィリップアンダーソンらがいる。指導者は七十八歳の坂口清子先生である。

二学期に入っても、実良はスランプからぬけだせなかった。それどころか、どんどんひどくなっているようだった。

先月までは五秒待つというところを、二秒だったり三秒待てたこともあったが、このごろは、それも我慢できない様子だ。ひどいときには、矢が弓を支えている人差し指につかないうちに離れていってしまうこともある。

さすがの実良の顔もだんだん暗くなってきた。

そんな九月の中ごろ。弓道場に入ろうとした早弥は、花壇の前ではたと足を止めた。

「あれ？」

コスモスが減っている。昨日まで、風に揺れていた早咲きのコスモスの束が、少なくなっている気がしたのだ。

そういえば、前にもこんなことがあったような気がした。

夏休みも終わるころだった。ポーチュラカが引き抜かれていた。また、実良が抜いて*控えの棚の上にでも飾ったのだろうと、入ってみたが花はどこにもなかった。変だなとは思ったけれど、そのうち花壇の夏の花も終わり、忘れてしまっていたのだ。

思いちがいかな。

花に近寄ろうとしたとき、だれかが自分を呼んだ。

「おーい、伊吹」

野太い声の主が近づいてくる。生徒指導の古賀先生だ。

「はい」

①「松原は来とるか」

「いえ、まだだと思います。わたしが鍵を持っていますから。それに、今日は学校でも会ってないです」

「そうか」

「実良が何かしたんですか？」

また。という言葉は、飲みこんできいてみた。古賀先生は、うーんと低い声でうなり、太い両腕をでっぱったおなかの上で組んだ。

「最近、松原は練習に来とるか？」

「来たり、来なかったりです」

日々、暗い顔をしていた実良は、ときどき練習を休むようになっていた。たまにやってきても、*巻きわらの前にばかりいて、的の前に出ようとしない。怖くなったというよりも、力が出なくなったという感じたり必要以上に固執したりしないこと。

ウ　新しい価値観にこだわる若者が過去を「古い」・「ダサい」と拒絶せずに、良いところを継承すること。

エ　災害や不景気で先行きが不安であるから、どの世代もお金をかけない「カッコいい」を認めること。

問十一、空欄 A ・ B に入る語として最も適当なものを、それぞれ後の中から選びなさい。

A　ア　ゆえに　イ　そのうえ　ウ　または　エ　しかし

B　ア　せめて　イ　つまり　ウ　やはり　エ　むしろ

問十二、傍線部⑨「そういう時代」とはどのような時代か。最も適当なものを、次の中から選びなさい。

ア　高い政治意識が受け継がれていることを「ダサい」とし、既存の政治の在り方を批判する時代。

イ　政治に積極的な姿勢をとることを「ダサい」とし、国民が政治へ興味を示さなくなる時代。

ウ　前時代的な政治家を「ダサい」としながらも、若い世代から支持される人物が台頭しない時代。

エ　政治に無関心なことを「ダサい」としながらも、周囲の目を気にして政治に参加しない時代。

問十三、傍線部⑩「面倒臭さ」について、筆者はどのように考えているか。最も適当なものを、次の中から選びなさい。

ア　「面倒臭さ」とは経済的な負担の大きさのことであり、憧れの対象ではあるが身近なものではない。

イ　「面倒臭さ」とは心をこめて丁寧に行うことであり、かつては「カッコいい」ことそのものであった。

ウ　「面倒臭さ」とは非効率で無駄なことであり、これにいかに意味を見出《みいだ》すかが課題とされている。

エ　「面倒臭さ」とは何かを得るために必要な手間のことであり、これがあることで強烈な興奮に繋《つな》がる。

問十四、本文の内容と合致するものとして最も適当なものを、次の中から選びなさい。

ア　「カッコいい」ことが定義されるとその対比によって「カッコ悪い」ことも明確になるが、たとえ「カッコ悪」くてもそれが自分の個性だとして受け入れ、自信を持って生きるべきである。

イ　「カッコいい」は人々に憧れや同化・模倣願望を強烈に抱かせることで相対的に自己否定の感情を芽生えさせ、VR空間への現実逃避の発端になってしまうという問題がある。

ウ　「カッコいい」は新しい判断基準を生み、人間関係を構築するだけでなく、社会全体に作用し得る強力な力を有していて、しばらくは人々の中から失われないものである。

エ　何が「カッコいい」のかは、時代や社会の価値観が変化すると変わっていくが、「スーパーマン」や「スパイダーマン」が常に正義の味方であるように、その本質は普遍的なものである。

問十五、この文章の説明として最も適当なものを、次の中から選びなさい。

ア　「カッコいい」の定義や問題点を、様々なジャンルの具体例を挙げられるような作品を作っていると、十分な興行収入が見込めなくなってしまうから。

問六、傍線部④「模倣」の対義語を、次の中から選びなさい。

ア　創造　イ　破壊　ウ　特異　エ　斬新

問七、本文には次の一文が抜けている。補うのに最も適当な箇所は、本文中の【Ⅰ】～【Ⅳ】のどこか。後の中から選びなさい。

> 従って、修整済みの写真は、その事実を表示すべきだ、という動きが出ている。

ア【Ⅰ】　イ【Ⅱ】　ウ【Ⅲ】　エ【Ⅳ】

問八、傍線部⑤「倫理的な配慮を欠きながら、『カッコいい』の動員と消費の力を利用しようとする態度」とはどのような態度か。最も適当なものを、次の中から選びなさい。

ア　モデル本来の姿をごまかして存在を否定することに胸を痛めず、「カッコいい」によって商業的価値を高めようとする態度。

イ　事実をねじ曲げて見る人をだますことになっても後ろめたさを感じず、「カッコいい」によって嘘《うそ》を正当化しようとする態度。

ウ　画一的な憧れの対象を作って人々の個性を奪うことに罪悪感を抱かず、「カッコいい」によって流行をコントロールしようとする態度。

エ　人々の身体の健康や精神の安定を脅かしていることに心を配らず、「カッコいい」によって利益を得ようとする態度。

問九、傍線部⑥「アイデンティティ」⑧「乖離」⑪「躍起になっている」の本文中の意味として最も適当なものを、それぞれ後の中から選びなさい。

⑥　アイデンティティ

ア　生物学的な性別に対し、社会的・文化的に形づくられる性別

イ　自分が他と区別され、他ならぬ自分だと感じられる時の感覚や意識

ウ　生まれつき持っていると考えられる行動の様式や能力

エ　社会や政治などの行動を支配する根本的な考え方や思想傾向

③　乖離

ア　話の筋道が通らずつじつまが合っていないこと

イ　一致することが望ましい物事が食い違っていること

ウ　本来は深い関係のある両者の間に隔たりがあること

エ　偏見や思い込みによって間違った理解をすること

⑪　躍起になっている

ア　どこまでも忍耐して努力している

イ　元気や勇気をふるいおこしている

ウ　辛いことや苦しいことに堪えている

エ　むきになって熱心に取り組んでいる

問十、傍線部⑦「若い世代からは『カッコいい』と共感を集めている」とあるが、若者の「カッコいい」が社会に影響を与えるために筆者が必要だと考えていることは何か。最も適当なものを、次の中から選びなさい。

ア　新しい価値観を持つ若者の人口が多く経済的にも余裕があって、消費経済の中軸を担っていること。

イ　年寄りも新しい価値観を寛容に受け入れて、過去を過剰に美化し

*ジョナサン・アイブ＝工業製品のデザインを手掛けるデザイナー。

*リアルクローズ＝上質の素材を用い、きちんと縫製された本物指向の服。現実離れした虚飾に満ちたデザインの服ではなく、実質的な価値のある現実的な服。

*ノームコア＝流行に執着せず、あえて周囲の人と同じような「極めて普通」を選ぶファッションの傾向。

問一、傍線部(i)「ヘイ害」・(v)「自マン」・(vi)「駆チク」のカタカナ部分と同じ漢字を使う熟語として最も適当なものを、それぞれ後の中から選びなさい。

(i) ヘイ害

ア 新しい貨ヘイのデザインを手掛ける。
イ 治療のために二種類の薬をヘイ用する。
ウ その男はいつも横ヘイな態度をとっている。
エ 疲ヘイした経済を立て直すために尽力する。

(v) 自マン

ア 問題が円マンに解決してほっとする。
イ 試合に勝ってもマン心せず練習に励む。
ウ 彼女は事業で成功して巨マンの富を築いた。
エ 疲れが溜《た》まると注意力が散マンになる。

(vi) 駆チク

ア 二人はまさにチク馬の友と言える関係だ。
イ 将来に備えて貯チクを始めるつもりだ。
ウ 指示に従ってチク次間違いを訂正していく。
エ この地域はチク産に適した牧草地が少ない。

問二、傍線部(ii)・(iii)・(iv)・(vii)の漢字の読み方のうち不適当なものを、次の中から選びなさい。

ア (ii) 偏重＝へんちょう　イ (iii) 懸念＝けねん
ウ (iv) 担って＝になって　エ (vii) 促す＝もよおす

問三、傍線部①「製作されている」の「れ」と同じ意味・用法のものを、次の中から選びなさい。

ア 雨に降られて困ってしまった。
イ あの日のことが思い出される。
ウ 先生は普段から電車を使われている。
エ 大切なことを言いそびれてしまった。

問四、傍線部②「監督」と同じ語構成の熟語を、次の中から選びなさい。

ア 意志　イ 人為　ウ 予想　エ 就職

問五、傍線部③「自分たちの首を絞めることになる」とあるが、それはなぜか。最も適当なものを、次の中から選びなさい。

ア 特定の人だけに注目していると視野が狭くなってしまい、世に埋もれている才能豊かな俳優を見出《みいだ》すことができなくなってしまうから。
イ 特定の人だけを評価していると差別的視点があるとみなされ、社会的非難の対象になるばかりか産業的価値の低下が起きてしまうから。
ウ 自分とは異なる価値観を否定して特定の人だけを優遇していると、巡り巡って今度は差別していた自分たちが差別の対象となってしまうから。
エ 文化や人種が入り乱れて存在する地域で特定の人だけに受け入れ

なってしまった文化が更新されることもなくメインストリームであり続ける、という事態が生じる。残念ながら、その兆候は既に見えているだろう。

今日のテクノロジーは、「⑩面倒臭さ」に焦点を当て、それを生活の中からいかに(vi)駆チクするかに⑪躍起になっている。＊ｅコマースも＊ＩｏＴも、自分で体を動かしてすればいいことを率先して代替していっているが、そうした風潮によって、「面倒臭い」ことは、まさに「ダサい化」しつつある。

＊プロダクト・デザインは＊ディーター・ラムス以降、＊深澤《ふかさわ》直人やアップルの＊ジョナサン・アイブなど、機能主義的なミニマルなデザインを発展させてきた。ファッションでは＊リアルクローズから＊ノームコアまでと「着やすさ」が重視される傾向になるが、それらはいずれも、この脱「面倒臭い」と相性が良かった。

今日、私たちがスポーツカーに乗っているのを見て、あまり「カッコいい」と感じないとすれば、何となく、面倒臭そうな感じがするからだろう。

しかし、好きな人にとっては、その面倒こそがいいのだとも言える。かつて私たちが音楽にあれほどまでに「しびれた」のは、レコードやＣＤを手に入れるための手間にじらされたからでもあった。新譜の発売日にレコード店に駆けつけ、家に帰るなり、荷物を放り出してプレイヤーに飛びついたあの時の興奮は、ネットで音楽を聴くことが当たり前になった今では失われて久しい。結果、私たちは以前よりも音楽そのものに「しびれ」にくくなっているかもしれない。

将来的に、いつまで人が「カッコよさ」を求め続けるのかはわからない。しかし、「カッコいい」には、人間にポジティヴな活動を(vii)促す大きな力がある。人と人とを結びつけ、新しい価値を創造し、社会を更新する。

私たちは、「カッコいい」の、時に暴力的なまでの力を抑制しつつ、まだ当面はこの価値観と共に生きてゆくことになるのではあるまいか。

（平野啓一郎『「カッコいい」とは何か』による　一部改変）

《注》＊意識的な政治的悪用は既に批判したが＝本文より前の箇所で「カッコいい」を意識的に政治に悪用することを批判している。

＊ホワイト・ウォッシュ＝非白人を白人のように加工すること。

＊人倫の空白＝人としていかに生きるべきかという問題。

＊ＡＩ＝人工知能。推論・判断などの知的な機能を人工的に実現したもの。

＊ＶＲ＝バーチャルリアリティー。コンピューターの作り出す仮想の空間を現実であるかのように知覚させること。

＊ｅスポーツ＝コンピューターゲーム、ビデオゲームを使った対戦をスポーツ競技として捉える際の名称。

＊SEALDs＝日本の学生により結成された政治団体。

＊ｅコマース＝インターネットでものを売買することの総称。

＊ＩｏＴ＝Internet of Things（モノのインターネット）の略称。身の周りのあらゆるモノがインターネットにつながること。

＊プロダクト・デザイン＝製品デザイン。自動車や機械装置などのメカニズム製品だけでなく、各種量産品のデザイン。

＊ディーター・ラムス＝工業製品のデザインを手掛けるデザイナー。

＊深澤直人＝プロダクトデザイナー。

「カッコいい」の影響力を自覚し、倫理的にどのようにコントロールしていくか、という取り組みの一つの実例だろう。

私たちは、結局のところ、「カッコいい」存在に「真＝善＝美」を期待している。さもなくば、それは、社会の「＊人倫の空白」を埋める機能を果たし得ないからである。【 Ⅳ 】⑤倫理的な配慮を欠きながら、「カッコいい」の動員と消費の力を利用しようとする態度は、今後、ますます難しくなってゆくはずである。

「カッコいい」とは何かは、時代とともに変化してゆく。

近代以降、長らく個人の⑥アイデンティティは、労働と消費、それに余暇の活動が(ⅳ)担ってきた。仕事にやりがいを感じているならば、職業がそのアイデンティティを支え、余暇をこそ重視してきた人は、何を買い、所有しているかを誇り、また、趣味やボランティア、友人とのつきあい、恋愛などが生《い》き甲斐《がい》ということもあっただろう。

［ A ］、今後、景気の悪化や自然災害、＊ＡＩの発展などで、多くの失業者が出てくれば、自分のやりたい仕事をしていると(ⅴ)自マンすることも、誇示的な消費も、「カッコ悪い」と見做《みな》されることになるかもしれない。既に日本に関しては、平成の長いデフレ経済下の価値観が、「カッコいい」の判断にも大きな影響を及ぼしている。

「カッコいい」がビジネスの上でインパクトを持ってきたということは、裏を返せば、「カッコよく」なるためには金がかかる、ということであり、だからこそ、「カッコ悪くない」ファストファッションで十分、という考えにもなる。

実際、ネットを通じて様々なサーヴィスがタダで利用でき、シェアリングが普及し始めると、それらを活用して、いかにローコストで、いかに身軽に生きるか、ということの方が、遥《はる》かに「カッコいい」という価値観に傾くかもしれない。バリバリ働いて、ジャンジャン稼いでパーッと使う、などというのは、ダサいことなのだ、と。

職業に関しても、ユーチューバーのように従来通りのキャリアのイメージとは異なった新しい方法で収入を得ている人たちが、⑦若い世代からは「カッコいい」と共感を集めている。また、＊ＶＲの中で行う＊ｅスポーツの人口なども、急速に増加している。

また現在でも、ＳＮＳのアイコンを動物の写真やアニメのキャラクターにする人がいるように、ＶＲ空間内では自分とはまったく異なる「カッコいい」アバターを――それも複数――使用することが出来るし、こうなると、表面と内実との⑧乖離《かいり》は、当然の前提となるだろう。

政治意識の高さは、人間活動の一つとして、古代ギリシアの「アンドレイア」以来、「カッコいい」こととされてきたが、それが「ダサい」とされてしまえば、政治への無関心は強くなる。＊SEALDsのような運動は、⑨そういう時代の新しい「カッコよさ」を目指して、国民に政治参加を呼びかけるものだった。

日本の懸念としては、［ B ］、少子高齢化が挙げられるだろう。というのも、「カッコいい」の世代間闘争は、人口のグラフがピラミッド型であればこそ、新しい価値観の若者たちが勝利することが出来るからである。猶《なお》且つ、若者たちが裕福であることも重要だろう。そこにヴォリューム・ゾーンがあれば、どれほど年寄りが顔を顰《しか》めても、ビジネスは若者の「カッコいい」を中心に動いていくのである。

ところが、〝棺桶《かんおけ》型〟になってしまえば、社会は、いつまでも古臭い「カッコいい」に依存せざるを得ず、つまりは、既に「カッコ悪く」

【国　語】（六〇分）〈満点：一〇〇点〉

一　次の文章を読んで、後の問いに答えなさい。

人間を見た目の「美醜」で判断するルッキズムに対して、「カッコいい／カッコ悪い」という判断は、本来は、より多面的で、複雑なはずだった。外観がどうであれ、生き様が素晴らしければ、私たちはその人のことを「カッコいい」と評しているはずである。それは、私たちの時代の新しい「真＝善＝美」を批判的に創造してゆくことに他ならない。「カッコいい」は、「美人」や「ハンサム」を褒め言葉として使用し辛《づら》くなったとしても、むしろ他者に対する肯定的な言葉として、今後も有効であり続けるだろう。

その上で、笑いのネタにする、というのは確かに賛成できないが、誰かを「カッコいい」と言っただけで、同時にその他の人を「カッコ悪い化／ダサい化」することになってしまう、というのは、幾ら何でもやりすぎじゃないか？　という意見もあるだろう。そんなことを言い出せば、人を褒めることさえ出来ない社会になってしまう、と。

ケイス・バイ・ケイスだが、この批判には一理あり、実際、ハリウッドで今起きていることは、多様性の肯定によって、「カッコいい」ことが相対的に「カッコ悪い」ものを生んでしまう(i)ヘイ害を防ごうとすることである。

具体的には、「カッコいい」ヒーローが白人男性に(ii)偏重しているのに対して、黒人がヒーローの『ブラックパンサー』や女性がヒロインの『キャプテン・マーベル』といった映画が①製作されていることである。同じ②監督がすべてを撮っているわけではないが、業界として、このようなバランスが実現されてゆけば、『スーパーマン』や『スパイダーマン』が製作されても、白人男性だけを「カッコいい」化し、つまりはその他の人々を「ダサい化」している、とは直ちに批判されないだろう。だからこそ、アカデミー賞などでも、昨今はジェンダー・バランスや人種のバランスに非常に敏感になっている。それが偏ってしまえば、結局のところ、③自分たちの首を絞めることになるからである。

「カッコいい」には、人に憧れを抱かせ、そのようになりたいと同化・④模倣願望を抱かせる力があるが、だからこそ、引き起こされる問題がある。＊意識的な政治的悪用は既に批判したが、もう一つは、〝修整〟の影響である。

フォトショップの登場以来、写真や動画の「レタッチ（修整）」が一般化し、「＊ホワイト・ウォッシュ」問題も、大いにこれと関連しているが、昨今、モードの世界で議論されているのは、モデルが痩せすぎだという問題である。

これは、モデル自身の健康上の(iii)懸念もあるが、パソコンで画像が修整された非現実的なほどスタイルの良いモデルの写真は、単に美的な鑑賞の対象となるだけでなく、「カッコいい」存在として社会に影響を及ぼすことになる。【　Ｉ　】すると、それに直接憧れる若い女性も、またその極端な痩身が模範化されることで、自分の体型を「カッコ悪い」と感じ、痩せなければと思いつめてしまう女性も、挙《こぞ》ってダイエットをするようになる。【　Ⅱ　】

しかし、ロック・スターやスポーツ選手に憧れ、必死に努力するのとは違い、そもそも現実に存在しない、写真修整技術で作られた体型になるためには、病的なダイエット以外に方法がない。【　Ⅲ　】これは、

MEMO

大切なことはメモしておこうネ！

2022年度

解　答　と　解　説

《2022年度の配点は解答欄に掲載してあります。》

＜数学解答＞ 《学校からの正答の発表はありません。》

1　(1)　ア　5　(2)　イ　4　ウ　3　(3)　エ　6　オ　4　(4)　カ　9

2　(1)　ア　1　イ　4　ウ　1　エ　2　オ　3　カ　6
(2)　キ　8　ク　3　ケ　8　コ　2　サ　2
(3)　シ　4　ス　8　セ　1　ソ　3

3　(1)　ア　1　イ　2　ウ　4　エ　9　オ　3　カ　7　(2)　キ　7　ク　2

4　(1)　ア　1　イ　2　ウ　2　エ　2　オ　0　カ　4　(2)　キ　4　ク　8
(3)　ケ　1　コ　2　サ　1　シ　5　ス　7

5　(1)　ア　4　イ　2　ウ　1　エ　3
(2)　オ　3　カ　5　キ　2　ク　1　ケ　6　コ　5
(3)　サ　2　シ　1　ス　3　セ　1　ソ　7　タ　8　チ　6

○推定配点○

1　各4点×4　2　(1)　各3点×2　(2)　3点，3点，2点　(3)　各3点×2
3　(1)　各4点×3　(2)　4点　4　(1)　各4点×3　(2)　4点　(3)　各4点×2
5　(1)　各4点×2　(2)　各4点×2　(3)　各4点×2　計100点

＜数学解説＞

1　(正負の数，平方根，連立方程式，2次方程式)

基本　(1)　$3\times\left(1+\frac{5}{3}\right)-\frac{1}{4}\div\left(\frac{1}{3}-\frac{1}{4}\right)=3\times\frac{8}{3}-\frac{1}{4}\div\frac{1}{12}=8-3=5$

(2)　$(3\sqrt{3}+2)^2+(\sqrt{3}-5)^2-(3\sqrt{3}-2)^2-(\sqrt{3}+5)^2=(3\sqrt{3}+2)^2-(3\sqrt{3}-2)^2+(\sqrt{3}-5)^2-(\sqrt{3}+5)^2=\{(3\sqrt{3}+2)+(3\sqrt{3}-2)\}\{(3\sqrt{3}+2)-(3\sqrt{3}-2)\}+\{(\sqrt{3}-5)+(\sqrt{3}+5)\}\{(\sqrt{3}-5)-(\sqrt{3}+5)\}=6\sqrt{3}\times4+2\sqrt{3}\times(-10)=24\sqrt{3}-20\sqrt{3}=4\sqrt{3}$

基本　(3)　$\frac{x+6}{9}+\frac{y}{6}=2$より，$2(x+6)+3y=36$　$2x+3y=24$…①，$\frac{x-3}{3}+\frac{y}{4}=2$より，$4(x-3)+3y=24$　$4x+3y=36$…②　②－①より，$2x=12$　$x=6$　これを①に代入して，$12+3y=24$　$3y=12$　$y=4$

基本　(4)　$x^2-7x+9=0$の解を$x=a$，bとすると，$(x-a)(x-b)=0$　$x^2-(a+b)x+ab=0$　よって，2つの解の積abは9

2　(平面図形，資料の整理，確率)

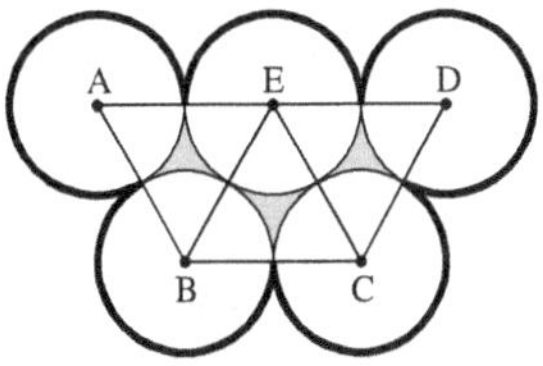

重要　(1)　右の図のように，円の中心をA～Eとする。△ABE，△BCE，△CDEは合同な正三角形だから，∠BAE＝∠CDE＝60°，∠ABC＝∠BCD＝120°　よって，太線部の周の長さは，$2\pi\times2\times\frac{360-60}{360}\times2+2\pi\times2\times\frac{360-120}{360}\times2+2\pi\times2\times\frac{180}{360}=4\pi\times\frac{1260}{360}=14\pi$　1辺

aの正三角形の面積は$\frac{\sqrt{3}}{4}a^2$で求められるから，ぬりつぶされた部分の面積の和は，$\left(\frac{\sqrt{3}}{4}\times 4^2-\pi\times 2^2\times\frac{180}{360}\right)\times 3=12\sqrt{3}-6\pi$

基本 (2)　ⅰ)　平均値は，$(86+79+96+82+72)\div 5=\frac{415}{5}=83$(点)　中央値は，3番目に点数の低い82点　ⅱ)　訂正後の平均値が1点増えたので，訂正した生徒の点数は5点増えたことになる。これが中央値であるから，bの79点が84点になったことになる。

(3)　運転席にAが座るとき，残りの4人の座り方は，$4\times 3\times 2\times 1=24$(通り)ある。運転席にBが座るときも同様であるから，5人の座り方は全部で$24+24=48$(通り)　また，運転席にAが座るとき，D，Eが隣り合う座り方は，後ろの席で，DE○，○DE，ED○，○EDの4通りに対して，○にBかCの2通りの座り方があるので，$4\times 2=8$(通り)　運転席にBが座るときも同様であるから，求める確率は，$\frac{8+8}{48}=\frac{1}{3}$

3　(規則性，推理)

(1)　B4の用紙1枚に4つのページ番号があるから，使った用紙は$48\div 4=12$(枚)　外側から6枚目の用紙の右側の番号は，1から始まる奇数の6番目の$2\times 6-1=11$であるが，用紙の同じ面にある2つのページ番号の和は，図2と同様に，つねに$1+48=49$である。よって，その11ページの裏側は12ページであるから，2番目に大きいページ番号は，$49-12=37$

(2)　条件①より，使った用紙は$80\div 4=20$(枚)より少ない。条件②より，$39=2\times 20-1$だから，図2のように広げたとき，39ページは外側にあることはなく，40ページが最も大きいページ番号となる。条件③より，最も小さいページ番号をxとすると，$40x+6=39(x+1)$　$x=33$　よって，最後のページ番号は，$40+33-1=72$

4　(図形と関数・グラフの融合問題)

基本 (1)　$y=ax^2$は点(6，18)を通るから，$18=a\times 6^2$　$a=\frac{1}{2}$　点Aのx座標をtとすると，$A\left(t,\ \frac{1}{2}t^2\right)$　直線OAの傾きは$\left(\frac{1}{2}t^2-0\right)\div(t-0)=\frac{1}{2}t$　$\frac{1}{2}t=1$より，$t=2$　よって，A(2，2)，B(−2，2)　したがって，$OC=AB=2-(-2)=4$より，C(0，4)

基本 (2)　直線BCの式は$y=x+4$　$y=\frac{1}{2}x^2$と$y=x+4$からyを消去して，$\frac{1}{2}x^2=x+4$　$x^2-2x-8=0$　$(x-4)(x+2)=0$　$x=4,\ -2$　よって，D(4，8)

重要 (3)　直線DPの傾きは，$\frac{8-1}{4-0}=\frac{7}{4}$　よって，直線DPの式は$y=\frac{7}{4}x+1$　$y=\frac{1}{2}x^2$と$y=\frac{7}{4}x+1$からyを消去して，$\frac{1}{2}x^2=\frac{7}{4}x+1$　$2x^2-7x-4=0$　$(x-4)(2x+1)=0$　$x=4,\ -\frac{1}{2}$　よって，Dではない方の点のx座標は$-\frac{1}{2}$　直線DPと線分AC，OBとの交点をそれぞれQ，Rとする。直線ACの式は$y=-x+4$だから，点Qのx座標は，$\frac{7}{4}x+1=-x+4$を解いて，$x=\frac{12}{11}$　よって，$CQ:QA=\left(\frac{12}{11}-0\right):\left(2-\frac{12}{11}\right)=6:5$　直線OBの式は$y=-x$だから，点Rのx座標は，$\frac{7}{4}x+1=-x$を解いて，$x=-\frac{4}{11}$　よって，$BR:RO=\left(-\frac{4}{11}+2\right):\left(0+\frac{4}{11}\right)=18:4=9:2$　したがって，四角形BRQCと四角形OAQRの面積比は，$(CQ+BR):(QA+RO)=(6+9):(5+2)=15:17$

5 （空間図形の計量）

基本 (1)　2秒後，$AP=2\times2=4$(cm)　$AQ=3\times2=6$より，$PQ=\sqrt{4^2+6^2}=2\sqrt{13}$(cm)

重要 (2)　$BC=\sqrt{10^2-6^2}=8$　9秒後，$AP=6+8+10-2\times9=6$　よって，$\triangle ABP:\triangle ABC=AP:AC=6:10=3:5$　$3\times9=27=12+6+6+3$より，$AQ=12-3=9$　よって，三角すいQ−ABPの体積は，$\frac{1}{3}\times\left(\frac{1}{2}\times6\times8\times\frac{3}{5}\right)\times9=\frac{216}{5}$($cm^3$)

(3)　$0<t\leqq3$のとき，点Qは辺AD上にあり，$AP=2t$，$AQ=3t$，$ER=t$　よって，$\triangle PQR=$(台形AQRB)$-\triangle APQ-\triangle BPR=\frac{1}{2}\times(3t+12-t)\times6-\frac{1}{2}\times2t\times3t-\frac{1}{2}\times(6-2t)(12-t)=6t+36-3t^2-(t^2-15t+36)=-4t^2+21t$　$-4t^2+21t=18$　$4t^2-21t+18=0$　解の公式を用いて，$t=\frac{-(-21)\pm\sqrt{(-21)^2-4\times4\times18}}{2\times4}=\frac{21\pm\sqrt{153}}{8}=\frac{21\pm3\sqrt{17}}{8}$　よって，$t=\frac{21-3\sqrt{17}}{8}$　また，点Qが頂点Eにくるのは，$t=(12+6)\div3=6$　このとき，点Pは辺BC上にあり，$BP=2\times6-6=6$　$ER=QR=6$　よって，$\triangle PQR=\frac{1}{2}\times6\times6=18$　したがって，$t_1=\frac{21-3\sqrt{17}}{8}$，$t_2=6$

★ワンポイントアドバイス★

出題構成，難易度とも例年どおりである。基礎を固めたら，過去の出題例を研究しておこう。

＜英語解答＞ 《学校からの正答の発表はありません。》

Ⅰ　問題1　(1)　2　(2)　4　(3)　1　(4)　3　(5)　3　問題2　(1)　3　(2)　2
問題3　(1)　2　(2)　2　(3)　4

Ⅱ　(1)　3　(2)　2　(3)　1　(4)　4　(5)　3

Ⅲ　(1)　3　(2)　1　(3)　4　(4)　8　(5)　7

Ⅳ　(1)　4　(2)　4

Ⅴ　1　3142　2　3241　3　4132　4　1324　5　4312

Ⅵ　A　(1)　6　(2)　2　(3)　1　(4)　3
B　(5)　7　(6)　2　(7)　5　(8)　4

Ⅶ　問1　2　問2　2　問3　4　問4　3　問5　4　問6　4　問7　1　問8　1
問9　2　問10　3

○推定配点○

Ⅰ～Ⅵ　各2点×35　Ⅶ　各3点×10　計100点

＜英語解説＞

Ⅰ　リスニング問題解説省略。

Ⅱ　（語句選択問題：動名詞，前置詞，未来形，不定詞，現在完了）

(1)　「来週地元の子供たちとオンラインゲームをするのはどうですか。」〈how about ～ ing〉は「～するのはどうですか」という意味を表す。

(2)　「私は10年ぶりに彼のおじさんに会った。」〈for the first time in ～〉で「～ぶりに」という意味を表す。

基本 (3) 「次はいつ東京に戻るつもりですか。」 意志を表すときは〈be going to ～〉を用いる。

(4) 「私たちはコンピューターの使い方を学ぶ機会が必要だ。」 〈how to ～〉で「～する方法(仕方)」という意味を表す。

(5) 「私は6歳のときからこのサッカークラブに入っている。」 〈since S V〉で「SがVしてから」という意味になる。

Ⅲ (長文読解問題・説明文：語句補充)

(全訳) 当初，ジャガイモはヨーロッパの人々の間で食べ物として人気がなかった。人々は地下で育った野菜を食べたくなかったが，彼らはジャガイモの花を愛していた。かつてフランスでは，ジャガイモの花は最も(1)高価な種類の1つだった。

アイルランドは，17世紀に花のジャガイモを日常の食べ物として採用した最初の国だった。アイルランド人は，彼らには多くの(2)利点があることに気づいた。ジャガイモは寒くて雨の多い(3)気候で育ち，(4)貧しい土地からでもたくさん収穫することができた。18世紀のドイツでは，フレデリック王は人々にジャガイモを(5)植えるよう強く勧めた。彼は，それらが人々を飢えから救うだろうと思い，そして彼は正しかった。

Ⅳ (長文読解問題・説明文：文整序)

(1) 2「コロナウイルスは，2020年に多くの企業に大きな影響を及ぼした。」→1「映画事業もその1つだった。」→4「多くのスタジオは映画の製作をやめなければならず，一部の映画は予定通りに公開されなかった。」→3「このため，2020年の夏にジブリ映画の復活があった。」

(2) ジェフは余暇に自転車に乗るのが大好きだ。エ「それで週末に彼は自転車に乗って出かける。」→ウ「時々彼は何時間も自転車に乗る。」→ア「彼の友人の何人かも自転車に乗る。」→イ「彼らはよく一緒に自転車に乗る。」誰もがジェフはとても健康で足がとても強いと言う。

Ⅴ (長文読解問題・説明文：語句整序)

(大意) 外国(1)から来た人と話す必要がある場合はどうしますか？ それはパーティー，スポーツクラブ，または長い電車の旅においてであるかもしれない。そのような場合に役立つ(2)アドバイスをしたいと思います。

まず，彼らが日本に(3)どれくらい滞在しているかを調べてください。彼らがここに短期間滞在していれば，会話をするのはとても簡単だ。彼らはおそらく，日本の印象，日本食，そしてなぜ彼らが来たのかについて話すのを楽しむだろう。彼らはゲスト(4)のように扱われても気にしないだろう。

ただし，日本に長く住んでいる外国人と話すときは注意が必要だ。そのような人々は通常，彼らが外国人であることを忘れたいと思っている。私もそうだ。結局のところ，「外人」や「外国人」のような言葉は「部外者」を意味する。そして，(5)誰も本当に部外者になりたくないのだ。

基本 1 talk with people from となる。〈talk with ～〉で「～と話す」という意味を表す。

2 to give you some advice となる。〈give A B〉で「AにBを与える」という意味になる。

3 how long they have となる。〈how long ～〉は「どれくらいの間～」という意味で，時間や期間の長さをたずねる時に用いられる。

4 they are treated like となる。〈like ～〉は「～のように(な)」という意味を表す。

5 no one really wants to be となる。no one や nobody は「誰も～ない」という意味を表す。

Ⅵ (会話文問題：文選択)

A ジョン ：ここにはあとどれくらいいるのですか。

メアリー：ちょうどあと5日です。(1)発つ前に何をするべきですか。

ジョン　：うーん。アンダーウオーター・ワールドには行ったことがありますか。
メアリー：いいえ。それは何ですか。
ジョン　：サメや大きな魚がたくさんいる巨大な水族館ですよ。
メアリー：面白いですか。
ジョン　：すばらしいです！　絶体にそこに行くべきです。
メアリー：よさそうですね。たぶん行くと思います。(2)他に何かありますか。
ジョン　：ええと，スカイタワーに行くべきです。その上からはびっくりする眺めがあります。
メアリー：スカイタワー？　高そうですね。
ジョン　：(3)高いです。とても，とても高いです。
メアリー：ああ，私は高いところが好きではありません。
ジョン　：本当ですか？　でもスカイタワーはカッコイイです！
メアリー：アイデアをありがとう。(4)それについて考えてみます。

4「ああ，それはお気の毒に」，5「それはあまりよくないと聞きました。」，7「日曜日の午前は忙しかったですか。」，8「スカイタワーについて何か情報はありますか。」

B　グレッグ：やあ，アンナ。調子はどうですか。
アンナ　：いいですよ，ありがとう。(5)でもこの頃はとても忙しいです。
グレッグ：ああ，そうですか。何があるのですか。
アンナ　：ええと，学校で劇をします。来週に最初の公演があるので，今週は毎晩リハーサルをしています。私はまた中間試験の勉強もしています。
グレッグ：ぼくもです。1日に2，3時間勉強しています。
アンナ　：ええ，私もです。
グレッグ：それで，それは何の劇ですか。
アンナ　：ええと，コメディです。本当に面白いです。(6)あなたが来てくれたらと思います。
グレッグ：ああ，もちろん。ぼくは絶対それに行きます。
アンナ　：そう聞いてうれしいです。あなたは最近どうですか。
グレッグ：実はぼくもすごく忙しいです。今パート仕事をしています。
アンナ　：どこで働いているのですか。
グレッグ：ぼくたちの大学の近くのコーヒー店です。(7)1週間に3夜働きます。来年フランスに旅行するためのお金を貯めています。
アンナ　：フランス？　わお。フランス語を話しますか。
グレッグ：そんなには，でも，フランス語を習っています。
アンナ　：知っているだろうけど，私のルームメイトはフランスから来た人です。(8)彼女と練習することができますよ。
グレッグ：本当ですか。それはいい考えですね。

1「午後7時ごろです。」，3「彼女は英語を上手に話します。」，6「その劇についてどう思いますか。」，8「私は歴史の試験のために勉強しています。」

Ⅶ　(長文読解問題・説明文：内容吟味，語句補充)

(大意)　ある日，ベルギーのブリュッセルにある大きな家で，男が娘を腕に抱いた。幼いオードリー・ヘプバーンは見上げて，彼女の上にいくつかの美しい光を見た。それらは雪のように白かった。彼女は一生その光を覚えていた。彼女はいつも白い色が好きだった。彼女は白を見て，(1)父親を思い出した。それから彼女は安全で暖かいと感じた。

オードリー・キャスリーン・ファン・ヘムストラ・ヘプバーン・ラストンは1929年5月4日にブリ

ュッセルで生まれた。彼女の母親，バロネス・エラ・ファン・ヘムストラはオランダ人だった。彼女の父，ジョセフは半分イギリス人，半分アイルランド人だった。彼は多くの会社で働き，たくさんのお金を稼いだ。

若いオードリーは読書を楽しみ，動物や鳥を愛した。しかし，(2)彼女の最大の愛は音楽だった。「音楽ってなに？」オードリーはある日母親に尋ねた。「それはダンスのためのものよ。」と彼女の母親は答えた。

オードリーはダンサーになりたかったが，彼女は(3)不幸だった。「私は太りすぎだわ。」と彼女は思った。「ダンサーは細くてかわいらしいが，私は顔が丸すぎて足が大きすぎる。」

彼女の両親も(3)不幸だった。彼らはしばしばケンカした。ある夜，彼女の母親と父親は大きなケンカをした。オードリーが翌朝目覚めたとき，彼女の父親はそこにいなかった。オードリーは何日も泣いた。

彼女の母親は彼女をイギリスに連れて行った。学校では，オードリーは他の女の子とは違っていた。他の女の子は面白くて騒々しかった。彼女らはスポーツを楽しんだり，父親について話したりした。オードリーは物静かで悲しかった。彼女の英語は上手ではなく，彼女はスポーツが嫌いだった。彼女は父親について誰とも話さなかった。しかし，ゆっくりと，オードリーは何人かの友達を作り始めた。

その後，突然，1939年に，彼女の母親は彼女をイギリスから連れ去った。時間がなくて彼女は学校の友達に別れを告げることができなかった。「なぜ私たちは去るのですか？」オードリーは尋ねた。「戦争が起こるの。私たちはオランダに行くの。あなたはそこで安全でしょう。」と彼女の母親は言った。

オードリーは，オランダの町アーネムに母親と2人の異母兄弟と一緒に住んだ。彼女はますますダンスに興味を持つようになった。10歳の時，彼女は世界的に有名なバレエダンサーになりたいと思った。しかしある朝，オードリーの母親が彼女の寝室に入ってきた。「起きなさい」と彼女は娘に言った。「戦争よ。」

戦争の初期には，オードリーは学校を辞めたり，ダンスを止めたりしなかった。そしてある日，ドイツ人は人々を町から追い出した。外では，食べ物はほとんどなかった。オードリーと彼女の家族は，(4)冬に固い地面から野菜を掘らなければならなかった。戦争が終わったとき，オードリーは非常に痩せて弱かった。国連の人々がアーネムにやって来て，子供たちにミルク，砂糖，チョコレートを与えた。オードリーはそれを決して忘れなかった。

オードリーと彼女の母親は戦後アムステルダムに引っ越した。彼女の母親は料理人になった。彼女は金持ちではなかったが，オードリーのダンスレッスンにお金を払った。オードリーはオランダで最高のダンスの先生に習った。それから，彼女が17歳のとき，彼女は旅行映画で端役を得た。監督は彼女の幸せそうな顔が大好きだった。彼は，「彼女の目には小さな太陽が輝いている。」と言った。

1948年にオードリーと彼女の母親はロンドンに引っ越した。彼女の母親は花屋で働いた。友達は彼らにいくらかのお金を与え，オードリーはバレエ・ランバートに行った。これはロンドンで最も重要なバレエ学校だった。オードリーはダンスを熱心に学んだ。彼女は彼氏を持つ時間がなかった。しかしある日，バレエ学校は彼女に言った，「ごめんなさい，でもあなたは決して有名なダンサーになることはないでしょう。あなたは背が高すぎます。」

オードリーは悲しかったが，それから何かが起こった。それは彼女の人生を変えた。誰かがバレエ学校での彼女を思い出し，ロンドンの大きなミュージカルで彼女に小さな役割を与えた。3,000人の女の子がその役割を得ようとしたが，プロデューサーはオードリーを望んだ。彼女はすぐに他のミュージカルの仕事を見つけた。かわいらしい顔と大きな笑顔のおかげで，誰もがこの痩せた女の子が好きだった。「私は素晴らしいダンサーではありませんでした。私は腕を上げて微笑んだ。それだけです。」とオードリーは後で思い出した。

オードリーが20歳のとき，彼女の写真は多くの雑誌に掲載された。彼女は3つの安い映画で端役を得た。そして彼女は有名な映画，「ラベンダー・ヒル・モブ(1951)」でシガレットガールでした。

問1　1「彼の両親の1人はアイルランド人で，もう1人はイギリス人だった。」 母親はオランダ人で，父親は半分イギリス人，半分アイルランド人だった」とあるので，誤り。　2「彼は経営する会社が多かったので大金を稼いだ」 第2段落の内容に合うので，答え。　3「彼はオランダで生まれた女性と結婚し，彼らはそこに住むようになった。」 両親がオランダに住んだとは書かれていないので，誤り。　4「彼と彼の妻は1929年にブリュッセルに引っ越し，彼の娘は同じ年に生まれました。」「1929年にブリュッセルに引っ越し」とは書かれていないので，答え。

問2　great は「大きい」という意味で，love は「愛したもの」という意味なので，2が答え。
1「彼女が一番愛した本」 2「彼女が一番好きだったもの」 3「彼女が読むのに一番興味がある話題」 4「彼女と彼女の動物や鳥が持った一番の楽しみ」

問3　オードリーは自分の体が不満で，両親はよくケンカをしていたので，4が答え。　1「魅力的な」 2「興奮した」 3「強い」 4「不幸な」

問4　1「オードリーは英語が苦手だったが，英語を話し，スポーツをすることに最善を尽くした。」「最善を尽くした」という内容は書かれていないので，誤り。　2「オードリーは，彼女が使う言語の数のために学校の他の女の子と異なっていた。」「言語の数」という内容は書かれていないので，誤り。　3「オードリーは，1939年に母親と一緒に国を離れなければならなかったとき，すでに学校に何人かの友人がいた。」 1939年にイギリスを去るときに「時間がなくて彼女は学校の友達に別れを告げることができなかった」とあるので，答え。　4「オードリーは最初は静かだったが，すぐに他の女の子と友達になり，父親について話し始めた。」「すぐに他の女の子と友達になり，父親について話し始めた」という内容は書かれていないので，誤り。

問5　dig は「掘る」という意味を表す。

問6　「戦争の初期に次のどれが起こったか？」という質問。　1「オードリーが旅行の映画に出た。」文中に書かれていない内容なので，誤り。　2「オードリーの母親がコックとして働き始めた。」戦争が終わった後のことなので，誤り。　3「国連から来た人々がアーネムに来た。」 戦争の初期のことではないので，誤り。　4「ドイツ人はアーネムから来た人々を町の外に送った。」 傍線(4)がある文の2つ前の文の内容に合うので，答え。

問7　「オードリーがロンドンで映画の女優になる前に何が起こったか？」という質問。　1「ロンドンの大きなミュージカルで短期間演技した後，オードリーはすぐに他のミュージカルに出演した。」 最後から2つ目の段落の内容に合うので，答え。　2「ある人がバレエ・ランバートのオードリーを思い出し，彼女は彼が作っている映画に出演するように頼まれた。」 思い出した人が映画を作っていたわけではないので，誤り。　3「ロンドンの大きなミュージカルのプロデューサーはオードリーが好きだったので，彼女の写真はその後多くの雑誌会社に送られた。」 プロデューサーと写真が送られたことには関係がないので，誤り。　4「オードリーはバレエ学校で3,000人の女の子の中で最高のダンサーになり，多くの公演に出演した。」「最高のダンサー」になったとは書かれていないので，誤り。

問8　1「オードリーは父親のことを思い出し，白い色を見たときは安心した。」 第1段落の内容に合うので，答え。　2「オードリーは，幼い頃に飼っていた動物や鳥の世話を楽しんだ。」「飼っていた」とは書かれていないので，誤り。　3「オードリーは幼い頃，白が好きだったので雪を見るのが好きだった。」「雪」とは書かれていないので，誤り。 4「オードリーはダンサーになりたいと思ったとき，体がとても細く，顔がきれいだった。」「顔がきれいだった」とは書かれていないので，誤り。

問9 1「オードリーの父親は，彼女が夜眠っていたときにイギリスの家を出て，二度と戻ってこなかった。」イギリスにいたのではないので，誤り。 2「オードリーの母親は家族を戦争から守りたいと思ったので，彼らをオランダに連れて行った。」第8段落の内容に合うので，答え。
3「オードリーの兄弟は姉と母と一緒にアーネムに住んでいたが，彼らはドイツ人に連れ去られた。」ドイツ人に連れ去られたとは書かれていないので，誤り。 4「オードリーの友達は，彼女に別れを告げることができなかったことを残念に思ったので，彼女がロンドンのバレエ学校に行くのを手伝った。」文中に書かれていない内容なので，誤り。

重要 問10 1「オードリーが通ったダンススクールは，彼氏がいないように，そして一生懸命働くようにオードリーに言った。」文中に書かれていない内容なので，誤り。 2「バレエ・ランバートは，オードリーが背が高すぎたため，ミュージカルで踊る機会を与えなかった。」有名なダンサーになれないと言ったが，踊る機会を与えなかったとは書かれていないので，誤り。 3「戦後，オードリーがアムステルダムに住んでいたとき，オランダで最高のダンスの先生が彼女に教えた。」「オードリーはオランダで最高のダンスの先生に習った」とあるので，答え。 4「オードリーが映画『ラベンダー・ヒル・モブ』に出演した後，多くの雑誌にオードリーの写真が掲載されるようになった。」写真が載ったことの方が先なので，誤り。

★ワンポイントアドバイス★

Ⅱの(5)には〈have been in ～〉が使われている。似た表現として〈have been to ～〉があり，「～に行ったことがある」という意味になることを覚えておこう。
(例) I have been to Tokyo before.「私は以前東京に行ったことがある。」

＜国語解答＞ 《学校からの正答の発表はありません。》

一 問一 (i) エ (v) イ (vi) ウ 問二 エ 問三 ア 問四 ア
問五 イ 問六 ア 問七 ウ 問八 エ 問九 ⑥ イ ⑧ ウ ⑪ エ
問十 ア 問十一 A エ B ウ 問十二 イ 問十三 エ 問十四 ウ
問十五 イ

二 問一 ウ 問二 ア 問三 イ 問四 ウ 問五 イ 問六 エ
問七 A ウ B イ 問八 イ 問九 ウ 問十 ア 問十一 イ
問十二 エ 問十三 エ 問十四 ウ 問十五 エ 問十六 ア

三 問一 ① エ ② イ 問二 ア 問三 イ 問四 ウ 問五 ア 問六 イ
問七 エ 問八 ウ 問九 エ 問十 ウ 問十一 ウ 問十二 ア

○推定配点○

一 問一～問四・問六・問九・問十一 各1点×12 他 各3点×8
二 問三・問五・問七・問八・問十・問十四 各1点×7 他 各3点×10
三 問二・問四～問七・問十二 各1点×6 他 各3点×7 計100点

＜国語解説＞

一 **（論説文一大意・要旨，内容吟味，文脈把握，指示語の問題，接続語の問題，脱文・脱語補充，漢字の読み書き，語句の意味，同義語・対義語，熟語，品詞・用法）**

問一 （ⅰ） 弊害　ア 貨幣　イ 併用　ウ 横柄　エ 疲弊
（ⅴ） 自慢　ア 円満　イ 慢心　ウ 巨万　エ 散漫
（ⅵ） 駆逐　ア 竹馬　イ 貯蓄　ウ 逐次　エ 畜産

基本 問二 (vii)の「促す」の読みは，「うなが(す)」が適当。

問三 傍線部①の「れ」は受身の意味を表し，同じ意味・用法のものはア。イは自発の意味を表す助動詞，ウは尊敬の意味を表す助動詞，エは「言いそびれる」という動詞の一部。

問四 「監」も「督」も上の立場から下の立場のものを見張るという意味で，似た意味の漢字を重ねる語構成となっている。同じ語構成のものは，アの「意志」。

問五 直前の文に「アカデミー賞などでも，昨今はジェンダー・バランスや人種のバランスに非常に敏感になっている」とある。「自分たちの首をしめる」は，悪い結果となる原因を自ら作り出すという意味なので，「ジェンダー，バランスや人種のバランス」が「偏ってしま」うとどのような悪い結果となるのかを考える。同じ段落に「バランスが実現されていれば……批判されないだろう」とあるので，「社会的非難の対象になる」とあるイが適当。アの「才能豊かな俳優を見出すことができなくなってしまう」，ウの「自分たちが差別の対象となる」，エの「十分な興行収入が見込めなくなってしまう」とは述べていない。

問六 傍線部④「模倣」はまねることなので，新しいものを創り出すという意味の語を選ぶ。

問七 挿入文の冒頭に「従って」とあるので，「修正済みの写真は，その事実を表示すべきだ，という動きが出ている」理由を述べる部分の後に補う。【Ⅲ】の前に「そもそも現実に存在しない，写真修整技術で作られた体型になるためには，病的なダイエット以外に方法がない」とあり，これが「修正済みの写真は，その事実を表示すべきだ，という動き」の原因となっている。したがって，挿入文は【Ⅲ】に補うのが適当。この「修正済みの写真は，その事実を表示すべきだ，という動き」が，【Ⅲ】の後の「『カッコいい』の影響力を自覚し，倫理的にどのようにコントロールしていくか，という取り組みの一つの実例」という説明にふさわしいことも確認する。

やや難 問八 「倫理的な配慮」とは，どのような配慮なのかを考える。「倫理」という語から，直前の段落の「人倫の空白」という語に着目し，後の注釈から人としていかに生きるべきかという問題の意味だと確認する。したがって，人としていかにあるべきかに「配慮」することなく，現実に存在しない「カッコいい」を提示して「人」を「動」かし，「消費」させようとする態度だとわかる。この内容を述べているエが最も適当。「配慮を欠きながら」にアの「胸を痛めず」，ウの「罪悪感を抱かず」は重ならない。「動員と消費」にイの「嘘を正当化しようとする」は合わない。

問九 ⑥ 自分が自分であること。 ⑧ 互いにそむいて離れること。 ⑪ 「躍起」の読みは「やっき」で，あせってむきになること。

問十 「若者の『カッコいい』が社会に影響を与えるために筆者が必要だと考えていること」を述べている部分を探す。「日本の懸念」で始まる段落に「『カッコいい』の世代間闘争は，人口のグラフがピラミッド型であればこそ，新しい価値観の若者たちが勝利することが出来る」「猶且つ，若者たちが裕福であることも重要」とある。この内容を述べているアが最も適当。他の選択肢は，「日本の懸念」で始まる段落で述べている筆者の考えに合わない。

問十一 A 直前の段落の「個人のアイデンティティは，労働と消費，それに余暇の活動が担ってきた……趣味やボランティア，友人とのつきあい，恋愛などが生き甲斐ということもあった」に対して，後で「多くの失業者が出てくれば……『カッコ悪い』と見做されることになるかもしれない」と相反する内容を述べているので，逆接の意味を表す語が入る。　B　前の「日本の懸念」に対して後で「少子高齢化が挙げられる」と続けているので，予想通りという意味を表す語が入る。

問十二　「SEALDsのような運動」は，どのような時代において「新しい『カッコよさ』を目指して」いるのか。同じ段落の「政治意識の高さは……『カッコいい』こととされてきたが，それが『ダサい』とされてしまえば，政治への無関心は強くなる」とあり，このような時代のことを指示している。「国民が政治への興味を示さなくなる時代」とあるイが最も適当。他の選択肢は，「政治への無関心」に合わない。

問十三　「面倒臭さ」について，筆者は同じ段落で「『面倒臭い』ことは，まさに『ダサい化』しつつある」としながらも，「しかし，好きな人にとっては」で始まる段落で「好きな人にとっては，その面倒こそがいいのだとも言える」と述べている。この後の「かつて私たちが音楽にあれほどまでに『しびれた』のは……手に入れるための手間にじらされたから」という理由とともに述べているエが最も適当。手間が興奮につながるという筆者の考えに，アの「身近なものではない」，イの「かつては『カッコいい』ことそのもの」，ウの手間に「いかに意味を見出すかが課題」は，適当ではない。

重要　問十四　「将来的に」で始まる段落の「『カッコいい』には，人間にポジティブな活動を促す大きな力がある。人と人とを結びつけ，新しい価値を創造し，社会を更新する」と，最終段落の「私たちは……当面はこの価値観と共に生きてゆくことになるのではあるまいか」とウが合致する。他の選択肢は，この「カッコいい」に対する筆者の考えに合わない。

問十五　「しかし，好きな人にとっては」で始まる段落で筆者はレコードやCDを手に入れる手間が興奮を呼び起こしたという自身の実体験を踏まえて，最終段落で「カッコいい」と「共に生きてゆくことになるのではあるまいか」と今後の展望を述べている。この構成を説明しているのはイ。アの「『カッコいい』の定義や問題点」については述べていない。ウ「逆説的に『カッコいい』とは何かを浮き彫り」にしていない。エ「『カッコよさ』への向き合い方を論理的に提示」していない。

二　**(小説一主題・表題，情景・心情，内容吟味，文脈把握，脱文・脱語補充，語句の意味，品詞・用法，敬語・その他，表現技法)**

問一　少し後に「今度は何をしたんやか。早弥の疑問は，実良の登場とともに明らかになった」とある。その後に，髪の毛を染めた松原実良が現れているので，古賀先生は実良が髪の毛を染めたことを注意しようとしたのだとわかる。他の選択肢は，この部分の描写に合わない。

基本　問二　「新しい自分になりたかったんです」と言って，髪を染めた実良が「続けざまに八本の矢を射た」のを見た，早弥の気持ちである。「本当に生まれ変わったのかな」からは，実良の「集中度の高さ」を感じながらも，髪を染めたぐらいで内面まで変われるのかどうか疑問に思う早弥の気持ちが読み取れる。この気持ちを「信用できないでいる」と言い換えているアが適当。イの「先生の前だけの態度ではないか」は読み取れない。ウの友人に対して「評価」は適当ではない。エの「嬉しく思っている」も感じ取れない。

問三　傍線部③の「申し出る」は，自分の意見や希望を進んで言って出るという意味。

問四　実良に「的前練習をさせてください」と言われた，坂口先生の対応である。実良が申し出た「的前練習」は，後の注釈にあるように練習を十分に積んでから行うものである。後の「あなたがやりたいと思うなら，おやりなさい」「あまりに練習を怠ってきたから，以前の感覚を忘れてしまっているだけなのです」という坂口先生の言葉に着目する。坂口先生は，実良は練習不足なので的前練習は難しいが実良は自分で納得する必要があると考えたのである。アの「真面目に取り組んでいる部員に示しがつかない」や，エの「おわびの一言もない実良の希望をそのまま受け入れていいか」は，読み取れない。本文前の注釈に「天才肌の松原実良」とあるので，「実力不足」とあるイは合わず，「安全確認」する様子も読み取れない。

基本 問五　「あっけ」は意外なことにあきれる状態を表す。直前の「変わりすぎやろ」という言葉にふさわしいものを選ぶ。

問六　ここでの「怪しい」は，正しいのかどうか疑う余地がある，という意味で用いられている。

問七　A　直後の「手足の伸び」に着目する。ウの「しなやかな」が入る。　B　実良が弓を構える様子が入る。前に「弦も滑らかに引きしぼられ」とあるように，熟練した様子が入る。

問八　最もありそうな例を挙げてそれを打ち消し，他のものは当然という意味を表す助詞が入る。

問九　「息をひそめる」は，呼吸をおさえてじっとする様子を表す。実良が弓を射る様子を「大丈夫。」と見守る場面であることから判断する。この場面での早弥の気持ちとして，アの「気づかれたくない」やイの「汚したくない」，エの「坂口先生に知られたくない」は不自然である。

問十　「毒に中った」となるアが，同じ意味で用いられている。

問十一　前の「直った？よかったあ」という言葉や，後の「実良の手を握って，喜び合った」という動作にふさわしいのはイ。「直った？よかったあ」と言っているので，アの「スランプから脱したとは思えなかった」，ウの「スランプから脱したと勘違いしている」は合わない。エの「坂口先生に遠慮していた」は，本文からは読み取れない。

やや難 問十二　挿入文の内容から，動きが止まって全員の目が注がれている瞬間に補う。【Ⅳ】の前の「あと少し。弓が完全に引きしぼられたら，訪れる，静止のとき」を表すのにふさわしい。【Ⅰ】は「周りの気を集めて封じた」にそぐわない。【Ⅱ】の直前「少しずつ上昇を始める」，【Ⅲ】の直前「伸ばし始めた」という動きがみられるので，適当ではない。

問十三　坂口先生に「直ってなどいません」「あまりに練習を怠ってきたから，以前の感覚を忘れてしまっているだけ」と言われて，実良はもう一度矢を射たが，坂口先生の言う通りに矢を外してしまったのである。傍線部⑩の直前の「実良は歯を食いしばるようにして……涙がこぼれそうだ。それを必死でこらえている」という様子から，実良の悔しいが，坂口先生の言うことを受け入れざるを得ない気持ちが読み取れる。この内容を述べているのはエ。実良の様子にアは合わない。坂口先生の言葉を認めざるを得ないと自分で気づいているので，イも合わない。前の「あなたがやる気に」で始まる坂口先生の言葉に，ウは合わない。

基本 問十四　「直喩」は「ようだ」などの語を用いて喩える表現技法で，ウに用いられている。

重要 問十五　髪を染めて現れた実良に対して，「どうして，そんな髪にしたのですか。何か心境の変化でもあったんですか」と「穏やかにたずね」ているので，坂口先生は生徒の表面的な様子では判断しない人物だとわかる。さらに，「中った」と言って喜ぶ実良と早弥に対して大声で「おやめなさい」と言い，「あまりに練習を怠ってきたから，以前の感覚を忘れてしまっているだけなのです」と厳しく指摘しており，ここから坂口先生の思慮深さがうかがえる。これらの様子に，アの「気弱な人物」はそぐわない。実良の希望を受け入れているので，イも合わない。坂口先生が叱責しているのは，ウの実良が髪を染めてきたことに対してではない。

問十六　文章は，早弥や実良，坂口先生などの会話を中心に，早弥の視点で描かれている。イの「苦悩しながら一歩ずつ前進する部員の様子」は読み取れない。部員たちは方言で話しているので，ウの「北九州の地域性を見出すことができない」は適当ではない。エの「倒置法や擬人法」は多用されていない。

三 (古文―主題・表題，文脈把握，段落・文章構成，指示語の問題，脱文・脱語補充，語句の意味，ことわざ・慣用句，品詞・用法，仮名遣い，口語訳，表現技法，文学史)

〈口語訳〉 世の習慣に従おうとする人は，まず時機を知らなければならない。順序に合わない事は，いい意見でも人に受け入れられず，心にもそむいて，その事が成就しない。そのような時機を心得るべきである。ただし，病気になり，子を産み，死ぬことだけは時機を考えない(で起こる)。順序が悪いからといって，中止になることはない。生・住・異・滅の移り変わっていく，真の大事は，水勢のはげしい川が満ちあふれて流れるようなものだ。少しの間もとどまることなく，たちまち実現してゆくものである。だから，仏道修行の上にも世間に処する上にも，必ず成し遂げようと思うことは，時機を言ってはならない。あれこれ準備することなく，足を踏み留めてはならないのである。春が暮れた後夏になり，夏が終わって秋が来るのではない。春はそのうちに夏の気配をきざし，夏にはすでに秋の気配が入り，秋はそのままで寒くなり，十月は小春日和の天気で，草も青くなり梅もつぼみをつけてしまう。木の葉が落ちるのも，まず(葉が)落ちてから芽を出すのではない。下から芽ぐみきざす力にこらえきれないで(古い葉が)落ちるのである。(新しいものを)迎える気力を，下に準備してあるので，待ち受ける順序がたいそう早いのだ。生・老・病・死の移りくることは,また四季の移り変わり以上である。四季にはやはりきまった順序がある。(しかし,人間の)死期は順序を待たない。死は前から来るとは限らず，いつの間にかうしろに迫っている。人はみな死があることを知って，待つことが，それほど切迫していないうちに，思いがけなくやって来る。沖の干潟は遠く離れているけれども，磯から潮が満ちてくるようなものである。

問一 ① 「機嫌」には，非難すること，しおどき，気分などの意味がある。ここでは，後に「病をうけ，子うみ，死ぬる事のみ，機嫌をはからず」や「必ず果し遂げんと思はん事は，機嫌をいふべからず」から，物事の順序という意味で用いられている。 ② 古語の「やがて」は，そのまま，すぐに，という意味。

問二 傍線部②の「人」は他人のこと。「X に逆ふ」で，聞いて気に入らないという意味になる。

問三 「ついで」は，物事の順序，時機のこと。時機が悪いからといって止む事はない，と考える。

問四 「成る」という意味をもつcが動詞。a，b，dは，断定の意味を表す助動詞。

基本 問五 月の異名は一月から順に「睦月・如月・弥生・卯月・皐月・水無月・文月・葉月・長月・神無月・霜月・師走」となる。

問六 前後の「十月」の「天気」で，後の「草も青くなり梅もつぼみぬ」にふさわしいものを選ぶ。イの「小春」は，「小春日和」とも言い，初冬の春を思わせる暖かな気候のこと。

基本 問七 「わゐうゑを」となるワ行が適当。

やや難 問八 直後の「過ぎたり」は，まさる，以上であるという意味なので，「生・老・病・死の移り来る事」は，何以上であるのかを考える。直後の文「四季はなほ定まれるついであり。死期はついでを待たず」というのであるから，「死の移り来る事」は四季の移り変わり以上だという文脈になる。四季の移り変わりを表すものを選ぶ。

問九 直前の「死は前よりしも来らず，かねて後に迫れり……急ならざるに，覚えずして来る」ことを，いつの間にか潮が満ちる様子にたとえている。死は人が気づかない間に迫っている，と述べているエが適当。この内容にイは合わない。アは「潮の満つる」という比喩の内容としてふさわしくない。「死期はついでを待たず」にウも合わない。

問十 前の段落は成し遂げようと思うことはすぐにとりかかるべきだという内容で，後の段落は四季には順序があるが，死期に順序はなく突然やってくるという内容になる。

重要 問十一 本文の「実の大事は……しばしもとどこほらず，ただちに行ひゆくものなり」「必ず果し遂げんと思はん事は，機嫌をいふべからず。とかくのもよひなく，足をふみとどむまじきなり」と，ウが合致する。筆者は冒頭で「機嫌を知るべし」と言っているが，「必ず果し遂げんと思はん事」に対しては「機嫌をいふべからず」と言っている。順序を気にせずすぐにとりかかるべきと述べているが，イの「強い意志で努力を続ける」とは述べていない。アの「自分の都合しか考えない人」やエの「流れに身を任せて生きてゆくこと」については述べていない。

基本 問十二　イは『方丈記』，ウは『枕草子』，エは『山家集』の作者。

★ワンポイントアドバイス★

前年度よりも小問数が増加している。限られた時間の中でスピードを意識して解答しなくてはならない。解答するときには，必ず解答時間内に解けるかどうか時間を計測しよう。

MEMO

大切なことはメモしておこうネ！

2021年度

★★★★★★★★★★★★★★★★★★★★★★★★

入 試 問 題

2021年度

日本大学櫻丘高等学校入試問題

【数　学】 (60分)　　＜満点：100点＞

【注意】 1．定規・コンパス・分度器・計算機は使用できない。

2．答えが分数の形で求められているときは，それ以上約分できない分数の形で答えること。例えば，$\frac{3}{4}$を$\frac{6}{8}$としてマークしないこと。

3．答えが比の形で求められているときは，最も簡単な整数の比の形で答えること。例えば，1：3を2：6としてマークしないこと。

4．答えが根号の中に数字を入れる形で求められているときは，根号の中の数はできるだけ小さな数にして答えること。例えば，$4\sqrt{2}$を$2\sqrt{8}$としてマークしないこと。

1 次の［　］に当てはまる数値を答えなさい。

(1) $\frac{3}{10}\left(\frac{1}{2}+\frac{1}{3}\right)-\frac{5}{2}\left(\frac{3}{10}-1\right)=$ ［ア］

(2) $\left(\frac{\sqrt{10}-\sqrt{5}}{5\sqrt{2}}\right)\times(2\sqrt{5}+\sqrt{10})=$ ［イ］

(3) 連立方程式 $\begin{cases}\frac{1}{3}a+\frac{1}{4}b=1\\ \frac{1}{6}a+\frac{1}{2}b=-1\end{cases}$ の解は，$a=$ ［ウ］，$b=-$［エ］である。

(4) 2次方程式 $(2x-1)(x-4)=-x-2$ の解は，

$x=$ ［オ］，［カ］である。ただし ［オ］＜［カ］とする。

2 次の［　］に当てはまる数値を答えなさい。

(1) 右図のように，点Oを中心とし，線分ABを直径とする半円がある。$\overset{\frown}{AB}$上に，AB∥CDとなるように2点C，Dをとり，点Cから2点B，Oを結んだ線分と，線分ADの交点をそれぞれE，Fとする。

∠AFC=111° とするとき，∠BOC= ［アイウ］° である。

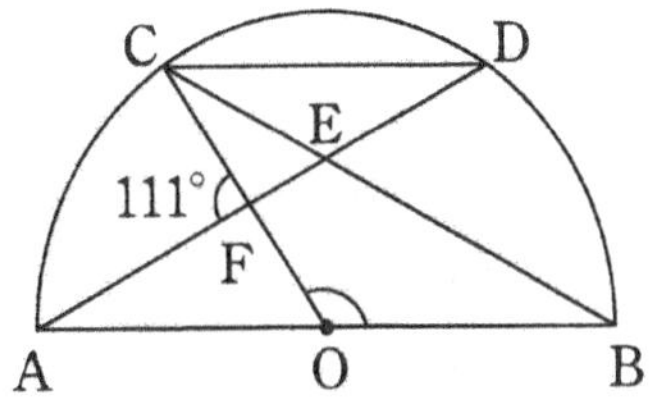

(2) 1から6の目が書いてある大小2個のさいころがある。

大きいさいころの出た目の数をa，小さいさいころの出た目の数をbとするとき，

$\frac{a+b}{a}$ が整数になる確率は $\frac{\text{エ}}{\text{オカ}}$ であり，$\sqrt{5ab}$ が整数になる確率は $\frac{\text{キ}}{\text{ク}}$ である。

ただし，大小2個のさいころはともに，1から6のどの目が出るかは同様に確からしいものとする。

(3) こういち君とこうじ君は，公園の中にある1周3kmのさくら池をスタート地点から1周しようと一緒に散歩していた。最初は，2人そろって分速60mの速さで歩いていたが，途中でこういち君は，父親から電話が掛かってきたため，立ち止まり電話に出た。こういち君が電話をしている

間も，こうじ君は分速60mの速さで一人で歩き続け，電話を終えたこういち君は，こうじ君に追いつくため，分速80mで歩いたところ，スタート地点でこうじ君に追いついた。

こういち君が立ち止まっていた時間を５分としたとき，こうじ君がスタート地点から歩いた時間は［ケコ］分であり，こういち君が立ち止まったのは，スタート地点から歩き始めて［サシ］分後である。

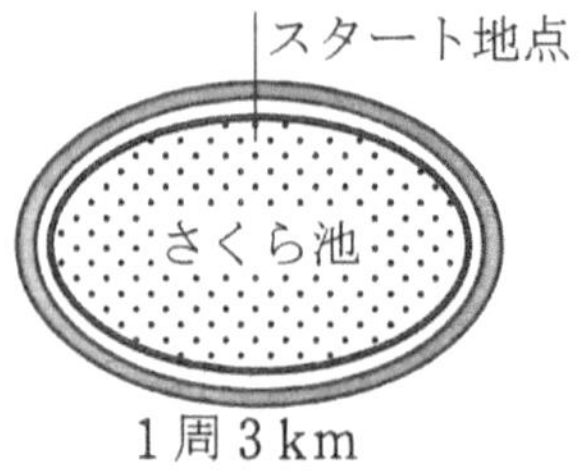

3　下の散布図は，ＡからＪの生徒10人の登校で利用する電車とバスの時間を調べたものである。横軸が電車の利用時間（分）であり，縦軸がバスの利用時間（分）である。

ただし，図には補助的に切片が10から60までの10刻みで傾き－１の直線を６本付加している。

このとき，次の［　］に当てはまる番号を下記の解答群から選びなさい。ただし，答えが複数の場合はすべて選びなさい。

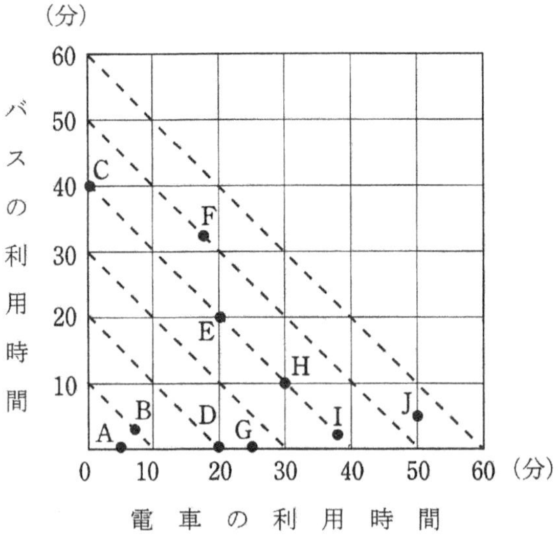

(1)　バスを使わずに登校する生徒は［ア］である。

(2)　電車の利用時間が一番長い生徒は［イ］である。

(3)　電車の利用時間とバスの利用時間が同じ生徒は［ウ］である。

(4)　電車とバスの利用時間の合計が同じ生徒は［エ］であり，その利用時間の合計は［オ］分である。

(5)　電車とバスの利用時間の合計の平均値は約［カ］分である。（一番近い値を選択すること）

解答群

ア～エ

⓪A　①B　②C　③D　④E　⑤F　⑥G　⑦H　⑧I　⑨J

オ，カ

⓪30　①32　②34　③36　④38　⑤40　⑥42

4 下図のように１次関数 $y = mx + 6$ …①のグラフと，関数 $y = ax^2$ $(a > 0)$ …②のグラフが，ともに点A（4，12）を通る。
このとき，次の $\boxed{}$ に当てはまる数値を答えなさい。

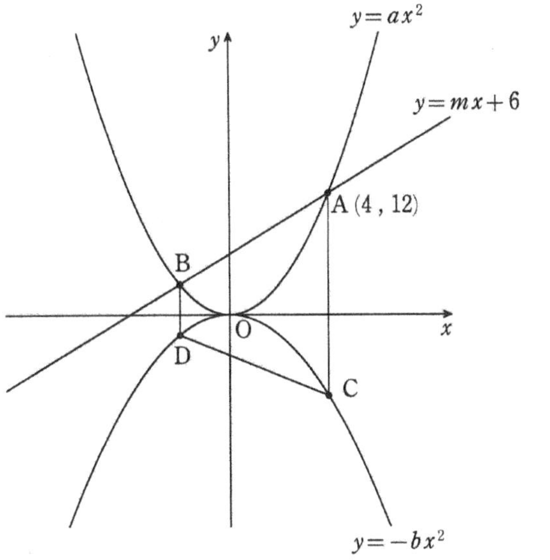

⑴ $m = \frac{\boxed{\text{ア}}}{\boxed{\text{イ}}}$，$a = \frac{\boxed{\text{ウ}}}{\boxed{\text{エ}}}$ である

⑵ ①と②の交点のうち，点Aと異なる点をBとすると，点Bの座標は（$-\boxed{\text{オ}}$，$\boxed{\text{カ}}$）であり，△OAB の面積は $\boxed{\text{キク}}$ である。

⑶ ２点A，Bから x 軸におろした垂直な直線と，関数 $y = -bx^2$ $(b > 0)$ のグラフの交点をそれぞれC，Dとする。台形ABDC の面積が75であるとき，
$b = \frac{\boxed{\text{ケ}}}{\boxed{\text{コ}}}$ であり，△ODC を x 軸を軸として１回転させたときの立体の体積は $\boxed{\text{サシ}}$ π である。

5 右図のように，１辺の長さが４㎝である立方体ABCD−EFGH がある。２つの動点P，Qははじめに点Aの位置にあり，正方形ABCD の周上を，点Pは毎秒１㎝の速さで時計回りに動き，点Qは毎秒３㎝の速さで反時計回りに動く。
２点P，Qが同じ位置に到達したとき，動きを止める。このとき，次の $\boxed{}$ に当てはまる数値を答えなさい。
ただし $\boxed{\text{ウ}}$，$\boxed{\text{エ}}$，$\boxed{\text{オ}}$ は当てはまる番号をつぎの解答群から選びなさい。（同じものを２回選んでもよい）

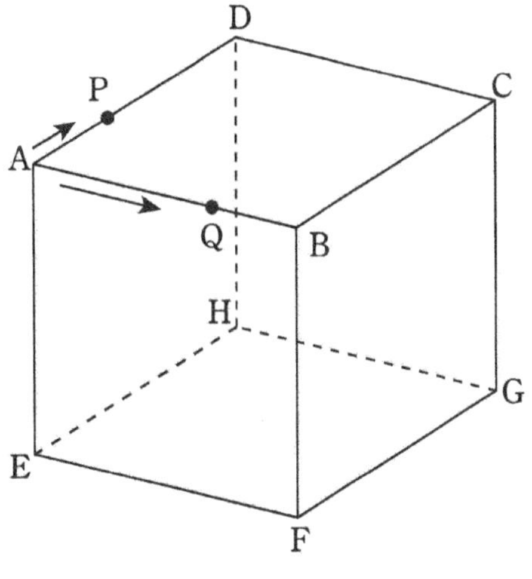

解答群

⓪　xに比例する
①　xに反比例する
②　xの2乗に比例する
③　xに比例しないが，1次関数である
④　⓪～③のいずれでもない

(1)　1秒後の△AEP の面積は $\boxed{\text{ア}}$ cm^{2}である。

(2)　x秒後の△AEP の面積をSとする。xの取りうる値の範囲は $0 < x \leqq \boxed{\text{イ}}$ であり，このときSは $\boxed{\text{ウ}}$ 。

(3)　x秒後の三角すいQ－AEP の体積をVとする。xの取りうる値の範囲は $0 < x < \boxed{\text{イ}}$ であり，$0 < x \leqq \dfrac{4}{3}$ のときVは $\boxed{\text{エ}}$ 。また，$\dfrac{4}{3} < x \leqq \dfrac{8}{3}$ のときVは $\boxed{\text{オ}}$ 。

(4)　三角すいQ－AEP の体積が2 cm^{3}となるのは全部で $\boxed{\text{カ}}$ 回ある。
最初に体積が2 cm^{3}となるのは $\boxed{\text{キ}}$ 秒後であり，最後に体積が2 cm^{3}となるのは $\boxed{\text{ク}} + \sqrt{\boxed{\text{ケ}}}$ 秒後である。

【英　語】（60分）　＜満点：100点＞

Ⅰ　これから放送によるリスニングテストを始めます。放送の内容をよく聞いて答えなさい。聞きながらメモをとってもかまいません。

問題１　次の⑴～⑸の写真について４つの英文が読まれます。写真の状況として最も適切な英文を１～４の中から１つ選び，その番号をマークしなさい。**英文は１回のみ放送されます。**

（1）

1.　　2.　　3.　　4.

（2）

1.　　2.　　3.　　4.

（3）

1.　　2.　　3.　　4.

（4）  1.　2.　3.　4.

（5）  1.　2.　3.　4.

問題２　これから読まれる英文は氷河期の人類についての文です。英文を聞き，質問に対する答えとして最も適切なものを１～４の中から１つ選び，その番号をマークしなさい。**英文は１回のみ放送されます。**

Questions

No. ⑴　Why did humans hunt animals and gather plants?

１．To keep warm　　２．To grow plants and sell them

３．To enjoy looking at plants　　４．To stay alive

No. ⑵　What was their most important task?

１．Making tools　　２．Buying clothes

３．Finding food　　４．Making needles

問題３　これから読まれる２人の対話を聞き，質問に答える問題です。それぞれの質問に対する答えとして最も適切なものを１～４の中から１つ選び，その番号をマークしなさい。**英文は２回放送されます。**

Questions

No. ⑴　How much is a medium-sized coffee?

１．50 cents　　２．$1.00　　３．$1.50　　４．$2.00

No. (2) What did the man buy?

1．A medium-sized black coffee, a sandwich and a magazine

2．A medium-sized coffee with cream, a sandwich and a newspaper

3．A large-sized black coffee, a sandwich and a newspaper

4．A large-sized coffee with cream, a sandwich and a newspaper

No. (3) How much is the correct change?

1．$2.00　　2．$2.50　　3．$3.00　　4．$3.50

＜リスニングテスト放送台本＞

問題１

次の(1)～(5)の写真について４つの英文が読まれます。写真の状況として最も適切な英文を１～４の中から１つ選び，その番号をマークしなさい。**英文は１回のみ放送されます。**

(1)

1．Four people are waiting for a bus on the side of the road.

2．Four people are picking up trash along the road.

3．Four people are walking along the road side by side.

4．Four people on a bridge are looking up at the sky.

(2)

1．You can see different kinds of animals in this picture.

2．You can see two large elephants in this picture.

3．You can see some animals sleeping on the ground in this picture.

4．You can see a lot of people around the animals in this picture.

(3)

1．A man is trying to stand up to get his camera.

2．A woman is standing in front of a building to take a family photo.

3．A man is setting up his camera to take a family photo in a park.

4．A woman is trying to take a photo with her camera in her left hand.

(4)

1．A woman is holding a bag full of many kinds of vegetables.

2．A woman is taking some vegetables out from a bag.

3．A woman is buying some vegetables with her parents.

4．A woman is putting some vegetables on a table.

(5)

1．All of the people are talking with a microphone and looking at the same monitor.

2．A man is standing next to a woman and talking on his mobile phone.

3．All of the people are sitting on chairs and drinking coffee.

4．A man with glasses is looking at the woman next to him.

問題２

これから読まれる英文は氷河期の人類についての文です。英文を聞き，質問に対する答えとして最も適切なものを１～４の中から１つ選び，その番号をマークしなさい。**英文は１回のみ放送されます。**

A long time ago, the Earth was colder than it is now and life was more difficult in many ways. To stay alive, people hunted animals and gathered plants to eat. They couldn't buy their clothes or food. They had to make or find everything when they needed them. They made tools out of sticks and stones. They made needles out of bones. But their most important task was finding food. Just like you, they got hungry and had to eat.

Questions

No. 1 Why did humans hunt animals and gather plants?

１．To keep warm　　２．To grow plants and sell them

３．To enjoy looking at plants　　４．To stay alive

No. 2 What was their most important task?

１．Making tools　　２．Buying clothes

３．Finding food　　４．Making needles

問題３

これから読まれる２人の対話を聞き，質問に答える問題です。それぞれの質問に対する答えとして最も適切なものを１～４の中から１つ選び，その番号をマークしなさい。**英文は２回放送されます。**

A: Hi, can I have this sandwich and a cup of coffee?

B: Sure. Would you like cream and sugar for the coffee?

A: Just cream please. Excuse me, is this cup medium size?

B: Yes, if you would like a large one, you can pay 50 cents more.

A: OK, I'll take a large one.

B: The sandwich is $2.50 and the large size coffee is $1.50, so $4.00 in total. Will that be all?

A: Oh, I'll take this newspaper, too.

B: OK, so the total will be $6.50.

A: Here is 10 dollars.

B: Here is 4 dollars change. Have a good day, sir!

A: Oh, wait! You gave me too much.

Questions

No. 1 How much is a medium-sized coffee?

１．50 cents　　２．$1.00　　３．$1.50　　４．$2.00

No. 2　What did the man buy?

1．A medium-sized black coffee, a sandwich and a magazine
2．A medium-sized coffee with cream, a sandwich and a newspaper
3．A large-sized black coffee, a sandwich and a newspaper
4．A large-sized coffee with cream, a sandwich and a newspaper

No. 3　How much is the correct change?

1．$2.00　　2．$2.50　　3．$3.00　　4．$3.50

Ⅱ　次の⑴～⑸の英文の（　）に入る最も適切な語（句）を１～４の中から１つ選び，その番号をマークしなさい。

⑴ What (　　　) he do after he graduates?
1．has　　2．is　　3．will　　4．was

⑵ I usually (　　　) straight home after work these days.
1．have gone　　2．went　　3．had gone　　4．go

⑶ There (　　　) be a book store around corner.
1．used to　　2．is used　　3．is used to　　4．used

⑷ Clean the room (　　　) you go out to play.
1．while　　2．before　　3．for　　4．since

⑸ The boy (　　　) to music under the tree is Tom.
1．listens　　2．listening　　3．to listen　　4．listened

Ⅲ　文意を考え，次の（１）～（５）に入る最も適切な語を下の**語群**からそれぞれ１つずつ選び，その番号をマークしなさい。同じ語を２度使用してはいけません。

I often go out to coffee shops. Of course, I have a cup of coffee when I go to a coffee shop, but my real (　1　) for going is not to drink coffee.

Rather, I go there to read newspapers and magazines. I don't get any papers or any magazines at (　2　), so I do my reading at coffee shops. I (　3　) money that way, and anyway it's more interesting to be surrounded by other people, instead of being home alone.

I've made many (　4　) with a number of the owners of coffee shops. And I've gotten to (　5　) the regular customers, too.

語群

1．home	2．opinions	3．know	4．save
5．friends	6．reason	7．noises	8．make

Ⅳ　次の設問に答えなさい。

⑴ 次のページの英文を意味が通るように正しい順序で並べ替えた場合，**３番目にくるもの**はどれか，1～４の中から１つ選び，その番号をマークしなさい。

1．That is the distance from Tokyo to Tanegashima.
2．Homing pigeons are the most famous example.
3．They can find their way home from 1000 kilometers away.
4．Some animals can return home from far away.

⑵　以下の英文中で意味が通るようにア～エの英文を並べ替えた場合，正しい順番になっているものはどれか，1～4の中から1つ選び，その番号をマークしなさい。

I went to Kyoto last month. I visited many temples there. I liked Kinkaku-ji best.

［　　⇒　　⇒　　⇒　　］ I was very happy.

ア　But I was able to answer him.
イ　One of them asked me about Kinkaku-ji.
ウ　I was surprised because he suddenly talked to me in English.
エ　When I went there, there were many foreign people taking pictures.

1．エ⇒イ⇒ウ⇒ア　　2．ウ⇒ア⇒イ⇒エ　　3．ア⇒ウ⇒イ⇒エ　　4．イ⇒エ⇒ウ⇒ア

Ⅴ　次の文中の1～5の（　）内にある語（句）を意味の通る文になるように並べ替えなさい。解答は例に倣って，1～4番目の順に番号で答えなさい。文頭に来る語も小文字になっています。

例題　We (1. school　2. students　3. are　4. high).

1番目	①	②	●	④
2番目	①	②	③	●
3番目	●	②	③	④
4番目	①	●	③	④

答え：この例ではWe are high school studentsとするため，③,④,①,②を上から順にマークします。

Postman Pete delivers mail to all his busy neighbors in Cambridge. In the morning he picks up the letters and packages at Cambridge post office. Then he $_1$(1．through　2．trip　3．starts　4．his) the town. He always begins at the candy store.

Next Postman Pete stops at the police station. Police Chief Charlie is $_2$(1．keeping　2．of　3．charge　4．in) things peaceful in Cambridge.

Postman Pete has some mail for Doctor Lion. He gives it to Nurse Nelly. She $_3$(1．the　2．after　3．all　4．looks) sick people in Cambridge. Dr. Lion $_4$(1．examining　2．is　3．patient　4．a) in his office.

He $_5$(1．sure　2．that　3．makes　4．everyone) in Cambridge stays healthy.

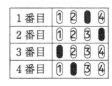

Ⅵ 次のA，Bの会話文（1）～（8）に入る最も適切な文をそれぞれ選択肢から選び，その番号をマークしなさい。同じ選択肢を２度使用してはいけません。

A

Jane : Hi, Ken. (1)

Ken : Can you believe it? I need to buy a birthday gift for my mother after class today. And I left my credit card at home.

Jane : (2)

Ken : I don't know... Could you lend me some money?

Jane : How much do you need?

Ken : Oh... about $50.00.

Jane : (3)

Ken : Oh, well, do you think I could borrow your smartphone? I'll call my sister and ask her to get my credit card and meet me at the store.

Jane : (4) Just don't talk forever, OK?

Ken : Don't worry. Thanks a lot!

Aの選択肢

1. That's not always true.
2. What's the matter?
3. What are you going to do?
4. That's no problem.
5. I lost my wallet, too!
6. I don't have that much money right now.
7. Who are you talking to?
8. I'm very sorry to hear that.

B

Jane : What a delicious meal!

Ken : Thank you. Would you like some coffee now?

Jane : (5) I don't want any coffee. I prefer tea.

Ken : Do you use sugar in your tea?

Jane : No, I don't use sugar. How about you?

Ken : I use a little sugar and a little cream. Would you like some fruit?

Jane : Yes, thank you. Do you have any apples?

Ken : Yes. Try one of these apples. They're very sweet.

Jane : Thank you. Hmmm. It's delicious.

Ken : (6) Apples are only thirty cents a pound.

Jane : Is that so? I don't want to trouble you, but I'd like a glass of water.

Ken : Would you like some cold orange juice?

Jane : No, thank you. I don't like orange juice. I prefer water.
Ken : (7) I don't like water. I prefer orange juice.
Jane : It is very nice that we share our nice meal and good conversation.
Ken : (8)
Jane : Thank you very much for your invitation! I appreciate it.
Ken : Don't mention it. It's my pleasure.

Bの選択肢

1. No, thank you.
2. I am thirsty but not hungry.
3. Oh, how strange!
4. Oranges are very popular among young people.
5. Fruit is very cheap now.
6. What a nice surprise!
7. Yes, that would be lovely.
8. Please come over again soon.

Ⅶ 次の英文を読み，それぞれの問に答えなさい。

Stephen Hawking was born in Oxford, England, on 8th January 1942. On that same day, some people were remembering the death three hundred years earlier of another great man, Galileo Galilei. He studied the night sky like Stephen, too.

Stephen was the oldest of four children—he had two sisters and a much younger brother. His father Frank was a doctor and scientist. (1) Stephen's father and his mother Isobel both were excellent, and had *degrees from Oxford University, one of the best universities in the world. They were a very clever family, and (2) the Hawkings often all sat and read books at the table while they were eating dinner. The family home during Stephen's earliest years was in *Highgate, north London—Stephen was only born in Oxford because Britain was at war with Germany at that time, and people thought that London was too dangerous for babies.

After the war ended, when Stephen was eight years old, the family moved to St Albans, a small town about 30 kilometres north of London. The Hawkings' house in St Albans was big, old, and very cold in winter, but Stephen loved it. (3) He and his sister Mary liked to find lots of different ways into their house. They often climbed up the outside and then went in through open windows. Stephen was a good climber, and he sometimes climbed trees, too.

His mother Isobel often [(4)] her children out into the garden at night. They loved this time. On warm summer evenings, they *lay on their backs and looked up at the night sky. Even then, Stephen was very interested in the stars.

Stephen liked to understand how things worked, and he often built little *aeroplanes and boats. Nobody had computers at home or school in those days, but when Stephen was sixteen, he and some school friends built a computer from pieces of old machines. It was not very good, but they could use it to do mathematics problems.

Stephen did not like school very much, but he had some good friends there. They enjoyed talking together about things like science and music. Stephen's friends called him *' Einstein' because he was so clever. His teachers knew that he was clever, too, but he was always laughing and making jokes at school, and he did not work very hard. He was not a good student!

Stephen began to work harder in his last year at school because he wanted to study science at Oxford University. He became a student there, at *University College, when he was only seventeen years old.

He studied *physics for his degree. Physics is very difficult to understand for most people, but it was easy for Stephen, so he did not have to work as hard as many other students. And Stephen did not need to write a lot of notes, because he could remember things very easily.

Stephen was younger than many of the other Oxford students, and he felt lonely at first, but that changed when he discovered *rowing. Stephen was *cox: he did not *row, but he sat at the front of the boat and told the rowers to go faster or slower, left or right. Stephen wanted his rowing team to go faster than the other teams, so he often did dangerous things to go past their boats. He sometimes [(4)] his team's boat very near to other boats, and even hit them!

After a difficult start, Stephen had a great time at Oxford. He had many friends in the rowing team, and he liked to listen to music with them and go to dances. Stephen often stayed out with his friends late at night, and had to climb over the walls to go back to his room because his college closed its doors at midnight.

注 *degrees：学位（大学卒業者の称号）　*Highgate：ハイゲート（イギリスの地名）
*lie on their backs：仰向けになる　*aeroplanes：飛行機
*Einstein：アインシュタイン（イギリスの物理学者）
*University College：ユニバーシティカレッジ（ホーキングの学んだ学寮）　*physics：物理学
*rowing：ボート漕ぎ　*cox：レース用ボートのかじ取り　*row：漕ぐ

問1 第1段落で述べられている内容として最も適切なものを1つ選び，その番号をマークしなさい。

1．Some people remember not only Stephen Hawking but also Galileo Galilei was born in Oxford, England.
2．Stephen Hawking started to study the night sky because he was interested in a great man, Galileo Galilei.
3．Stephen Hawking was born in Oxford, England at the end of January 1942

after the death of Galileo Galilei.

4．Galileo Galilei died in 1642, hundreds of years before Stephen Hawking was born in Oxford, England in 1942.

問２　下線部(1)について，最も適切なものを１つ選び，その番号をマークしなさい。

1．Stephen's parents were so busy every day that Stephen had to take care of his younger sisters and brother.

2．Stephen's father and mother were smart enough to get degrees at one of the best universities in the world.

3．Stephen respected his father as a scientist and decided to become a great scientist like him in the future.

4．Because Stephen's parents wanted their son, Stephen, to become a doctor or a scientist they always read books during dinner.

問３　下線部(2)に関することとして，最も適切なものを１つ選び，その番号をマークしなさい。

1．Stephen and his sisters and brother were all born in London because their parents thought this was the best place to bring up their children.

2．While Stephen was born in St Albans during the war, his sisters and brother were born in different places after the war.

3．Stephen and his family had to move from St Albans to Oxford because of the war between Britain and Germany.

4．After Stephen, as the first child of the Hawkings, was born, his family moved to Highgate in north London.

問４　下線部(3)の解釈として最も適切なものを１つ選び，その番号をマークしなさい。

1．Stephen と Mary は自宅までのたくさんの帰り道を探すことが好きだった。

2．Stephen と Mary は今住んでいる家と以前住んでいた家の違いを見つけるのが好きだった。

3．Stephen と Mary は家の中に入るためのいろいろな方法を見つけるのが好きだった。

4．Stephen と Mary は家の周りでたくさんの遊び場を見つけることが好きだった。

問５　文中に２箇所ある (4) に共通して入る最も適切なものを１つ選び，その番号をマークしなさい。

1．put　　2．took　　3．threw　　4．left

問６　次の質問に対する答えとして最も適切なものを１つ選び，その番号をマークしなさい。

Why did Stephen's friends give him the name of a famous scientist?

1．Because in those days, his face was very similar to that of the great scientist Einstein.

2．Because he always told his friends at school that he wanted to be a scientist like the great scientist Einstein.

3．Because he was so intelligent like Einstein, even though he was not a hardworking student at school.

4．Because he was much cleverer than his friends and teachers in his school and he always helped students with poor grades.

問7　大学時代のStephenについて述べたものとして最も適切なものを1つ選び，その番号をマークしなさい。

1．He had to enter Oxford University one year later than other students because of his poor grades, so he had a lonely student life without friends.

2．In his first year at Oxford University, he decided to study music and science with many friends, but gradually he became interested in physics.

3．When he was a student at Oxford University, he had a better memory than other students, so it was almost not necessary for him to take notes.

4．Physics was one of the most popular subjects at Oxford University when he was a student, so many students studied it.

問8　本文の内容と一致するものを1つ選び，その番号をマークしなさい。

1．Stephen was born in Oxford in 1942, and he spent his childhood first at Highgate and then another town from 1950.

2．Stephen and his sisters liked reading books during dinner, but his parent never accepted this kind of behavior.

3．When Stephen lived in St Albans with his family, his mother taught him how to climb a tree to enter their house from the second floor because the doors wouldn't open when it was cold in winter.

4．Stephen was the second son in the Hawking family, and his brother was over 10 years older than Stephen.

問9　本文の内容と一致するものを1つ選び，その番号をマークしなさい。

1．The teachers knew Stephen and his friends were good at making things, so they asked them to make a computer.

2．Because Stephen was always joking and not studying hard when he was a student, he was always laughed at by his friends at school.

3．When Stephen was a student, physics was a very difficult subject, but everyone could easily solve physics problems by using the computer built by Stephen.

4．Stephen was born in a different city than London because London was thought to be too dangerous for babies.

問10　本文の内容と一致するものを1つ選び，その番号をマークしなさい。

1．Stephen never wanted to lose to the other teams in the rowing race and he did some bad things for his own team to win.

2．Stephen and some of his friends didn't want to go to school because they didn't have a computer.

3．When Stephen was a student at Oxford University, his grades were so bad that he had to study harder than other students.

4．Because Stephen felt lonely after entering Oxford University, some teachers and friends invited him to join the rowing club.

さい。

ア　但《ただ》し　イ　かくて　ウ　即《すなは》ち　エ　さて

問九、傍線部⑦「いみじき成敗」の説明として最も適当なものを、次の中から選びなさい。

ア　それぞれの主張をよく聞き的確な申《もう》し渡《わた》しをして、評判になった素晴《すば》らしい判決。

イ　確かな証拠もなく下されたことから、人々の反応に賛否両論があった判決。

ウ　喧嘩《けんか》両成敗で、拾い主と落とし主のどちらに対しても反省を促《うなが》した公平な判決。

エ　国司の鋭《するど》い洞察力《どうさつりょく》を広く世に示したことで、悪人が心底恐《おそ》れた冷《れい》酷《こく》な判決。

問十、本文の内容に関連の深い表現として最も適当なものを、次の中から選びなさい。

ア　論より証拠　イ　捨てる神あれば拾う神あり

ウ　正直の頭《こうべ》に神宿る　エ　疑わしきは罰《ばっ》せず

問十一、本文の出典『沙石集』と同じ鎌倉《かまくら》時代に成立した作品を、次の中から選びなさい。

ア　古今和歌集　イ　平家物語

ウ　奥《おく》の細道　エ　今昔《こんじゃく》物語集

＊眼賢くして＝見《み》抜《ぬ》く力にすぐれていて。　＊状＝言い分。
＊判＝判決。　＊宋朝の人＝宋の時代の人。
＊冥のとがめ＝目に見えぬ神仏のとがめ。

問一、空欄《くうらん》 A に入る語で、歴史的仮名遣《かなづか》いで「てう」と読《よ》み仮名《がな》を振《ふ》る漢字として最も適当なものを、次の中から選びなさい。

ア 都　イ 唐　ウ 中　エ 朝

問二、傍線部《ぼうせんぶ》①「賤しき」③「思ひ返して」の本文中の意味として最も適当なものを、それぞれ後の中から選びなさい。

① 賤しき
ア 身分が低い
イ 珍《めずら》しい
ウ やさしい
エ 欲深い

③ 思ひ返して
ア 思い出して
イ 考え直して
ウ 気になって
エ 心に決めて

問三、傍線部②「いとほしき事なり」⑥「六つながら夫妻に給はりけり」の現代語訳として最も適当なものを、それぞれ後の中から選びなさい。

② いとほしき事なり
ア 気の毒なことである。　イ 本当に欲《ほ》しいことだ。
ウ 待ち遠しいことだろう。　エ 面倒《めんどう》なことになる。

⑥ 六つながら夫妻に給はりけり
ア 六つほど拾い主の夫妻にいただいたのであろうか。
イ 六つではあるが拾い主の夫妻にいただいたのである。
ウ 六つだけ拾い主の夫妻にくださったのであろうか。
エ 六つすべて拾い主の夫妻にくださったのである。

問四、二重傍線部㋐～㋓の活用形として**不適当なもの**を、次の中から選びなさい。

ア 給へ＝命令形　イ 不思議なれ＝連体形
ウ なし＝終止形　エ 召し＝連用形

問五、傍線部④「一つは隠されたるにや」と言った理由として最も適当なものを、次の中から選びなさい。

ア 銀貨は落としたのではなく盗《ぬす》まれたのだと気づいて、返してもらうため。
イ 銀貨の数が最初と合わないことに納得《なっとく》がいかず、原因を解明するため。
ウ 銀貨を渡すのがいざとなったらためらわれて、言《い》い掛《が》かりをつけるため。
エ 銀貨を手に入れあまりに嬉しくて、軽口の一つもたたきたくなったため。

問六、傍線部⑤「是」の表す内容として最も適当なものを、次の中から選びなさい。

ア 謝礼　イ 正邪《せいじゃ》　ウ 返却《へんきゃく》　エ 優劣《ゆうれつ》

問七、空欄 Ⅰ ～ Ⅲ に入る語として最も適当なものを、それぞれ次の中から選びなさい（同じ記号を何度用いてもよい）。

ア 国の守　イ 夫　ウ 妻　エ 主

問八、空欄 B に入る語として最も適当なものを、次の中から選びな問十二、空欄 Z に入る語として最も適当なものを、次の中から選びなさい。

ア 不安　イ 倦怠　ウ 悲哀《ひあい》　エ 苦悩《くのう》

問十三、この文章の表現に関する説明として最も適当なものを、次の中から選びなさい。

ア 「私」の心情が、前半では二重傍線部ⓐ「うす暗いプラットフォオム」などのように悲しげな風景の描写《びょうしゃ》に重ねられ、後半では二重傍線部ⓖ「萌黄色の毛糸の襟巻」の明るい色に重ねられている。

イ 二重傍線部ⓑ「汽車の走っている方向が逆になったような錯覚」の箇所《かしょ》は、娘の「私」に対する感情がこれまでと正反対なものに変化していくことを暗示している。

ウ 「私」の娘に対する不快な感情を二重傍線部ⓒ「死んだように眼をつぶって」や二重傍線部ⓓ「冷酷な眼」といった視覚的な表現によって描写している。

エ 二重傍線部ⓔ「着物」の色と二重傍線部ⓕ「蜜柑の色」が対照的に描《えが》かれ、作品の前半は暗い雰囲気であったが後半は蜜柑が鮮やかな明るさを与《あた》えている。

問十四、この小説の作者芥川龍之介の作品を、次の中から選びなさい。

ア それから　イ 伊豆《いず》の踊子《おどりこ》　ウ 鼻　エ 人間失格

三 次の文章を読んで、後の問いに答えなさい。

近比《ちかきころ》、帰 A の僧《そう》の説とて、ある人語りしは、唐に①賤《いや》しき夫婦《ふうふ》有り。餅《もち》を売りて世を渡《わた》りけり。夫《をつと》の道の辺《ほとり》にして餅を売りけるに、人の袋《ふくろ》を落としたりけるを見ければ、銀《しろがね》の＊軟挺《なんてい》六つ有りけり。家に持ちて帰りぬ。

妻、心すなほに欲なき者にて、「我等《われら》は商《あきな》うて過ぐれば、事も欠けず。この主《ぬし》、いかばかり歎《なげ》き求むらん。②いとほしき事なり。主を尋《たづ》ねて返し㋐給《たま》へ」と云《い》ひければ、「誠《まこと》に」とて、普《あまね》く触《ふ》れけるに、主と云ふ者出《いで》来《き》て、是《これ》を得て、あまりに嬉《うれ》しくて、「三つをば奉《たてまつ》らん」と云ひて、既《すで》に分《わか》つべかりける時、③思ひ返して、＊煩《わづら》ひを出《いだ》さんが為《ため》に、「七つこそ有りしに、六つあるこそ㋑不思議なれ。④一つは隠《かく》されたるにや」と云ふ。「さる事㋒なし。本《もと》より六つこそ有りしか」と論ずる程《ほど》に、果ては、＊国の守《かみ》の許《もと》にして、⑤是を断《ことわ》らしむ。

国の守、＊眼賢《まなこさかし》くして、「この I は不実の者なり。この男は正直の者」と見ながら、不審《ふしん》なりければ、かの II を㋓召《め》して別の所にて、事の子細を尋ぬるに、夫が＊状《じやう》に少しもたがはず。「この妻は極《きは》めたる正直の者」と見て、かの主、不実の事慥《たし》かなりければ、国の守の＊判《はん》に云はく、「この事、慥かの証拠《しょうこ》なければ判じがたし。 B 、共に正直の者と見えたり。夫妻また詞《ことば》変らず、 III の詞も正直に聞こゆれば、七つあらん軟挺を尋ねて取るべし。是は六つあれば、別の人のにこそ」とて、⑥六つながら夫妻に給はりけり。

＊宋《そう》朝の人、⑦いみじき成敗とぞ、普く讃《ほ》めののしりける。心直《なほ》ければ、自《おのづか》ら天の与へて、宝を得たり。心曲《まが》れば、＊冥《みやう》のとがめにて、宝を失ふ。この理《ことわり》は少しも違ふべからず。返す返すも心浄《きよ》くすなほなるべき者なり。

《注》＊軟挺＝銀の貨幣《かへい》。　＊煩ひ＝めんどうなこと。
＊国の守＝国司の長官。一国を統治し徳行をもって民《たみ》を教導するのを任とする。

⑨ 頓着する
ア 謝罪をする
イ 言い訳をする
ウ 気にかける
エ 文句を言う

問五、傍線部⑥「平凡」と同じ構成の熟語として最も適当なものを、次の中から選びなさい。

ア 異国　イ 好悪《こうお》　ウ 基礎《きそ》　エ 営業

問六、空欄《くうらん》 Ⅰ ～ Ⅲ に入る語として最も適当なものを、それぞれ次の中から選びなさい。

ア しかも　イ やはり　ウ あたかも　エ まさか

問七、傍線部⑦「象徴」の働きの説明として最も適当なものを、次の中から選びなさい。

ア 形のない抽象的《ちゅうしょうてき》なことがらを具体的なものによって表わすこと。

イ 言葉を普段《ふだん》とは別の専門的な意味で使用することを暗に示すこと。

ウ 文中のある言葉をそれと正反対の意味を持った言葉と解釈《かいしゃく》すること。

エ 文や会話をできるだけ省略し、文章の内容を縮小すること。

問八、傍線部⑧「険しい感情」とあるが、この「感情」の内容の説明として最も適当なものを、次の中から選びなさい。

ア 不潔な身なりの娘に対する不快感と、自分の座席を間違えるほど愚《おろ》かなことに対する腹立たしさ。

イ 考えなしに列車の窓を開けようとする娘へのいらだちと、周囲の静けさを乱されたことに対するやるせなさ。

ウ 貧しさを感じさせる娘の姿に対する同情と、気まぐれに列車の窓を開けた娘への不可解さ。

エ 列車の中の雰囲気《ふんいき》を悪くした娘への嫌悪《けんお》感と、自分の平凡な人生を思わせる娘への不愉快《ふゆかい》さ。

問九、空欄 X と Y に入る漢字の組み合わせとして最も適当なものを、次の中から選びなさい。

ア X＝奮　Y＝死　イ X＝悪　Y＝苦
ウ X＝苦　Y＝奮　エ X＝悪　Y＝死

問十、空欄 A に入る表現して最も適当なものを、次の中から選びなさい。

ア ごみごみと　イ がやがやと
ウ ばらばらと　エ まごまごと

問十一、傍線部⑩「私は思わず息を呑んだ」とあるが、ここから読み取れる「私」の様子の説明として最も適当なものを、次の中から選びなさい。

ア 娘が列車から自分の弟たちに蜜柑を投げたことが予想外に優《やさ》しい行動だったので、自分の理解が追いつかず不可解に思っている様子。

イ 娘が列車から自分の弟たちに蜜柑を投げたことが肉親を大切にする行為《こうい》だったので、感動を言葉にできずもどかしく思っている様子。

ウ 娘が自分に断りなく列車の窓を開けて蜜柑を投げたことが危険な行動だったので、何も言えないほど不愉快に思っている様子。

エ 娘が列車から蜜柑を自分の弟たちに向かって投げたことが予想もしていないことだったので、息ができないほど驚《おどろ》いている様子。

程はっきりと、この光景が焼きつけられた。そうしてそこから、或得体《えたい》の知れない朗《ほがらか》な心もちが湧《わ》き上って来るのを意識した。私は＊昂然《こうぜん》と頭を挙げて、まるで別人を見るようにあの小娘を注視《ちゅうし》した。小娘は何時かもう私の前の席に返って、相不変《あいかわらず》皸だらけの頬をⓖ萌黄色の毛糸の襟巻に埋めながら、大きな風呂敷包みを抱《かか》えた手に、しっかりと三等切符を握っている。……………

私はこの時始めて、云いようのない疲労と［Z］とを、そうして又不可解な、下等な、退屈な人生を僅《わずか》に忘れる事が出来たのである。

（芥川龍之介《あくたがわりゅうのすけ》「蜜柑」による　一部改変）

《注》＊二等客車＝当時は列車が一等から三等まで区分されていた。二等客車は中間級の車両。
＊外套＝コート。　＊日和下駄＝下駄の一種。
＊赤帽＝駅で手荷物運びをする職業の人。
＊銀杏返し＝当時の女性の髪形《かみがた》の一種。
＊萌黄色＝鮮《あざ》やかな黄緑色。
＊瀆職事件＝汚職《おしょく》事件。　＊一旒＝一つの旗。
＊蕭索＝ものさびしげな様子。
＊喊声＝叫《さけ》び声《ごえ》。
＊幾顆＝ここでは「いくつか」という意味。
＊昂然＝自信を持っている様子。

問一、傍線部《ぼうぜんぶ》①「珍らしく」が直接修飾《しゅうしょく》している語句として最も適当なものを、次の中から選びなさい。

ア　私の外に　　イ　一人も　　ウ　乗客は　　エ　いなかった

問二、傍線部②「まるで雪曇りの空のようなどんよりした影を落していた」に用いられている修辞技法として最も適当なものを、次の中から選びなさい。

ア　直喩《ちょくゆ》法　　イ　倒置《とうち》法　　ウ　隠喩《いんゆ》法　　エ　対句《ついく》法

問三、傍線部③「私は漸くほっとした心もちになって」とあるが、ここから読み取れる「私」の心情として最も適当なものを、次の中から選びなさい。

ア　出発前の列車の中では悲しげな気持ちになっていたが、列車の出発と共に帰宅できることを喜ぶ気持ちになっている。

イ　列車の出発直前に急いだ様子で飛び乗ってきた娘に感じた腹立たしさも収まり、落ち着いた気持ちになっている。

ウ　出発前のわずかに落ち着いた気持ちを出発前後の騒《さわ》がしさに乱されたが、それも一段落して穏《おだ》やかな気持ちになっている。

エ　二等車と三等車を間違《まちが》えて列車に乗ってきた娘に対して、一旦《いったん》はいらだちを感じながらも、それを許す気持ちになっている。

問四、傍線部④「一瞥した」⑤「漫然と」⑨「頓着する」の本文中の意味として最も適当なものを、それぞれ後の中から選びなさい。

④　一瞥した
ア　気づかれないように見た
イ　じっくりと見た
ウ　意地悪く見た
エ　ちらりと見た

⑤　漫然と
ア　注意深く
イ　ぼんやりと
ウ　落ち着いて
エ　楽しげに

それから幾分《いくぶん》か過ぎた後であった。ふと何かに脅《おびや》されたような心もちがして、思わずあたりを見まわすと、何時《いつ》の間にか例の小娘が、向う側から席を私の隣《となり》へ移して、頻《しきり》に窓を開けようとしている。が、重い硝子《ガラス》戸《ど》は中々思うようにあがらないらしい。あの皸だらけの頬は愈《いよいよ》赤くなって、時々鼻洟《はな》をすすりこむ音が、小さな息の切れる声と一しょに、せわしなく耳へはいって来る。これは勿論私にも、幾分《いくぶん》ながら同情を惹《ひ》くに足るものには相違《そうい》なかった。しかし汽車が今将《まさ》に隧道の口へさしかかろうとしている事は、暮色《ぼしょく》の中に枯草《かれくさ》ばかり明《あかる》い両側の山腹が、間近く窓側に迫《せま》って来たのでも、すぐに合点《がてん》の行く事であった。にも関《かかわ》らずこの小娘は、わざわざしめてある窓の戸を下そうとする、――その理由が私には呑《の》みこめなかった。いや、それが私には、単にこの小娘の気まぐれだとしか考えられなかった。だから私は腹の底に依然《いぜん》として⑧険しい感情を蓄《たくわ》えながら、あの霜焼けの手が硝子戸を擡《もた》げようとして［X］戦［Y］闘する容子《ようす》を、まるでそれが永久に成功しない事でも祈《いの》るようなⓓ冷酷《れいこく》な眼で眺《なが》めていた。すると間もなく凄《すさま》じい音をはためかせて、汽車が隧道へなだれこむと同時に、小娘の開けようとした硝子戸は、とうとうばたりと下へ落ちた。そうしてその四角な穴の中から、煤《すす》を溶《とか》したようなどす黒い空気が、俄《にわか》に息苦しい煙《けむり》になって、濛々《もうろう》と車内へ漲《みなぎ》り出した。元来咽喉《のど》を害していた私は、手巾《ハンケチ》を顔に当てる暇《ひま》さえなく、この煙を満面に浴びせられたおかげで、殆息もつけない程咳《せ》きこまなければならなかった。が、小娘は私に⑨頓着《とんじゃく》する気色《けしき》も見えず、窓から外へ首をのばして、闇《やみ》を吹く風に銀杏返しの鬢《びん》の毛を戦《そよ》がせながら、じっと汽車の進む方向を見やっている。その姿を煤煙と電燈の光との中に眺めた時、もう窓の外が見る見る明くなって、そこから土の匂《におい》や枯草の匂や水の匂が冷《ひやや》かに流れこんで来なかったなら、漸咳きやんだ私は、この見知らない小娘を頭ごなしに叱《しか》りつけてでも、又元の通り窓の戸をしめさせたのに相違なかったのである。

しかし汽車はその時分には、もう安々と隧道を辷《すべ》りぬけて、枯草の山と山との間に挟《はさ》まれた、或貧しい町はずれの踏切《ふみき》りに通りかかっていた。踏切りの近くには、いずれも見すぼらしい藁屋根《わらやね》や瓦屋根《かわらやね》が［A］狭苦《せまくる》しく建てこんで、踏切《ふみき》り番《ばん》が振《ふ》るのであろう、唯*一旒《いちりゅう》のうす白い旗が懶げに暮色を揺《ゆす》っていた。やっと隧道を出たと思う――その時その*蕭索《しょうさく》とした踏切りの柵《さく》の向うに、私は頬の赤い三人の男の子が、目白《めじろ》押《お》しに並んで立っているのを見た。彼等《かれら》は皆《みな》、この曇天《どんてん》に押しすくめられたかと思う程、揃《そろ》って背が低かった。そうして又この町はずれの陰惨《いんさん》たる風物と同じような色のⓔ着物を着ていた。それが汽車の通るのを仰《あお》ぎ見《み》ながら、一斉《いっせい》に手を挙げるが早いか、いたいけな喉《のど》を高く反《そ》らせて、何とも意味の分らない*喊声《かんせい》を一生懸命《いっしょうけんめい》に迸《ほとばし》らせた。するとその瞬間である。窓から半身を乗り出していた例の娘が、あの霜焼けの手をつとのばして、勢《いきおい》よく左右に振ったと思うと、忽《たちま》ち心を躍《おど》らすばかり暖な日の色に染まっている蜜柑《みかん》が凡《およ》そ五つ六つ、汽車を見送った子供たちの上へばらばらと空から降って来た。⑩私は思わず息を呑んだ。そうして刹那《せつな》に一切を了解《りょうかい》した。小娘は、恐《おそ》らくはこれから奉公先《ほうこうさき》へ赴《おもむ》こうとしている小娘は、その懐《ふところ》に蔵していた*幾顆《いくか》の蜜柑を窓から投げて、わざわざ踏切りまで見送りに来た弟たちの労に報《むく》いたのである。

暮色を帯びた町はずれの踏切りと、小鳥のように声を挙げた三人の子供たちと、そうしてその上に乱落《らんらく》する鮮なⓕ蜜柑の色と――すべては汽車の窓の外に、瞬《またた》く暇もなく通り過ぎた。が、私の心の上には、切ない

二 次の文章を読んで、後の問いに答えなさい。

或曇《あるくも》った冬の日暮である。私は横須賀《よこすか》発上り＊二等《とう》客車の隅《すみ》に腰《こし》を下して、ぼんやり発車の笛を待っていた。とうに電燈《でんとう》のついた客車の中には、①珍《めず》らしく私の外に一人も乗客はいなかった。外を覗《のぞ》くと、ⓐうす暗いプラットフォオムにも、今日は珍《めずら》しく見送りの人影《ひとかげ》さえ跡《あと》を絶って、唯《ただ》、檻《おり》に入れられた小犬が一匹《ぴき》、時々悲しそうに、吠《ほ》え立てていた。これらはその時の私の心もちと、不思議な位似つかわしい景色だった。私の頭の中には云《い》いようのない疲労《ひろう》と倦怠《けんたい》とが、②まるで雪曇《ゆきぐも》りの空のようなどんよりした影を落していた。私は＊外套《がいとう》のポケットへじっと両手をつっこんだまま、そこにはいっている夕刊を出して見ようと云う元気さえ起らなかった。

が、やがて発車の笛が鳴った。私はかすかな心の寛《くつろ》ぎを感じながら、後《うしろ》の窓枠《まどわく》へ頭をもたせて、眼《め》の前の停車場がずるずると後ずさりを始めるのを待つともなく待ちかまえていた。ところがそれよりも先にけたたましい＊日和下駄《ひよりげた》の音が、改札口の方から聞え出したと思うと、間もなく車掌《しゃしょう》の何か云《い》い罵《のの》る声と共に、私の乗っている二等室の戸ががらりと開いて、十三四の小娘《こむすめ》が一人、慌《あわただ》しく中へはいって来た、と同時に一つずしりと揺《ゆ》れて、徐《おもむろ》に汽車は動き出した。一本ずつ眼をくぎって行くプラットフォオムの柱、置き忘れたような運水車、それから車内の誰《だれ》かに祝儀《しゅうぎ》の礼を云っている＊赤帽《あかぼう》――そう云うすべては、窓へ吹《ふ》きつける煤《ばい》煙《えん》の中に、未練がましく後へ倒《たお》れて行った。③私は漸《ようや》くほっとした心もちになって、巻煙草《まきたばこ》に火をつけながら、始めて懶《ものう》い睚《まぶた》をあげて、前の席に腰を下していた小娘の顔を④一瞥《いちべつ》した。

それは油気のない髪《かみ》をひっつめの＊銀杏《いちょう》返しに結《ゆ》って、横なでの痕《あと》のある皸《ひび》だらけの両頰《ほお》を気持の悪い程《ほど》赤く火照《ほて》らせた、如何《いか》にも田舎者《いなかもの》らしい娘だった。［Ⅰ］垢《あか》じみた＊萌黄色《もえぎいろ》の毛糸の襟巻《えりまき》がだらりと垂れ下った膝《ひざ》の上には、大きな風呂敷包《ふろしきづつ》みがあった。その又《また》包みを抱《だ》いた霜《しも》焼《や》けの手の中には、三等の赤切符《あかきっぷ》が大事そうにしっかり握《にぎ》られていた。私はこの小娘の下品な顔だちを好まなかった。それから彼女《かのじょ》の服装が不潔なのもやはり不快だった。最後にその二等と三等との区別さえも弁《わきま》えない愚鈍《ぐどん》な心が腹立たしかった。だから巻煙草に火をつけた私は、一つにはこの小娘の存在を忘れたいと云う心もちもあって、今度はポケットの夕刊を⑤漫然《まんぜん》と膝の上へひろげて見た。するとその時夕刊の紙面に落ちていた外光が、突然《とつぜん》電燈の光に変って、刷《すり》の悪い何欄《らん》かの活字が意外な位鮮《あざやか》に私の眼の前へ浮《うか》んで来た。云うまでもなく汽車は今、横須賀線に多い隧道《トンネル》の最初のそれへはいったのである。

しかしその電燈の光に照らされた夕刊の紙面を見渡《みわた》しても、［Ⅱ］私の憂鬱《ゆううつ》を慰《なぐさ》むべく、世間は余りに⑥平凡《へいぼん》な出来事ばかりで持ち切っていた。講和問題、新婦新郎《しんろう》、＊瀆職《とくしょく》事件、死亡広告――私は隧道へはいった一瞬間《いっしゅんかん》、ⓑ汽車の走っている方向が逆になったような錯覚《さっかく》を感じながら、それらの索漠《さくばく》とした記事から記事へ殆《ほとんど》機械的に眼を通した。が、その間も勿論《もちろん》あの小娘が、［Ⅲ］卑俗《ひぞく》な現実を人間にしたような面持《おもも》ちで、私の前に坐《すわ》っている事を絶えず意識せずにはいられなかった。この隧道の中の汽車と、この田舎者の小娘と、そうして又この平凡な記事に埋《うず》まっている夕刊と、――これが⑦象徴《しょうちょう》でなくて何であろう。不可解な、下等な、退屈《たいくつ》な人生の象徴でなくて何であろう。私は一切《いっさい》がくだらなくなって、読みかけた夕刊を抛《ほう》り出すと、又窓枠に頭を靠《もた》せながら、ⓒ死んだように眼をつぶって、うつらうつらし始めた。

問七、傍線部④「実践的」⑥「想像」の対義語として最も適当なものを、それぞれ後の中から選びなさい。

④　実践的

ア　形式的　　イ　初歩的　　ウ　学問的　　エ　理論的

⑥　想像

ア　破壊《はかい》　　イ　実際　　ウ　妄想《もうそう》　　エ　真相

問八、空欄 X に入る語として最も適当なものを、次の中から選びなさい。

ア　おかしなこと　　イ　おもしろいこと

ウ　ゆるせないこと　　エ　すさまじいこと

問九、傍線部⑤「私に言わせればそれはナンセンスです」と筆者が言うのはなぜか。最も適当なものを、次の中から選びなさい。

ア　人間とＡＩではそれぞれ得意とする分野が違うから。

イ　人間がＡＩの能力を上回ることなどありえないから。

ウ　人間とＡＩを比べること自体無意味な行為《こうい》であるから。

エ　人間がＡＩを利用する立場であることは疑いようがないから。

問十、傍線部⑦「本末転倒」の意味として最も適当なものを、次の中から選びなさい。

ア　物事の根本的なことと、そうでないことを取《と》り違《ちが》えること。

イ　小さな差はあるが、たいした違いや変わりはないこと。

ウ　意見や考えが目まぐるしく変わって、一定しないこと。

エ　目先の違いにとらわれて、結局同じであることを理解しないこと。

問十一、空欄 Y に入る語として最も適当なものを、次の中から選びなさい。

ア　体　　イ　肉　　ウ　身　　エ　骨

問十二、傍線部⑧「『本を読まない』ではなく『読めない』ようになってしまったら、人類の未来は明るくないのではないか」とあるが、筆者はなぜこのように考えているのか。最も適当なものを、次の中から選びなさい。

ア　本を読めない環境《かんきょう》が増えると、教育の水準が低下してしまうから。

イ　本を読まない人が増えると、活字文化がいずれすたれてしまうから。

ウ　自ら学ぶ姿勢が失われてしまうと、文明が衰退《すいたい》し人類が滅亡《めつぼう》してしまうから。

エ　過去や他者から学ばないと、知を深めていくことができなくなってしまうから。

問十三、本文の内容と合致《がっち》するものとして最も適当なものを、次の中から選びなさい。

ア　ネットやＳＮＳに頼《たよ》ってばかりいると、人間は思考力を失ってしまう。

イ　自らの人生を豊かにするためには、教養を身につけることが重要である。

ウ　読書をする際には、本を読む量よりも読み方の質を重視するべきである。

エ　本をたくさん読むことで、人間はＡＩよりも優《すぐ》れた存在になることができる。

(ii)　カ程

ア　チームのカ題についてみなで話し合いをする。
イ　カ説を立てて理科の実験で検証をする。
ウ　カ庭科の授業で調理実習に取り組む。
エ　大型の台風が日本列島を通カしていった。

(iii)　ガイ念

ア　公ガイ問題について友達と話し合う。
イ　ガイ国に足を運び自らの見聞を広める。
ウ　子どもの成長を見て感ガイ深い気持ちになる
エ　建設会社に費用のガイ算を要求する。

問二、傍線部(a)～(d)の「ない」のうち、**品詞が他と異なるもの**を、次の中から選びなさい。

ア　(a)　イ　(b)　ウ　(c)　エ　(d)

問三、空欄《くうらん》 Ⅰ ～ Ⅲ に入る語として最も適当なものを、それぞれ次の中から選びなさい。

ア　だから　　イ　たとえば
ウ　ところが　エ　すなわち

問四、傍線部①「『そのキーワードは聞いたことがあるんですが、どんな内容なんですか?』と聞かれてしまいます」とあるが、筆者はどのような点を問題視しているのか。最も適当なものを、次の中から選びなさい。

ア　スマホの情報をそのまま受け取るだけで、情報の真偽《しんぎ》を確かめようとしない点。
イ　物事の本質を理解しようとせず、持っている知識を深めようとしない点。
ウ　身の回りの疑問を自分で調べようとせず、すぐに他人に答えを求める点。
エ　他人との会話の中で話題を自分から発信せず、常に受け身な態度でいる点。

問五、傍線部②「同じ海を目の前にしても、やることは人によって違う」とはどういうことか。最も適当なものを、次の中から選びなさい。

ア　同じ遊び方をしても、人によって発想や工夫《くふう》の仕方が違うということ。
イ　同じサイトにアクセスしても、人によって重視する内容が違うということ。
ウ　同じ世界を見ても、人によって感じ方や働きかけ方が違うということ。
エ　同じ本を読んでも、人によって音読するか黙読《もくどく》するか違うということ。

問六、傍線部③「『専門ならすぐ言えるのですけど……』という人が増えている」とあるが、筆者はどのような点を問題視しているのか。最も適当なものを、次の中から選びなさい。

ア　知識を生かすには多角的な視点が必要にも関わらず、限定的な視点しか持っていない点。
イ　知識の量が必要とされる職業にも関わらず、知識の絶対量が不足している点。
ウ　とっさの対応力が必要である面接にも関わらず、機転をきかせた回答ができない点。
エ　幅広い教養が求められる時代にも関わらず、専門の知識をひけらかそうとする点。

れこそAIに人生を明《あ》け渡《わた》してしまったようなものです。

AIが出てこようが出てこなかろうが、「自分の人生をいかに深く生きるか」が重要なのではないでしょうか。

人生を深めるために、AIや未来予測についての本を読むのはとても有意義だと思います。たとえば「人間の脳を超えた知性を持つAIがいた場合、人間らしいやりとりをすることだって簡単だろう。それでは何が人間を人間たらしめるのだろうか？　自分は人間に何を求めているだろうか？」などと本を片手に思考を深めていくことで、人生を豊かにしていくことはできるはずです。

私たち人類は「ホモ・サピエンス＝知的な人」です。

知を多くの人と共有し、後世にも伝えていくことができるのがホモ・サピエンスのすごいところです。書店や図書館に行けば、古今東西の知が所狭《ところせま》しと並んでいます。偉大《いだい》な人が人生をかけて真理を探究し、あるいは［Y］を削《けず》って文学の形に昇華《しょうか》させ、それを本の形にして誰《だれ》でも読めるようにしている。だから知を進化させていくことができます。

家族や友達とおしゃべりするだけなら、サルも犬もやっています。アリだってやっているでしょう（声を出してのおしゃべりではないかもしれませんが、さまざまなコミュニケーションはとっています）。でも、動物や虫たちは地域や時代を超えたところにいたものたちが、何を考えていたかを知ることができません。

本を読まないのは、ホモ・サピエンスとしての誇《ほこ》りを失った状態。集中力もさらに低下して、いよいよ⑧「本を読まない」ではなく「読めない」ようになってしまったら、人類の未来は明るくないのではないかとすら思えてきます。

繰《く》り返《かえ》しますが、ネット、SNSが悪いと言っているのではありません。

この素晴《すば》らしいツールも人類の知が生み出したもの。うまく活用しない手はないでしょう。ただ、軸足《じくあし》を完全にそちらに移してしまって、読書の喜びを忘れてしまうのはあまりにももったいない。読書は人間に生まれたからこそ味わえる喜びです。自分で自分の人生を深めていける最高のものです。

ネット、SNS全盛《ぜんせい》の現代だからこそ、あらためて本と向き合うことが重要だと思うのです。

（齋藤孝《さいとうたかし》『読書する人だけがたどり着ける場所』による　一部改変）

《注》＊ディープマインド＝イギリスの人工知能を扱《あつか》う企業《きぎょう》。
＊アルファゼロ＝ディープマインドによって開発されたコンピューター・プログラム。
＊棋譜＝囲碁・将棋の対局の手順を数字や符号《ふごう》で表した記録。
＊レイ・カーツワイル＝アメリカの発明家・実業家。

問一、傍線部《ぼうせんぶ》（i）～（iii）のカタカナ部分と同じ漢字を使う熟語として最も適当なものを、それぞれ後の中から選びなさい。

（i）セッ取
ア　試合は両チーム健闘《けんとう》しセッ戦《せん》となった。
イ　公園にブランコをセッ置する。
ウ　セッ氏という温度について勉強する。
エ　来年度の部活動の予算セッ衡を行う。

リベラルアーツの(iii)ガイ念は古代ギリシャで生まれました。「自由になるための全人的技芸」という教育原理が起源です。人間が偏見《へんけん》や習慣を含《ふく》めた呪縛《じゅばく》から解放され、自分の意思で生きていくために、幅広く④実践的《じっせんてき》な知識が必要とされたのです。

その後中世ヨーロッパに受《う》け継《つ》がれ、「文法・論理・修辞・算術・幾《き》何《か》・天文・音楽」という「自由七科」として定義づけられました。そして、これがのちに神学・医学・法律といった専門教育ができたときに、それより前に学ぶべきものとなったのです。

現代のリベラルアーツはその流れを汲《く》みながら、近代に発達した経済学や自然科学などが含められてさらに幅広くなっています。

近年リベラルアーツが重要視されるようになっていますが、グローバル化が進み、社会問題が複雑化する中で、問題解決には専門分野を超《こ》えた柔軟性《じゅうなんせい》が必要だと強く認識《にんしき》されているからでしょう。

専門分野の知識が豊富にあっても、その知識を生かすうえでは多角的な視点がなければ難しい。［Ⅱ］遺伝子工学を学んで、遺伝子操作の技術がわかったとしても、生命倫理《りんり》とどう折り合いをつけるべきかという難しい問題に対処していくには歴史や宗教、哲学など幅広い知識が必要とされます。

ですから、ますます教養が重要とされている時代なのに、本を読んでいないという［Ｘ］が起こっているのです。

いま、ＡＩ（人工知能）に関心が集まっています。

２０１７年、ＡＩが囲碁《いご》で世界トップ棋士《きし》に勝利したというニュースがありました。囲碁は将棋《しょうぎ》やチェスに比べて盤《ばん》が広くて手順が長く、場面によって石の価値が変わるという特徴《とくちょう》があります。チェスなら可能だった、「すべての手を覚え、計算して最適解を出す」というやり方が通用しづらいのです。［Ⅲ］囲碁では、コンピューターが人間に勝つのはまだ先だと思われていました。

ところが、２０１７年10月に発表されたグーグル傘下《さんか》の*ディープマインドによる「*アルファゼロ」は、お手本となる先人の*棋譜《きふ》データすら使わず、ひたすら自己学習により強くなっているとのことです。しかも、囲碁だけでなく他のゲームもできます。もはや人間の手を離《はな》れて、コンピューターが自分で学習・成長しているのです。

このようにすさまじいスピードで進化しているＡＩ。この分野の権威《けんい》である*レイ・カーツワイルは２０４５年にシンギュラリティ（技術的特異点）に到達《とうたつ》すると言っています。人工知能が人間の脳を超え、世界が大きく変化するというのです。

ＡＩに仕事を奪《うば》われないためには何を身につけておくべきか、ＡＩにできないことをできるようにしておくためにはどうすればいいのかといった議論も盛《さか》んです。

しかし⑤私に言わせればそれはナンセンスです。「ＡＩにできないこと」を予測したって簡単に覆《くつがえ》るでしょう。現在の進化のスピードを見ても、普通《ふつう》の人間の⑥想像をはるかに超える変化が起こるはずです。そこで「ＡＩにできることは学ばなくていい、ＡＩにできないことだけ一生《いっしょう》懸命《けんめい》学ぶ」という考えはリスクにはなりこそすれ、人生を豊かにはしてくれません。

ＡＩに負けないことを目的に据《す》えて生きるなんて⑦本末転倒《ほんまつてんとう》です。そ

【国　語】（六〇分）〈満点：一〇〇点〉

[一] 次の文章を読んで、後の問いに答えなさい。

現代は情報化社会と言われていて、あたかも私たちは毎日大量の情報に触《ふ》れているかのように思っています。確かにインターネット上にある情報の量はすごい。その気になれば、何でもいくらでも調べられます。

しかし、意外にみんなそれほど情報を(i)セッ取していないというのが私の印象です。

いつもスマホをいじっているのに、あれも知らない、これも知ら(a)ない。「最近こういうニュースが話題だけど……」と話を振《ふ》っても、①「そのキーワードは聞いたことがあるんですが、どんな内容なんですか？」と聞かれてしまいます。どうやら、表面だけサーッと撫《な》でてキーワードだけ拾っており、詳《くわ》しいところまでは読んでいないようなのです。

「まとめサイトしか見てい(b)ない」という人もいます。知りたいことが簡単にまとめてあって、それでわかった気になる。わかった気になったけれど、聞かれると答えられ(c)ない。間違《まちが》って読んでいたり、すぐに忘れてしまったりします。

インターネットの海と言いますが、ほとんどの人は浅瀬《あさせ》で貝殻《かいがら》をとっているようなもの。深いところへ潜《もぐ》りにいく人はあまりいません。潜れば、まだ見たことの(d)ない深海魚に出合えるかもしれないし、知らなかった世界が広がっているのに、です。②同じ海を目の前にしても、やることは人によって違《ちが》うわけです。

後ほどお話ししますが、読書は人に「深さ」をつくります。

この本でお伝えしたい「深さ」とは、一つのことを突《つ》き詰《つ》めただけの深さではありません。専門分野について突き詰めていても、他がまったくダメというのではバランスを欠いています。深さは全人格的なもの、総合的なものです。

大学生が本を読まなくなった話をしましたが、実は大学の先生も教養のための幅広《はばひろ》い読書をしなくなっている印象があります。私は大学の採用面接でこんな質問をしています。

「あなた自身の教養になった3冊を専門以外で教えていただけますか？」

専門以外というのがポイントで、幅広い教養のある人なのかを確認《かくにん》する質問です。

学生に対して教養を身につけさせるには、先生自身に教養がなければなりません。

[I]、急に言葉に詰《つ》まってしまう人が多くなっています。「数え切れなくて言えません」というのならわかります。「3冊に絞《しぼ》るのは難しいので、10冊言わせてください」くらい言ってほしい。でも、残念ながら③「専門ならすぐ言えるのですけど……」という人が増えているのです。

専門分野は当然詳しいのでしょうが、そのバックグラウンドとして一《いっ》般《ぱん》教養があるべきだと私は思っています。哲学《てつがく》なしに科学をやるとか、文学的なものを知らずに経済学をやるというのは危険なことです。だから大学1年生には教養(ii)カ程《てい》があります。

それがリベラルアーツというものです。

MEMO

大切なことはメモしておこうネ！

2021年度

解　答　と　解　説

《2021年度の配点は解答欄に掲載してあります。》

＜数学解答＞《学校からの正答の発表はありません。》

1　(1)　ア　2　(2)　イ　1　(3)　ウ　6　エ　4　(4)　オ　1　カ　3

2　(1)　ア　1　イ　0　ウ　6　(2)　エ　7　オ　1　カ　8　キ　1　ク　9
(3)　ケ　5　コ　0　サ　3　シ　0

3　(1)　ア　0，3，6　(2)　イ　9　(3)　ウ　4　(4)　エ　2，4，7，8　オ　5
(5)　カ　1

4　(1)　ア　3　イ　2　ウ　3　エ　4　(2)　オ　2　カ　3　キ　1　ク　8
(3)　ケ　1　コ　2　サ　8　シ　0

5　(1)　ア　2　(2)　イ　4　ウ　0　(3)　エ　2　オ　0
(4)　カ　2　キ　1　ク　2　ケ　3

○推定配点○

1　各5点×4((3)・(4)各完答)　2　各5点×4((3)完答)　3　各4点×5((1)・(4)完答)
4　各4点×5((1)完答)　5　各5点×4((2)～(4)各完答)　計100点

＜数学解説＞

基本　1　(正負の数，平方根，連立方程式，2次方程式)

(1)　$\frac{3}{10}\left(\frac{1}{2}+\frac{1}{3}\right)-\frac{5}{2}\left(\frac{3}{10}-1\right)=\frac{3}{10}\times\frac{5}{6}-\frac{5}{2}\times\left(-\frac{7}{10}\right)=\frac{1}{4}+\frac{7}{4}=2$

(2)　$\left(\frac{\sqrt{10}-\sqrt{5}}{5\sqrt{2}}\right)\times(2\sqrt{5}+\sqrt{10})=\frac{2\sqrt{5}-\sqrt{10}}{10}\times(2\sqrt{5}+\sqrt{10})=\frac{20-10}{10}=1$

(3)　$\frac{1}{3}a+\frac{1}{4}b=1$より，$4a+3b=12$…①，$\frac{1}{6}a+\frac{1}{2}b=-1$より，$a+3b=-6$…②　①－②より，$3a=18$　$a=6$　これを②に代入して，$6+3b=-6$　$b=-4$

(4)　$(2x-1)(x-4)=-x-2$　$2x^2-9x+4=-x-2$　$x^2-4x+3=0$　$(x-1)(x-3)=0$　$x=1,\ 3$

2　(角度，確率，速さ)

基本　(1)　$\angle\mathrm{OBC}=\angle\mathrm{OCB}=a$とすると，平行線の錯角は等しいから，$\angle\mathrm{BCD}=\angle\mathrm{OBC}=a$　$\overset{\frown}{\mathrm{BD}}$の円周角だから，$\angle\mathrm{BAD}=\angle\mathrm{BCD}=a$　平行線の錯角は等しいから，$\angle\mathrm{CDA}=\angle\mathrm{BAD}=a$　$\triangle\mathrm{CDF}$において，内角と外角の関係より，$\angle\mathrm{FCD}+\angle\mathrm{CDF}=\angle\mathrm{CFA}$　$2a+a=111°$　$a=37°$　よって，$\angle\mathrm{BOC}=180°-37°\times2=106°$

(2)　さいころの目の出方の総数は，6×6＝36(通り)　$\frac{a+b}{a}=1+\frac{b}{a}$が整数になるのは，$(a,\ b)=$(1，1)，(1，2)，(1，3)，(1，4)，(1，5)，(1，6)，(2，2)，(2，4)，(2，6)，(3，3)，(3，6)，(4，4)，(5，5)，(6，6)の14通りだから，求める確率は，$\frac{14}{36}=\frac{7}{18}$　また，$\sqrt{5ab}$が整数になるのは，$ab=5,\ 20$のときで，$(a,\ b)=$(1，5)，(4，5)，(5，1)，(5，4)の4通りだから，求める確

率は，$\frac{4}{36}=\frac{1}{9}$

基本 (3)　こうじ君は歩き続けたので，歩いた時間は，$3000\div 60=50$(分)　こういち君が立ち止まったのが歩き始めてからt分後とすると，歩いた道のりについて，$60t+80(50-t-5)=3000$　$-20t=-600$　$t=30$(分後)

基本 3 (散布図)

(1)　バスの利用時間が0分の生徒は，A，D，Gの3人。

(2)　電車の利用時間が一番長いのは，50分のJである。

(3)　電車の利用時間をx分，バスの利用時間をy分とすると，直線$y=x$上にあるのは，利用時間がともに20分のEである。

(4)　直線$y=-x+40$上にC，E，H，Iの4人がいて，利用時間の合計は，$x+y=40$(分)

(5)　$(5+10+20+25+40\times 4+50+55)\div 10=32.5$(分)より，約32分

4 (図形と関数・グラフの融合問題)

基本 (1)　$y=mx+6$は点Aを通るから，$12=4m+6$　$m=\frac{3}{2}$　$y=ax^2$は点Aを通るから，$12=a\times 4^2$　$a=\frac{3}{4}$

基本 (2)　$y=\frac{3}{4}x^2$と$y=\frac{3}{2}x+6$からyを消去して，$\frac{3}{4}x^2=\frac{3}{2}x+6$　$x^2-2x-8=0$　$(x-4)(x+2)=0$　$x=4,\ -2$　$y=\frac{3}{4}x^2$に$x=-2$を代入して，$y=3$　よって，B$(-2,\ 3)$　E$(0,\ 6)$とすると，$\triangle\mathrm{OAB}=\triangle\mathrm{OAE}+\triangle\mathrm{OBE}=\frac{1}{2}\times 6\times 4+\frac{1}{2}\times 6\times 2=18$

重要 (3)　$y=-bx^2$に$x=4,\ -2$をそれぞれ代入して，$y=-16b,\ -4b$　よって，C$(4,\ -16b)$，D$(-2,\ -4b)$　台形ABCDの面積は，$\frac{1}{2}\times\{(12+16b)+(3+4b)\}\times(4+2)=3(20b+15)$　よって，$3(20b+15)=75$　$20b+15=25$　$b=\frac{1}{2}$　したがって，C$(4,\ -8)$，D$(-2,\ -2)$より，直線CDの式は，$y=-x-4$　P$(-4,\ 0)$，Q$(-2,\ 0)$，R$(4,\ 0)$とし，△ODCをx軸を軸として1回転させたときの立体の体積を[△ODC]と表すと，$[\triangle\mathrm{ODC}]=[\triangle\mathrm{PCR}]-[\triangle\mathrm{PDQ}]-[\triangle\mathrm{ODQ}]-[\triangle\mathrm{OCR}]=\frac{1}{3}\pi\times 8^2\times(4+4)-\frac{1}{3}\pi\times 2^2\times(-2+4)-\frac{1}{3}\pi\times 2^2\times(0+2)-\frac{1}{3}\pi\times 8^2\times 4=\frac{512}{3}\pi-\frac{8}{3}\pi-\frac{8}{3}\pi-\frac{256}{3}\pi=80\pi$

5 (空間図形の計量)

基本 (1)　1秒後，AP$=1$より，$\triangle\mathrm{AEP}=\frac{1}{2}\times 4\times 1=2(\mathrm{cm}^2)$

基本 (2)　2点P，Qがt秒後に出会うとすると，$1\times t+3\times t=4\times 4$　$t=4$　よって，$0<x\leqq 4$の範囲では，点Pは辺AD上にあり，AP$=x$　したがって，$\mathrm{S}=\frac{1}{2}\times 4\times x=2x$　このとき，Sはxに比例する。

重要 (3)　$0<x\leqq\frac{4}{3}$のとき，点Qは辺AB上にあり，AQ$=3x$　よって，$\mathrm{V}=\frac{1}{3}\times\triangle\mathrm{AEP}\times\mathrm{AQ}=\frac{1}{3}\times 2x\times 3x=2x^2$　このとき，Vはxの2乗に比例する。$\frac{4}{3}<x\leqq\frac{8}{3}$のとき，点Qは辺BC上にあるから，$\mathrm{V}=\frac{1}{3}\times\triangle\mathrm{APQ}\times\mathrm{AE}=\frac{1}{3}\times\frac{1}{2}\times x\times 4\times 4=\frac{8}{3}x$　このとき，Vはxに比例する。

重要 (4) $\frac{8}{3}<x\leqq 4$のとき，点Qは辺CD上にあり，$DQ=4\times 3-3x=12-3x$ よって，$V=\frac{1}{3}\times\triangle APQ\times AE=\frac{1}{3}\times\frac{1}{2}\times x\times(12-3x)\times 4=-2x^2+8x$ $0<x\leqq\frac{4}{3}$のとき，$V=2x^2$に$V=2$を代入して，$2=2x^2$ $x^2=1$ $x>0$より，$x=1$ これは適する。$\frac{4}{3}<x\leqq\frac{8}{3}$のとき，$V=\frac{8}{3}x$ これに$V=2$を代入して，$2=\frac{8}{3}x$ $x=\frac{3}{4}$ これは不適。$\frac{8}{3}<x\leqq 4$のとき，$V=-2x^2+8x$ これに$V=2$を代入して，$2=-2x^2+8x$ $x^2-4x=-1$ $(x-2)^2=-1+4$ $x-2=\pm\sqrt{3}$ $x=2\pm\sqrt{3}$ $\frac{8}{3}<x\leqq 4$より，$x=2+\sqrt{3}$ よって，三角すいQ−AEPの体積が2cm^{2}となるのは全部で2回あり，最初が1秒後，最後が$(2+\sqrt{3})$秒後

★ワンポイントアドバイス★
小問数は19題だが，複数解答の問題が多いので，時間配分も考えて，できるところからミスのないように解いていこう。

＜英語解答＞ 《学校からの正答の発表はありません。》

Ⅰ リスニング問題解答省略

Ⅱ (1) 3 (2) 4 (3) 1 (4) 2 (5) 2

Ⅲ (1) 6 (2) 1 (3) 4 (4) 5 (5) 3

Ⅳ (1) 3 (2) 1

Ⅴ 1 3421 2 4321 3 4231 4 2143 5 3124

Ⅵ A (1) 2 (2) 8 (3) 6 (4) 4
B (5) 1 (6) 5 (7) 3 (8) 8

Ⅶ 問1 4 問2 2 問3 3 問4 3 問5 2 問6 3 問7 3 問8 1
問9 4 問10 1

○推定配点○
Ⅰ～Ⅵ 各2点×35 Ⅶ 各3点×10 計100点

＜英語解説＞

Ⅰ リスニング問題解説省略。

Ⅱ **(語句選択問題：未来形，動詞，助動詞，前置詞，分詞)**

基本 (1) 「彼は卒業後何をしますか。」 これからのことを表しているので，未来形を使う。

(2) 「私はこの頃仕事の後まっすぐ帰宅します。」 these days とある。現在の習慣的行為は現在形の動詞で表す。

(3) 「角の当たりにかつて本屋がありました。」 〈used to ～〉で「かつては～だった」という意味になる。

(4) 「遊びに行く前に部屋を掃除しなさい。」 文の意味から判断する。

(5) 「木の下で音楽を聞いている少年はトムです。」 listen to music under the tree という部分

がboyを修飾するので，分詞の形容詞的用法を使う。

Ⅲ　（長文読解問題・説明文：語句補充）

（全訳）　私はよく喫茶店に出かけます。もちろん，喫茶店に行くときはコーヒーを飲みますが，私の本当の(1)理由はコーヒーを飲むことではありません。

むしろ，新聞や雑誌を読むためにそこに行きます。(2)家には新聞や雑誌を持っていないので，喫茶店で読書をしています。私はそのようにお金を(3)節約し，とにかく一人で家にいるのではなく，他の人に囲まれる方が面白いです。

私はコーヒーショップの数多くのオーナーと(4)友達になりました。また，お得意さんとも(5)知り合いになりました。

Ⅳ　（長文読解問題・説明文：文整序）

(1)　4「一部の動物は遠くから家に帰ることができます。」→2「伝書鳩は最も有名な例です。」→3「彼らは1000キロ離れたところから家に帰る道を見つけることができます。」→1「それは東京から種子島までの距離です。」

(2)　私は先月京都に行きました。私はそこで多くの寺を訪れました。私は金閣寺が一番好きでした。→エ「私がそこに行ったとき，たくさんの外国人が写真を撮っていました。」→イ「そのうちの一人が金閣寺について私に尋ねました。」→ウ「彼は突然私に英語で話しかけていたので，驚きました。」→ア「しかし，私は彼に答えることができました。」→私はとてもうれしかったです。

Ⅴ　（長文読解問題・説明文：語句整序）

（大意）　郵便配達員のピートは，ケンブリッジのすべての忙しい隣人に郵便物を配ります。朝，彼はケンブリッジ郵便局で手紙や荷物を持ちます。それから彼は1町を通って彼の旅を開始します。彼はいつもお菓子屋さんから始めます。

郵便配達員のピートは次に警察署に立ち寄ります。警察署長のチャーリーはケンブリッジの物事を平和に2保つことを担当しています。

郵便配達員のピートは医師のライオンのためのいくつかの郵便物を持っています。彼は看護師のネリーにそれを与えます。彼女はケンブリッジの3すべての病気の人々の世話をします。ライオン医師は，彼のオフィスで4患者を検査しています。

彼はケンブリッジの5誰もが健やかにしていることを確認します。

1　〈through ～〉で「～を通って」という意味になる。

重要　2　〈be in charge of ～〉で「～を担当する」という意味になる。

3　〈look after ～〉で「～のめんどうを見る」という意味を表す。

4　be動詞とing形の動詞があるので，進行形の文だとわかる。

5　〈make sure that ～〉で「～を確認する」という意味を表す。

Ⅵ　（会話文問題：文選択）

A　ジェーン：やあ，ケン。(1)どうしたの？

ケン　　：信じられるかい？　今日放課後に母さんのための誕生日プレゼントを買う必要があるんだ。それでぼくは家にクレジットカードを忘れてきたんだよ。

ジェーン：(2)そう聞いてとてもかわいそうに思うわ。

ケン　　：どうするかな…ぼくにお金を貸せるかい？

ジェーン：いくらいるの？

ケン　　：ああ…50ドルくらい。

ジェーン：(3)今はそんなお金を持ってないよ。

ケン　　：ああ，えっと，君のスマートフォンを借りられるかい？　姉さんに電話をして，ぼくのクレジットカードを持って来てくれるように言って，店で会うんだ。

ジェーン：(4)それは問題ないわ。ただいつまでも話さないでね。

ケン　　：心配しないで。どうもありがとう！

B　ジェーン：なんておいしいお肉なの！

ケン　　：ありがとう。今コーヒーはどう？

ジェーン：(5)いいえ，けっこうよ。私はコーヒーはほしくないの。お茶が好きよ。

ケン　　：お茶には砂糖はいる？

ジェーン：いいえ，砂糖はいらないの。あなたはどう？

ケン　　：ぼくは砂糖とクリームを少し入れるよ。果物はどう？

ジェーン：ええ，ありがとう。リンゴはある？

ケン　　：うん。このリンゴをひとつ食べてみて。とても甘いよ。

ジェーン：ありがとう。んん。おいしいね。

ケン　　：(6)今果物はとても安いんだ。リンゴは1ポンド30セントしかしないよ。

ジェーン：そうなの？　面倒をかけたくないけど，水を一杯ほしいな。

ケン　　：冷たいオレンジジュースはどう？

ジェーン：いいえ，けっこうよ。私はオレンジジュースは好きじゃないの。水が好きよ。

ケン　　：(7)おや，とてもかわってるね！　ぼくは水は嫌いだよ。ぼくはオレンジジュースが好きだよ。

ジェーン：おいしい食事といい会話があるのはすばらしいことね。

ケン　　：(8)またすぐ来てよ。

ジェーン：招待してくれてありがとう！　感謝しているわ。

ケン　　：そんなこと言わなくていいよ。楽しみだよ。

Ⅶ　**（長文読解問題・説明文：内容吟味，語句補充）**

（大意）　スティーブン・ホーキングは1942年1月8日にイギリスのオックスフォードで生まれました。同じ日に人々は別の偉大な人，ガリレオ・ガリレイの300年前の死を思い出しました。彼はスティーブンのように夜空を研究しました。

スティーブンは4人の子供の中で最年長でした―彼には2人の姉妹とずっと年下の弟がいました。彼の父フランクは医者で科学者でした。(1)スティーブンの父親と彼の母イソベルは両方とも優秀で，世界で最高の大学の一つであるオックスフォード大学から学位をもらっていました。彼らは非常に賢い家族であり，(2)ホーキングス一家はしばしば夕食を食べている間，テーブルに座って本を読んでいました。スティーブンが幼かった頃，家族の家はロンドン北部のハイゲートにありました―英国が当時ドイツと戦争していたため人々はロンドンは赤ちゃんにとって危険すぎると思っていたので，スティーブンはオックスフォードにおいては生まれただけでした。

戦争が終わった後，スティーブンが8歳のとき，家族はロンドンから北へ約30キロ離れた小さな町セントオールバンズに引っ越しました。セントオールバンズのホーキングスの家は大きく，古く，冬には非常に寒かったのですが，スティーブンはそれを愛しました。(3)彼と彼の妹のメアリーは家に入る様々な方法を見つけるのが好きでした。彼らはよく外側を登り，開いた窓から入りました。スティーブンは登山が上手で，時々木に登っていました。

彼の母イソベルはしばしば夜に子供たちを庭に(4)連れ出しました。彼らはその時が大好きでした。暖かい夏の夜には，彼らは仰向けに横たわり，夜空を見上げました。その時にもスティーブンは星に非常に興味を持っていました。

スティーブンは物事の仕組みを理解するのが好きで，しばしば小さな飛行機やボートを作りました。当時は自宅や学校にコンピュータを持っている人はいませんでしたが，スティーブンが16歳のとき，彼と何人かの学校の友人は古い機械からコンピュータを作りました。それはあまり良くはありませんでしたが，数学の問題を解くのに使うことができました。

スティーブンは学校があまり好きではありませんでしたが，彼はそこで何人かの良い友人を持っていました。彼らは科学や音楽などについて一緒に話すことを楽しみました。スティーブンの友人たちは，彼がとても賢かったので，彼を「アインシュタイン」と呼びました。彼の先生たちも彼が賢いことを知っていましたが，学校ではいつも笑ったり冗談を言ったりしていて，彼はあまり一生懸命勉強しませんでした。彼は良い学生ではありませんでした！

スティーブンはオックスフォード大学で科学を学びたいと思い，学校で最後の年により一生懸命勉強し始めました。彼は17歳の時にユニバーシティカレッジの学生になりました。

彼は学位を取得するために物理学を学びました。物理学はほとんどの人にとって理解が難しいのですが，スティーブンにとっては簡単だったので，他の多くの学生ほど一生懸命勉強する必要がありませんでした。そして，スティーブンは非常に簡単に物事を覚えることができたので，多くのメモを書く必要はありませんでした。

スティーブンは他のオックスフォードの学生の多くよりも若く，最初は孤独を感じましたが，ボートを見つけたときはそれが変わりました。スティーブンはかじ取りだったので，彼は漕がず，ボートの前に座って，より速くまたは遅く，あるいは左または右に行くように漕ぎ手に言いました。スティーブンは自分のボートチームが他のチームよりも速く進むことを望んだので，彼は他のチームのボートを追い越すためにしばしば危険なことをしました。彼は時々彼のチームのボートを他のボートの非常に近くに(4)誘導し，ボートを打つこともしました！

困難なスタートの後，スティーブンはオックスフォードで素晴らしい時間を過ごしました。彼はボートチームに多くの友人を持ち，彼らと一緒に音楽を聴いたりダンスに行ったりするのが好きでした。スティーブンはよく夜遅くに友人と外出し，彼のカレッジは真夜中にはドアを閉めたため，彼は自分の部屋に戻るために壁を乗り越えなければなりませんでした。

問1　1「スティーブン・ホーキングだけでなく，ガリレオ・ガリレイもイギリスのオックスフォードで生まれたのを覚えている人もいる。」 ガリレオ・ガリレイがオックスフォードで生まれたとは書いていないので，誤り。　2「スティーブン・ホーキングは，偉大な人物であるガリレオ・ガリレイに興味を持っていたので，夜空を勉強し始めた。」 ガリレオ・ガリレイに興味を持っていたとは書いていないので，誤り。　3「スティーブン・ホーキングは，ガリレオ・ガリレイが死んだ後の1942年1月末にイギリスのオックスフォードで生まれた。」 1月8日に生まれたとあるので，誤り。　4「ガリレオ・ガリレイは，スティーブン・ホーキングが1942年にイギリスのオックスフォードで生まれる数百年前の1642年に亡くなった。」 第2文の内容に合う。

問2　1「スティーブンの両親は毎日忙しく，スティーブンは妹と弟の世話をしなければならなかった。」 文中に書いていない内容なので，誤り。　2「スティーブンの父と母は，世界で最高の大学の一つで学位を取得するほど十分賢かった。」 第3文の内容に合う。　3「スティーブンは科学者として父親を尊敬し，将来彼のような偉大な科学者になることを決めた。」 文中に書いていない内容なので，誤り。　4「スティーブンの両親は息子のスティーブンが医者か科学者になることを望んだので，いつも夕食中に本を読んだ。」 文中に書いていない内容なので，誤り。

重要 問3　1「スティーブンと彼の妹と弟は，両親が子供を育てるのに最適な場所だと思ったので，ロンドンで生まれました。」 スティーブンの妹や弟がロンドンで生まれたとは書いていないので，誤り。　2「スティーブンは戦争中にセントオールバンズで生まれたが，彼の妹と弟は戦後別の場所で生まれた。」 スティーブンはオックスフォードで生まれたので，誤り。 3「スティーブンと彼の家族は，イギリスとドイツの間の戦争のためにセントオールバンズからオックスフォードに移動しなければならなかった。」 第2段落の最後の文の内容に合う。 4「ホーキング一家の最初の子供としてスティーブンが生まれた後，彼の家族はロンドン北部のハイゲートに移動しました。」 スティーブンが幼かった頃家族の家はハイゲートにあったとあるので，誤り。

問4 1「帰り道」ではないので，誤り。 2「家の違い」ではないので，誤り。 3 ways into their house という意味に合う。 4「遊び場」ではないので，誤り。

問5 take は「連れて行く」という意味を表す。

問6 「スティーブンの友人たちはなぜ彼に有名な科学者の名前を与えたか？」という質問。 1「当時，彼の顔は偉大な科学者アインシュタインの顔と非常によく似ていたから。」 文中に書いていない内容なので，誤り。 2「彼はいつも学校で，彼の友人に偉大な科学者アインシュタインのような科学者になりたいと言ったから。」 文中に書いていない内容なので，誤り。 3「彼は学校で勤勉な生徒ではなかったが，アインシュタインのように頭が良かったから。」 第6段落の第3文の内容に合う。 4「彼は学校の友人や教師よりずっと賢く，成績の悪い生徒をいつも助けたから。」 成績の悪い生徒をいつも助けたとは書いていないので，誤り。

問7 1「彼は成績が悪いために1年遅れてオックスフォード大学に入学しなくてはならなかったので，友人のいない孤独な学生生活を送った。」 成績が悪いために1年遅れてオックスフォード大学に入学したとは書いていないので，誤り。 2「オックスフォード大学で1年生の時，彼は多くの友人と音楽と科学を学ぶことに決めたが，徐々に物理学に興味を持つようになった。」 音楽と科学を学ぶことに決めたとは書いていないので，誤り。 3「オックスフォード大学の学生時代，彼は他の学生よりも記憶力が良かったので，メモを取る必要はほとんどなかった。」 第8段落の最後の文の内容に合う。 4「彼が学生だったとき，物理学はオックスフォード大学で最も人気のある科目の一つだったので，多くの学生がそれを勉強した。」 物理学はオックスフォード大学で最も人気のある科目の一つだったとは書いていないので，誤り。

問8 1「スティーブンは1942年にオックスフォードで生まれ，彼は最初にハイゲートで子供時代を過ごし，その後1950年から別の町を過ごしました。」 第2，第3段落の内容に合う。 2「スティーブンと彼の姉妹は夕食中に本を読むのが好きでしたが，彼の親は決してこのような行動を受け入れませんでした。」 下線部(2)を含む文の内容に合わないので，誤り。 3「スティーブンが家族とセントオールバンズに住んでいた時，彼の母親は彼に2階から家に入るために木に登る方法を教えました。」 母親が教えたわけではないので，誤り。 4「スティーブンはホーキング家の次男で，兄はスティーブンより10歳以上年上でした。」 ずっと年下の弟だったとあるので，誤り。

問9 1「先生たちはスティーブンと彼の友人が物を作るのが得意だと知っていたので，彼らは彼らにコンピュータを作るように頼みました。」 文中に書いていない内容なので，誤り。 2「スティーブンは学生時代にいつも冗談を言って一生懸命勉強していなかったので，学校で友人に笑われた。」 文中に書いていない内容なので，誤り。 3「スティーブンは学生だったとき，物理学は非常に難しい科目だったが，スティーブンによって作られたコンピュータを使って，誰もが簡単に物理学の問題を解くことができた。」 文中に書いていない内容なので，誤り。 4「スティーブンがロンドンとは違う都市で生まれたのは，ロンドンは赤ちゃんにとって危険すぎると考えられていたからだ。」 第2段落の最後の文の内容に合う。

問10 1「スティーブンは，ボートレースで他のチームに負けたくないと思い，自分のチームが勝つために彼はいくつかの悪いことをした。」 第9段落の第3文の内容に合う。 2「スティーブンと彼の友人の何人かは，彼らがコンピュータを持っていなかったので，学校に行きたくなかった。」 文中に書いていない内容なので，誤り。 3「スティーブンがオックスフォード大学の学生だったとき，彼の成績は非常に悪かったので，彼は他の学生よりも一生懸命勉強しなければならなかった。」 文中に書いていない内容なので，誤り。 4「スティーブンはオックスフォード大学に入学した後に孤独を感じたので，何人かの教師や友人が彼をボートクラブに招待しました。」 文中に書いていない内容なので，誤り。

★ワンポイントアドバイス★

Ⅱの(3)には「かつては～だった」という意味で〈used to ～〉が使われている。似た表現として〈be used to ～〉があり，「～に慣れている」という意味になる。
(例) I'm used to going to the place.「私はその場所に行くのに慣れている。」

＜国語解答＞ 《学校からの正答の発表はありません。》

一 問一 (i) ウ (ii) ア (iii) エ 問二 エ 問三 Ⅰ ウ Ⅱ イ Ⅲ ア 問四 イ 問五 ウ 問六 ア 問七 ④ エ ⑥ イ 問八 ア 問九 ウ 問十 ア 問十一 ウ 問十二 エ 問十三 イ

二 問一 エ 問二 ア 問三 ウ 問四 ④ エ ⑤ イ ⑨ ウ 問五 ウ 問六 Ⅰ ア Ⅱ イ Ⅲ ウ 問七 ア 問八 ア 問九 イ 問十 ア 問十一 エ 問十二 イ 問十三 エ 問十四 ウ

三 問一 エ 問二 ① ア ③ イ 問三 ② ア ⑥ エ 問四 イ 問五 エ 問六 イ 問七 Ⅰ エ Ⅱ ウ Ⅲ エ 問八 ア 問九 エ 問十 ウ 問十一 エ

○推定配点○

一 問一 各2点×3 問二・問三・問七・問十・問十一 各1点×8 他 各3点×7
二 問一・問二・問五・問六・問九・問十四 各1点×8 問四 各2点×3 他 各3点×7
三 各2点×15 計100点

＜国語解説＞

一 (論説文―大意・要旨，内容吟味，文脈把握，指示語の問題，接続語の問題，脱文・脱語補充，漢字の読み書き，語句の意味，同義語・対義語，熟語，ことわざ・慣用句)

問一 (i) 摂取 ア 接戦 イ 設置 ウ 摂氏 エ 折衝
(ii) 課程 ア 課題 イ 仮説 ウ 家庭科 エ 通過
(iii) 概念 ア 公害 イ 外国 ウ 感慨 エ 概算

問二 ア・イ・ウは「ぬ」に置き換えられるので，打消しの意味を表す助動詞。エは形容詞。

問三 Ⅰ 「先生自身に教養がなければなりません」という前に対して，後で，専門外の読書を問われた時に「急に言葉に詰まってしまう人が多くなっています」と相反する内容を述べているので，逆接の意味を表す語が入る。 Ⅱ 前の「専門分野の知識……を生かすうえでは多角的な視点がなければ難しい」例を，後で「遺伝子工学を学んで……歴史や宗教，哲学など幅広い知識が必要」と挙げているので，例示の意味を表す語が入る。 Ⅲ 「囲碁は……『すべての手を覚え，計算して最適解を出す』というやり方が通用しづらい」という前から，当然予想される内容が，後に「囲碁では，コンピューターが人間に勝つのはまだ先だと思われていました」と続いているので，順接の意味を表す語が入る。

問四　直後の文で「どうやら，表面だけサーッと撫でてキーワードだけ拾っており，詳しいところまでは読んでいないようなのです」と筆者は推察している。「詳しいところまでは読んでいない」は，本質を理解したり知識を深めようとしたりしないことを意味しており，この内容を述べているイを選ぶ。アの「情報の真偽」ウの「他人に答えを求める」エの「受け身」は述べていない。

やや難　問五　傍線部②の「やること」は，同じ段落の「浅瀬で貝殻をと」ることと「深いところへ潜りにいく」ことを意味している。「浅瀬で貝殻をと」るは，表面的な情報を得てわかった気になることをたとえており，「深いところへ潜りにいく」は，本質を理解しようと自ら調べたり考えたりすることをたとえている。両者の違いは，物事に対する働きかけ方である。アの「発想や工夫の仕方」では，深く理解することにつながらない。

問六　直後の段落の「専門分野は当然詳しいのでしょうが，そのバックグラウンドとして一般教養があるべき」という筆者の考えをふまえて，筆者が問題視している点を考える。「専門分野の」で始まる段落の「専門分野の知識が豊富にあっても，その知識を生かすうえでは多角的な視点がなければ難しい」に着目する。イの「地域の絶対量」やウの「機転」を求めているわけではない。

問七　④「実践的」は実際に実行することなので，対義語は考えを組み立てること。　⑥「想像」は経験していないことを心の中で思い描くことなので，対義語は現実でとらえられること。

問八　「後ほど」で始まる段落の「読書は人に『深さ』をつくります」や，教養を深めるために幅広い読書が重要だと考える筆者にとって，X の直前「教養が重要とされている時代なのに，本を読んでいない」ことは，どのようなことかを考える。ウの「ゆるせない」という怒りの感情は読み取れない。

問九　「ナンセンス」は，無意味だということ。直後で「『AIにできないこと』を予測したって簡単に覆る……普通の人間の想像をはるかに超える変化が起こるはず」と理由を説明している。

基本　問十　「本末」は，物事の重要なこととささいなことを意味する。それが「転倒」していることから，意味を判断する。

問十一　「Y を削る」で，大変な苦労をするという意味になる。「骨身を削る」「骨を折る」なども同様の意味を表す。

やや難　問十二　傍線部⑧の前で，筆者は，人間だけが読書によって「地域や時代を超えたところにいたものたちが，何を考えていたかを知ることができる」としている。その読書ができないようになると，場所や時代を超えた知を得られなくなると筆者は危惧している。この内容を言い換えたエが適当。アの「教育水準の低下」や，イの「活字文化」がすたれてしまうとは述べていない。ウは，本文では「人類の滅亡」までは述べておらず，「自ら学ぶ姿勢」もそぐわない。

重要　問十三　「この素晴らしいツール」で始まる段落の「読書は人間に生まれたからこそ味わえる喜びです。自分で自分の人生を深めていける最高のものです」という筆者の主張に，イが合致する。アは，筆者は読書をしなければ教養を得られないと述べているが，ネットと思考力については言及していない。ウの「読み方の質」についても触れていない。また，「AIに負けないこと」で始まる段落の内容に，エの「人間はAIよりも優れた存在になることができる」はそぐわない。

二　（小説一主題・表題，情景・心情，内容吟味，文脈把握，接続語の問題，脱文・脱語補充，語句の意味，熟語，文と文節，表現技法，文学史）

基本　問一　「珍し」かったのは何か。「珍しく」が自然につながるのは，エの「いなかった」。

基本　問二　傍線部②は，直前の「疲労と倦怠」を「ような」という語を用いてたとえている。

問三　傍線部③の前で，「私」の心情や情景を述べている部分に注目する。同じ段落の「私はかすかな心の寛ぎを感じながら……待ちかまえていた」ところに，「けたたましい日和下駄の音が……十三四の小娘が一人，慌しく中へはいって来た」とある。この後で傍線部③「漸くほっとした心もちになった」とあり，この心情の移り変わりを述べているウが適当。イやエは，この段階では娘に腹立たしさを感じたり許す気持ちになったりしているわけではないので，適当ではない。

問四　④「瞥」は横目でちらりと見るという意味。　⑤「漫」には，なんとなく，こっけいな，という意味がある。　⑨ 物事を気にかけること。「とんちゃく」とも読む。

基本 問五 「平」と「凡」は似た意味を重ねる熟語で，同じ構成の熟語はウの「基礎」。アは上が下を修飾する，イは反対の意味を重ねる，エは下が上の語の目的語となる構成。

問六　Ⅰ 「油気のない髪を……田舎者らしい娘だった」という前に，後の「垢じみた萌黄色の毛糸の襟巻きがだらりと垂れ下った」と付け加えているので，添加の意味を表す語が入る。

Ⅱ　直前の段落で，愚鈍な心を持つ小娘の存在を忘れようと夕刊をひろげたとある。［Ⅱ］の後に「私の憂鬱を慰むべく，世間は余りに平凡な出来事ばかりで持ち切っていた」とあるので，前と比べて違いがない，という意味の語が入る。　Ⅲ　後の「したような」に呼応する語が入る。

問七 「不可解な，下等な，退屈な人生」を，「隧道の中の汽車」「田舎者の小娘」「平凡な記事に埋っている夕刊」によって表している，という文脈になる。「象徴」の意味を考えてもよい。

やや難 問八　直前に「腹の底に依然として」とあるので，「私」がずっと持っている「険しい感情」の正体を探る。前で「小娘は，わざわざしめてある窓の戸を下そうとする……この小娘の気まぐれだとしか考えられなかった」とあるように，「私」の「険しい感情」は，田舎者の小娘に向けられたものである。「それは」で始まる段落の「如何にも田舎者らしい娘」や「下品な顔立ち」「不潔なのもやはり不快だった……二等と三等との区別さえも弁えない愚鈍な心が腹立たしかった」という描写にふさわしいものを選ぶ。イの「周囲の静けさを乱された」や，エの「自分の平凡な人生を思わせる」は，本文からは読み取ることができない。「それから」で始まる段落に「幾分ながら同情を惹くに足るものには相違なかった」とあるが，その後で「しかし……その理由が私には呑み込めなかった」とすぐに否定しているので，「同情」と「不可解さ」とあるウも適当ではない。

基本 問九 「［X］戦［Y］闘」で，「アクセンクトウ」と読む四字熟語となる。

問十　直後の「狭苦しく建てこんで」いる様子を表す表現を選ぶ。

問十一 「息を呑む」は，驚きで一瞬息を止める様子を表すので，「驚いている」とあるエが適当。直後に「そうして刹那に一切を了解した」とあるので，娘が列車から弟たちに向かって蜜柑を投げたのは，「私」にとって予想もしなかったことだとわかる。

問十二　同じ文の文脈から，筆者が「忘れる事ができた」のは，何かを考える。「云いようのない疲労と［Z］」に着目すると，冒頭の段落に「云いようのない疲労と倦怠」という同様の表現があるのに気づく。

重要 問十三　二重傍線部ⓔ「着物」の直前に，「陰惨たる風物と同じような色の」とある。さらに，二重傍線部ⓕの直前の「三人の子供たちと，そうしてその上に乱落する鮮な」に着目する。三人の男の子の「着物」の上に，「心を躍らすばかり暖な日の色に染まっている蜜柑」が降って来る情景が印象的に描かれている。冒頭の段落で「私」は「疲労と倦怠」を感じ，「しかしその」で始まる段落で「不可解な，下等な，退屈な人生の象徴」として「田舎者の小娘」を見ていたとある。娘が弟たちに蜜柑を投げたことをきっかけに，「暮色を帯びた」で始まる段落「得体の知れない朗な心もちが湧き上って来る」とあり，最終段落では「云いようのない疲労と……又不可解な，下等な，退屈な人生を僅に忘れることができた」と明るさが感じられる内容となっている。この内容を説明しているエが適当。アの「萌黄色の毛糸の襟巻」に関しては，前半の「それは」で始まる段落でも描写されており，前半の悲しげな風景とは対照的に述べているわけではない。

基本 問十四　アは夏目漱石，イは川端康成，エは太宰治の作品。

三 **（古文―内容理解，文脈把握，指示語の問題，接続語の問題，脱文・脱語補充，語句の意味，ことわざ・慣用句，文と文節，品詞・用法，仮名遣い，口語訳，文学史）**

〈口語訳〉　近年，帰朝した僧の話で，ある人が語ったことには，中国に貧しい夫婦がいた。餅を売って商売をしていた。夫が道のほとりで餅を売っていたところ，(ある)人が袋を落としたのを見たところ，銀貨が六つ入っていた。(夫は)家に持って帰った。

妻は，心が素直で欲がない者で，「私たちは商いをして過ごせば，不足はありません。この持ち主は，どれほど嘆いて探していることでしょう。気の毒なことです。持ち主を探してお返しなさい。」と言ったので，(夫は)「本当に(その通りだ)。」と，広く尋ねたところ，持ち主だという者が現れて，これを手にして，あまりにうれしくて，(夫婦に)「三つ差し上げよう」と言って，もう少しで分けようとしたとき，思い直して，めんどうなことを持ち出そうとして，「(銀貨が)七つあったはずなのに，六つあるのは不思議なことだ。一つ隠しなさったのか」と言う。(夫は)「そんなことはない。はじめから六つあったのだ」と言い争ったので，最後には，国司の長官のもとで，判定させることにした。

国司の長官は，見抜く力にすぐれていて，「この持ち主はうそつきの者だ。この男は正直な者」と見定めながら，やはり疑わしく思ったので，(拾った男の)妻を呼び出して別の所で，事の仔細を尋ねたところ，夫の言い分に一つも違わなかった。(国司の長官は)「この妻は大変な正直な者」と見て，この持ち主が，うそつきであったことが確かになったので，国司の長官の判決を言い渡すことには，「このことは，確かな証拠がないので判定が難しい。ただし，両方とも正直な者と思える。夫婦は申し分が違わない。持ち主の言葉も正直に聞こえるので，七つあるはずの銀貨を探して手に入れなさい。これは六つあるので，別の人のものだろう」と，六つ全て夫婦に授けた。

宋国の人は，すばらしい裁定だと，広く評判になった。心がまっすぐであれば，ひとりでに天が与える宝を得ることができる。心が曲がっていれば，神仏のとがめで，財を失う。この道理は少しも違わない。くれぐれも心は清らかで素直であるべきものである。

問一　「てう」は，現代仮名遣いでは「ちょう」と読む。

問二　①「賤し」には，身分が低い，下品だ，貧しい，などの意味がある。　③「三つ奉らん」と言っていたのに，「七つこそ有りしに……一つは隠されたるにや」と言い出していることから意味を判断する。

問三　②「いとほし」には，気の毒だ，いじらしい，という意味がある。ここでは，軟挺の持ち主に対して言っている。　⑥「ながら」には，全部という意味がある。軟挺の持ち主の不実を見破った長官が，「六つなので主のものではなく，別の人のものだ」と言った後に，判決として述べた部分である。

やや難 問四　係り結びの法則が働いている。「こそ」という係助詞を受けて，文末は已然形で結ばれる。

やや難 問五　前で「主と云ふ者出来て，是を得て，あまりに嬉しくて……思ひ返して，煩ひを出さんが為に」と理由を述べている。

問六　前で，軟挺の持ち主が「七つこそ有りしに，六つあるこそ不思議なれ。一つは隠されたるにや」と言い出したのに対して，夫は「さる事なし。本より六つこそ有りしか」と言い合っている。ここから，「是」は軟挺の持ち主と夫のどちらが正しくてどちらがうそをついているかを指し示す。

問七　Ⅰ　前に「国の守，眼賢くして」とあるので，「主」が「不実の者なり」と見抜いていると推察する。　Ⅱ「国の守」が夫の言い分を確かめようと「召し」たのは，夫の「妻」。　Ⅲ　直前に「夫妻また詞変らず」とあるので，［Ⅲ］にはもう一人の当事者である「主」が入る。

やや難 問八 「この事，慥かの証拠なければ判事がたし」という前に，後で「共に正直の者と見えたり」と付け加えている。前を受けて，補足や例外を付け加える意味を表すアの「但し」が入る。

重要 問九 「いみじき成敗」は，「国の守」の裁定に対する評価である。「国の守」は，銀貨の持ち主がうそつきの者で夫婦が正直な者であることを見抜き，「共に正直の者」と言いながらも正直な夫婦が得をし，うそつきな持ち主が財産を失うという裁定をしたのである。ここでの「いみじ」は，すばらしいという意味であることに注意する。

問十　正直に軟挺を届け出た夫婦が軟挺を与えられたのに対して，欲を出した持ち主が自分のものであった軟挺を失ってしまったという内容に関連が深いのは，正直な人には神の加護があるという意味を表すウが適当。

問十一　アは平安時代，イは鎌倉時代，ウは江戸時代に成立した作品。

★ワンポイントアドバイス★

選択肢には紛らわしいものが多いが，こだわっていては，全ての問題を解くことができなくなってしまう。ある程度考えたら次に進み，最後に時間があればもう一度考えるというような作戦を立てよう。

2020年度

★★★★★★★★★★★★★★★★★★★★★★★★

入　試　問　題

2020年度

日本大学櫻丘高等学校入試問題

【数　学】 (60分)　　＜満点：100点＞

【注意】 1. 定規・コンパス・分度器・計算機は使用できない。

2. 答えが分数の形で求められているときは，それ以上約分できない分数の形で答えること。例えば，$\frac{3}{4}$を$\frac{6}{8}$としてマークしないこと。

3. 答えが比の形で求められているときは，最も簡単な整数の比の形で答えること。例えば，1：3を2：6としてマークしないこと。

4. 答えが根号の中に数字を入れる形で求められているときは，根号の中の数はできるだけ小さな数にして答えること。例えば，$4\sqrt{2}$を$2\sqrt{8}$としてマークしないこと。

1 次の [　] に当てはまる数値を答えなさい。

(1) $\{5-(-2)^2\}\times 7+1-(5-2^2)=$ [ア]

(2) $x=\sqrt{5}+\sqrt{2}$，$y=\sqrt{5}-\sqrt{2}$のとき，$\dfrac{x^3y^2+x^2y^3}{x^2-y^2}$の値は $\dfrac{[イ]\sqrt{[ウ]}}{[エ]}$ である。

(3) 2つの2次方程式$x^2-x-3a=0$，$x^2-4ax+12a=0$はともに$x=4$を解にもつ。このとき，$a=$ [オ] であり，$x=4$以外の解の和は [カ] である。

(4) $\sqrt{\dfrac{196}{xy}}$ が整数となる自然数x，yの組は全部で [キク] 組である。

2 次の [　] に当てはまる数値を答えなさい。

(1) 右図のように半径が2の半円Oと，半径が1の半円O’が組み合わされた図形がある。このとき，斜線部分▨の面積をS_1，網線部分▩の面積をS_2とすると，

$S_1=\dfrac{[ア]\pi-[イ]\sqrt{[ウ]}}{[エオ]}$であり，

$S_2-S_1=\dfrac{[カ]}{[キ]}\pi$である。

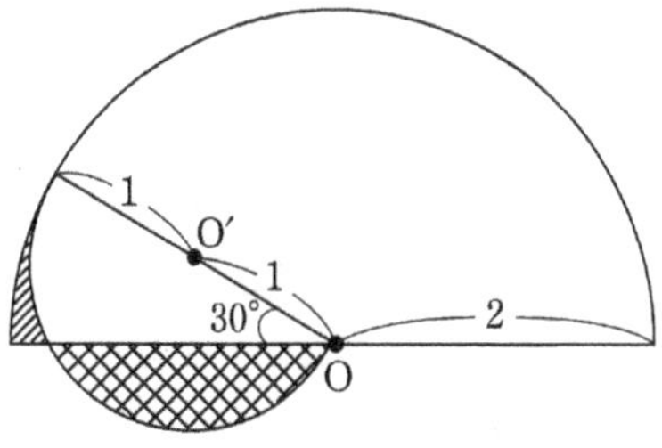

(2) 下の表は10点満点である漢字の小テストをA～Jの10人が受けた結果をまとめたものである。

名前	A	B	C	D	E	F	G	H	I	J
点数	x	3	7	4	6	10	3	1	9	y

このテストは平均値が5(点)，中央値が4(点)，$x\leqq 3$，$x<y$を満たしている。

このとき，$x=$ [ク]，$y=$ [ケ] である。

(3) 3つの箱A，B，Cがある。箱Aと箱Bには1から3までの番号が書かれたカードがそれぞれ1枚ずつ，箱Cには1から4まで書かれたカードが1枚ずつ入っている。それぞれの箱から1枚

ずつカードを引くことを考える。ただし，それぞれの箱から1枚ずつカードを取り出す方法は同様に確からしいとする。

それぞれの箱から引いた3枚のカードの数の積が4となる確率は$\dfrac{\boxed{\text{コ}}}{\boxed{\text{サ}}}$であり，積が6となる確率は$\dfrac{\boxed{\text{シ}}}{\boxed{\text{ス}}}$である。また，それぞれの箱から引いた3枚のカードの数の積がkとなる確率が$\dfrac{1}{12}$であるとき，kの値は$\boxed{\text{セ}}$通りある。

3 右図のように床の上を底辺と高さが共に8である直角二等辺三角形と正方形が移動していく。

左にある直角二等辺三角形は右方向へ毎秒1の速さで移動し，右の正方形は左方向へ毎秒1の速さで移動していく。初めは図①のようにお互いが離れていたが，やがて図②のように図形どうしが重なり，さらに時間が経過すると図③のような状態となる。このとき，図形が重なり始めてから経過した時間をt秒として，次の$\boxed{}$に当てはまる数値を答えなさい。

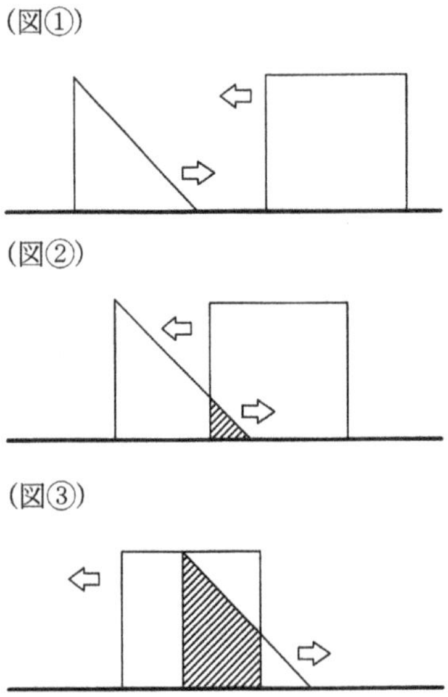

(1) 斜線部分の面積が最大となるのは$\boxed{\text{ア}}$秒後であり，そのときの面積は$\boxed{\text{イウ}}$である。

(2) $0 \leqq t \leqq 4$のとき，斜線部分の面積は$\boxed{\text{エ}}\,t^{\boxed{\text{オ}}}$である。

また，$4 \leqq t \leqq 8$のとき，斜線部分の面積は

$-\boxed{\text{カ}}\,t^2+\boxed{\text{キク}}\,t$である。

(3) 斜線部分の面積が最大値の半分となるときは2回あり，その時間の差を求めると，$\boxed{\text{ケ}}$秒である。

4 右図は放物線$y=ax^2$と$y=bx^2$ $(a>b>0)$のグラフである。x座標が-3である点Aは$y=ax^2$上にあり，点Bは$y=bx^2$上にある。

また，線分ABはx軸と平行である。

さらに，直線OA上に点C$(1,\ -2)$があり，△ACBはAC＝BCの二等辺三角形である。このとき，次の$\boxed{}$に当てはまる数値を答えなさい。

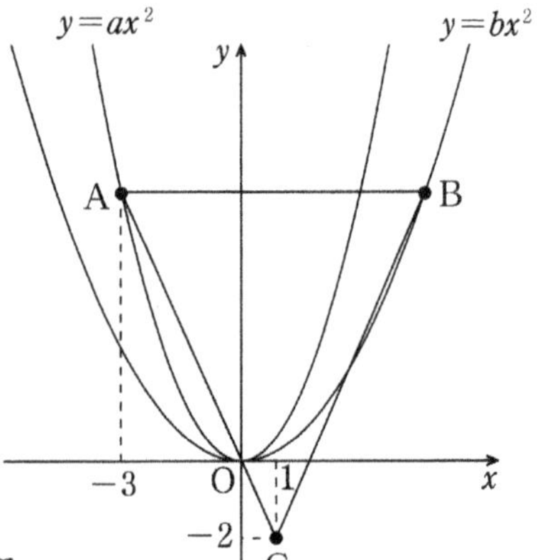

(1) 点Aの座標は$(-3,\ \boxed{\text{ア}})$であり，

点Bの座標は$(\boxed{\text{イ}},\ \boxed{\text{ウ}})$である。

(2) a，bの値を求めると，$a=\dfrac{\boxed{\text{エ}}}{\boxed{\text{オ}}}$，$b=\dfrac{\boxed{\text{カ}}}{\boxed{\text{キク}}}$である。

(3) 線分BC上を動く点をDとする。△ABDの面積が△ACDの面積の3倍となるとき，直線ADは

$y=-\dfrac{\boxed{\text{ケ}}}{\boxed{\text{コ}}}\,(x-\boxed{\text{サ}})$である

5　１辺の長さが８の立方体ABCD－EFGHにおいて，辺GF，GHの中点をそれぞれS，Tとし，△CTSと対角線AGとの交点をPとする。

このとき，次の $\boxed{}$ に当てはまる数値を答えなさい。

⑴　対角線AGの長さは $\boxed{\text{ア}}\sqrt{\boxed{\text{イ}}}$ である。

⑵　四面体C－GTSの体積は $\dfrac{\boxed{\text{ウエ}}}{\boxed{\text{オ}}}$ である。

⑶　△CTSの面積は $\boxed{\text{カキ}}$ である。

⑷　線分APの長さは $\dfrac{\boxed{\text{クケ}}\sqrt{\boxed{\text{コ}}}}{\boxed{\text{サ}}}$ である。

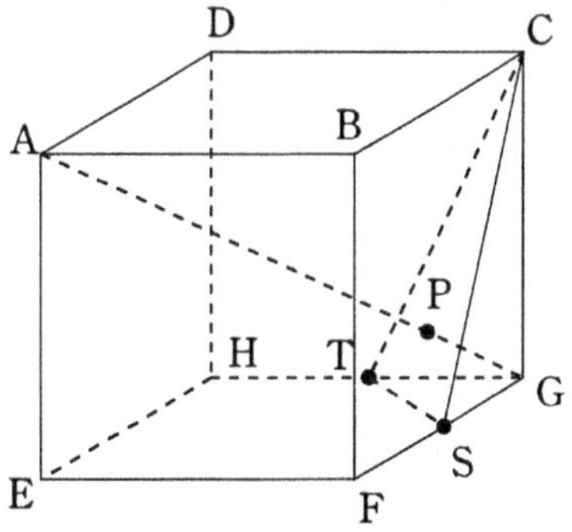

【英　語】（60分）　＜満点：100点＞

I　これから，放送によるリスニングテストを始めます。放送の内容をよく聞いて答えなさい。聞きながらメモをとってもかまいません。

問題1　次の(1)～(5)の写真について4つの英文が読まれます。写真の状況として最も適切な英文を1～4の中から1つ選び，その番号をマークしなさい。**英文は1回のみ放送されます。**

（1）

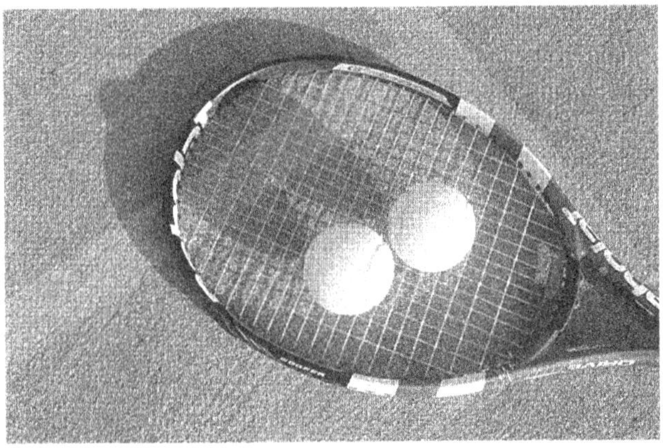

1.　2.　3.　4.

（2）

1.　2.　3.　4.

（3）

1.　2.　3.　4.

(4)

1.　　2.　　3.　　4.

(5)

1.　　2.　　3.　　4.

問題2　これから読まれる英文を聞き，質問に答える問題です。それぞれの質問に対する答えとして最も適切なものを1～4の中から1つ選び，その番号をマークしなさい。**英文は1回のみ放送されます。**

Questions

No. (1)　1. spicy foods　2. salty foods　3. sweet foods　4. Japanese foods

No. (2)　1. She gains weight easily
2. She dislikes many kinds of food
3. She worries about the high prices
4. She skips breakfast often

問題3　これから読まれる2人の対話を聞き，質問に答える問題です。それぞれの質問に対する答えとして最も適切なものを1～4の中から1つ選び，その番号をマークしなさい。**英文は2回放送されます。**

Questions

No. (1)　How much does the man pay?
1. 30 dollars　2. 34 dollars　3. 38 dollars　4. 40 dollars

No. (2)　How many cookies does the man get in total?
1. 4　2. 5　3. 7　4. 8

No. (3) What's the date today?

1. 16th 2. 17th 3. 18th 4. 20th

＜リスニングテスト放送台本＞

I これから，放送によるリスニングテストを始めます。放送の内容をよく聞いて答えなさい。聞きながらメモをとってもかまいません。

問題1

(1) Look at the picture marked No. (1) in your test booklet.
- (1) There are some tennis balls in a box.
- (2) There are two tennis players on the court.
- (3) There is a tennis racket and two balls on the court.
- (4) There are a lot of people watching a game of tennis.

(2) Look at the picture marked No. (2) in your test booklet.
- (1) Two boys are drawing pictures in the park.
- (2) Two boys are playing musical instruments.
- (3) Two boys are standing next to a chair.
- (4) Two boys are listening to music with headphones.

(3) Look at the picture marked No. (3) in your test booklet.
- (1) A man is trying to climb a snowy mountain.
- (2) A man is taking off his ski boots to take a rest.
- (3) A man is skiing on the slope of a snowy mountain.
- (4) A man is playing a skiing video game.

(4) Look at the picture marked No. (4) in your test booklet.
- (1) All the people on the boat are wearing sunglasses.
- (2) Some people are watching a dolphin swim around the boat.
- (3) The children on the boat are holding umbrellas because of the rain.
- (4) Two people at the back of the boat are standing.

(5) Look at the picture marked No. (5) in your test booklet.
- (1) Both the man and the woman are crossing their legs.
- (2) The man is crossing his arms and the woman is standing by the man.
- (3) The man and the woman are looking outside the window.
- (4) Both the man and the woman are buying coffee at a café.

問題2

I like many kinds of food. In fact, it's difficult for me to say what my favorite kind of food is. I like most kinds of Japanese and Western food. However, I don't like sweet foods very much. I like foods that are salty or spicy. I really like eating. And there are no foods which I cannot eat. The one problem I have with food, though, is that I gain weight easily. So sometimes I skip breakfast.

Questions

No. (1) Which food does she not like very much?

1. spicy foods 2. salty foods 3. sweet foods 4. Japanese foods

No. (2) What is her problem with food?

1. She gains weight easily
2. She dislikes many kinds of food
3. She worries about the high prices
4. She skips breakfast often

問題 3

W: May I help you?

M: I ordered a birthday cake the day before yesterday.

W: Oh, I see. What's your name?

M: William White.

W: All right. Wait a minute...yes, you ordered a decorated cake on the 15th of December. Here you are. That will be 30 dollars.

M: These cookies look delicious, too. They're two dollars each, right?

W: Well, we're closing for the holidays tomorrow, so they're half price.

M: OK, I'll take four cookies, too.

W: Here, I'll give you an extra three cookies for free.

Questions

No. (1) How much does the man pay?

1. 30 dollars 2. 34 dollars 3. 38 dollars 4. 40 dollars

No. (2) How many cookies does the man get in total?

1. 4 2. 5 3. 7 4. 8

No. (3) What's the date today?

1. 16th 2. 17th 3. 18th 4. 20th

Ⅱ 次の(1)～(5)の英文の（ ）に入る最も適切な語（句）を 1 ～ 4 の中から 1 つ選び，その番号をマークしなさい。

(1) Tim likes ( ) football games on TV every Sunday.

1. watch 2. watching 3. watched 4. watches

(2) Linda ( ) on a red sweater, but it was a little small for her.

1. made 2. changed 3. tried 4. bought

(3) That woman ( ) talked to me at the station was my aunt.

1. it 2. this 3. which 4. who

(4) Thank you ( ) inviting me for your birthday party.

1. for 2. of 3. about 4. with

(5) Last year, we traveled around New York for two weeks. We had nice weather ( ) our stay.

1. while 2. during 3. ever 4. when

Ⅲ 文意を考え，次の（1）～（5）に入る最も適切な語を下の**語群**からそれぞれ１つずつ選び，その番号をマークしなさい。同じ語を２度使用してはいけません。

Do you have good friends? It is often said that good friends are very important in our lives. I don't have so many (1) friends, though. There are just a few people who are truly my friends. Of course I know many people. I know a lot of people from work. I know my (2) and other people I see every day. I like most of the people I know, but I think true (3) is more than just liking someone. You should trust and respect them if they are truly your friends. With a true friend you can talk about anything and they'll (4). You enjoy their company and can share many nice experiences. You can learn a lot from them and can help each other when you are in trouble. When one of your friends (5) though, you might write to each other a lot at first. After a few years, you may become too busy to write and lose touch in the end.

語群

1. moves	2. close	3. neighbors	4. knowledge
5. friendship	6. understand	7. jumps	8. skill

Ⅳ 次の設問に答えなさい。

⑴ 次の英文を意味が通るように正しい順序で並べ替えた場合，**3番目にくるもの**はどれか，1～4の中から１つ選び，その番号をマークしなさい。

1. Japanese people say, "*Domo*," very often.
2. This Japanese word means, "I'm sorry," "Thank you," "Hi," and so on.
3. Now I've learned that it has a lot of meanings.
4. First I thought it meant "Thank you."

⑵ 以下の英文中で意味が通るようにア～エの英文を並べ替えた場合，正しい順番になっているものはどれか，1～4の中から１つ選び，その番号をマークしなさい。

Most animals are active during the day and sleep at night. It is easier for them to see in the daylight than in the dark, so they can find food during the day. [⇒ ⇒ ⇒] They are called nocturnal animals.

ア They are adapted to living in the dark.

イ There are also some animals like owls and cats which have special eyes that see well in the dark.

ウ On the other hand, there are also animals that are most active during the night.

エ For example, bats have very good hearing and use it for finding food during the night.

1. イ ⇒ ウ ⇒ エ ⇒ ア　　2. イ ⇒ ア ⇒ エ ⇒ ウ
3. ウ ⇒ イ ⇒ エ ⇒ ア　　4. ウ ⇒ ア ⇒ エ ⇒ イ

Ⅴ 次の文中の1～5の（ ）内にある語（句）を意味の通る文になるように並べ替えなさい。解答は例にならって，1～4番目の順に番号で答えなさい。文頭の文字も小文字で書かれています。

例題 We (1. school 2. students 3. are 4. high).

1番目	① ② ● ④
2番目	① ② ③ ●
3番目	● ② ③ ④
4番目	① ● ③ ④

この例では，We are high school students. とするため，上から順に③, ④, ①, ②のところにマークしてあります。

1 (1. things 2. many 3. for 4. living), the life cycle follows the cycle of the year's four seasons: spring, summer, autumn, and winter.

For example, a sunflower *seed *sprouts from the ground in the spring. The plant grows tall and makes flowers in the summer. In the autumn, 2 (1. the 2. once 3. is 4. plant) fully grown, the seeds ripen and fall to the ground. In the winter, the plant dies.

Some of the 3 (1. that 2. to 3. seeds 4. fell) the ground will start the sunflower's cycle all over. The very next spring, seeds will sprout and new plants 4 (1. to 2. begin 3. grow 4. will).

Spring, summer, autumn, winter: it's another cycle of nature. The four seasons happen over and over again from year to year. 5 (1. how 2. look 3. let's 4. at) the lives of some plants and animals in an area of North America change with the different seasons.

注 *seed：種子 *sprouts：芽が出る

Ⅵ 次のA，Bの会話文（１）～（８）に入る最も適切な文をそれぞれ選択肢から選び，その番号をマークしなさい。同じ選択肢を２度使用してはいけません。

A

Mary : This bus tour looks great! We can see the city in one day. I love bus tours.

Ken : Really? （ 1 ） There's too much traffic for them.

Mary : Well, you told me the shopping here is really good. What do you think of going shopping for shoes?

Ken : Yes, you can get some real bargains. But I don't like those big shopping centers.

Mary : （ 2 ）

Ken : （ 3 ） I love native parks.

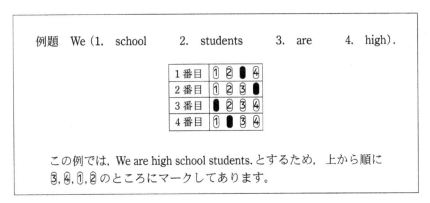

Mary : Yes, so do I... but we only have one day! So let's go to the museum. We'll get a chance to see art that is never in the U.S.!

Ken : (4) And maybe there's a bus tour in the evening when there's not as much traffic. I know you love sight-seeing!

Mary : Let's check it out.

Aの選択肢

1. I can't stand bus tours!
2. How about going to the bird park?
3. Good idea.
4. Will you go to the shopping mall?
5. That's too bad.
6. I love shopping.
7. I'm sorry I can't.
8. Neither do I!

B

Max : Let's go swimming this afternoon.

Bill : No, not today. I'm too tired.

Max : (5)

Bill : I'm sorry, but I'm going to be busy this afternoon.

Max : Oh? What are you going to do?

Bill : I'm going to see Dr. White. He's going to examine me.

Max : Don't you feel well?

Bill : I feel tired all the time.

Max : Do you take vitamins?

Bill : No, I don't need vitamins.

Max : (6) I'll go down to the drugstore now. I'll buy you some vitamin pills.

Bill : Let's wait till later. I want to see Dr. White first. I'll ask him about taking vitamins.

Max : All right. Well, I'm going to go downtown now. I'll be back around five o'clock.

Bill : What are you going to do?

Max : I'm going to look around the department store. Maybe I'll buy a few new clothes.

Bill : Oh, I see. (7)

Max : Don't worry. I won't.

Bill : Will you get me a copy of Time magazine?

Max : Sure. I'll be glad to. (8)

Bill : No. That's all.

Max : O.K. Well, I'll see you later.
Bill : All right. See you.

Bの選択肢

1. Why do people get tired easily?
2. Shall we go to a movie, then?
3. Don't spend all your money.
4. Do you want anything else?
5. I think you should take them.
6. You need some new nice clothes, don't you?
7. I will buy you two textbooks you need.
8. I like taking vitamins too.

Ⅶ 次の英文を読み，それぞれの問いに答えなさい。

There was a long hot summer in London in 1666. People were glad to enjoy the sunshine, and they felt that it probably helped the city to *get rid of the disease carried by (1) the rats. But in fact the disease was finally destroyed by something much more powerful: fire.

It was two o'clock in the morning on Monday 2 September 1666. (2) Thomas Farynor, who made bread for King Charles the Second, was asleep above his shop, near the River Thames and London Bridge. It was time for his men to start preparing bread for the King's breakfast; the king liked fresh bread in the morning.

One of Mr Farynor's men woke up and went to light the kitchen fires. Mr Farynor kept a lot of wood in his kitchen, ready to cook the bread every day. That morning, the man discovered that some wood had caught fire, and the kitchen was beginning to burn!

Quickly, the man woke Mr Farynor and shouted 'Fire! Fire!' Soon the whole house was awake, and people were running everywhere, trying to *escape. Mr Farynor escaped by climbing on to the roof of the next house. (3) One woman was not so lucky. She stayed in the house, hoping to save some of her money, but she burned to death.

In a short time the fire spread to other houses, and a strong wind blew the *flames towards the west. More and more people panicked, and they all tried to save their *valuables. The fire moved quickly through (4) the old city. The houses were made of wood, and were built very close together in *narrow streets. As the fire spread, it destroyed everything in its way, but it could not cross the River Thames. After some time, it reached the buildings beside the river where rich businessmen kept strange and exciting things from across the seas. Then London began to smell of hot pepper, and burning brandy began to flow like a river through the streets!

We have some very good descriptions of the fire that night. (5) Samuel Pepys was an important man in the government of King Charles, and every day he wrote a diary about his life in London at that time. He wrote that one of the women in his house 'called us up about three in the morning, to tell us of a great fire in the city. So I rose ・・・ and went to her window ・・・ I thought it far enough off, and went to bed again to sleep.'

By the time Pepys woke up again, the fire had already burnt three hundred houses in London. He went to the King Charles to tell him that the fire was really serious.

［　(6)　］

The king soon realized the fire was completely *out of control. He called a meeting of the *Privy Council — a group of important men who could help and advise him. Together they decided to make several 'fire posts' in the city, where the fire-fighters were given everything they needed to fight the fire. King Charles led the fight. He worked for thirty hours without sleep, and he was much loved for his *bravery.

King Charles and his men decided to clear part of the city by pulling down some houses, so that the fire had ［ (7) ］ to burn there. This stopped the fire, and by Wednesday 5 September 1666, the fire was finally under control.

注　*get rid of：～を取り除く　*escape：逃げる　*flame：炎　*valuables：貴重品
*narrow：狭い　*out of control：制御できない　*Privy Council：枢密院　*bravery：勇敢さ

問１　下線部(1) the rats について述べたものとして最も適切なものを１つ選びなさい。

1. Rats were used to get rid of the disease in London.
2. Nobody knew that rats were the cause of the disease at that time.
3. There were a lot of rats in London because the fire happened.
4. People thought that the cause of the disease was the rats.

問２　下線部(2) Thomas Farynor について述べたものとして最も適切なものを１つ選びなさい。

1. He worked as a fire-fighter and helped many people in London when the serious fire spread.
2. When he was trapped by the fire, he was able to escape over the roof of the next house.
3. He started to work as a cook for King Charles the Second in 1666 and became a rich businessman in London after the fire.
4. When he was preparing bread for the King's breakfast, he accidentally started a big fire.

問３　下線部(3) One woman について述べたものとして最も適切なものを１つ選びなさい。

1. When Mr Farynor escaped from the house, he did not notice the woman

because of the big flames.

2. She lost her life because she was trying to protect her money and could not escape.

3. She refused to escape with Mr Farynor even though she lived in the same house as him.

4. Mr Farynor saw the woman stealing his money in the house when he climbed the roof.

問4 下線部(4) the old city について述べたものとして最も適切なものを1つ選びなさい。

1. There were several reasons why the fire could spread so quickly in the old city.

2. No rich businessmen lived in the old city because they needed large spaces to keep their valuables.

3. It was very difficult for people in the old city to cross the River Thames because they had to pay a lot of money to King Charles.

4. Because the fire destroyed some bridges on the River Thames people living in the old city could not escape across the river.

問5 下線部(5) Samuel Pepys について述べたものとして最も適切なものを1つ選びなさい。

1. Although he was awakened by one of his family, he didn't try to get up that night.

2. Because he knew that the fire was so dangerous, he quickly got out of his house to escape.

3. Because he worked for the government of King Charles, he had to call one of the women in his house to make her write a diary.

4. Because he thought the fire was not near his house, he did not run away from the house at first.

問6 空欄(6)には以下のア～エの4つの英文を正しく並べ替えたものが入ります。正しい順序で並べ替えたものを1つ選びなさい。

ア It was then that King Charles and his brother James decided to try and help.

イ But he soon realized that the job was more difficult than he expected.

ウ As Lord Mayor of London, Sir Thomas Bludworth was one of the most important and powerful men in the city.

エ He thought that the fire could be put out easily, so he tried to organize the fire-fighting.

1. ア ⇒ エ ⇒ イ ⇒ ウ　　2. イ ⇒ ア ⇒ ウ ⇒ エ

3. ウ ⇒ エ ⇒ イ ⇒ ア　　4. エ ⇒ イ ⇒ ア ⇒ ウ

問7 文意から考えて，文中の [(7)] に入る最も適切なものを1つ選びなさい。

1. nothing　2. something　3. everyone　4. nobody

問8 以下の英文に続くものとして最も適切なものを1つ選びなさい。

By reading the text above, we can understand ＿＿＿＿＿＿＿＿

1. many people, from children to the elderly, were killed in the fire of London

in 1666.

2. people at that time lived in wooden houses so they realized quickly that the fire had broken out.
3. King Charles kept fighting the fire for over a day to save London and its people.
4. King Charles and his brother James had the fire-fighters repair the wooden houses and clean the city.

問9　次の英文のうち本文の内容と一致するものを１つ選びなさい。

1. When one woman started to cook her breakfast, the kitchen in her house began to burn and many people died because of the fire.
2. The fire of London started in the morning at the beginning of September 1666 and continued for several days.
3. It took a long time for the fire to spread all over London because a strong wind was blowing from the west.
4. Rich businessmen asked King Charles and his brother James to make several fire posts in the city.

問10　本文のタイトルとして最も適切なものを１つ選びなさい。

1. How Samuel Pepys and Thomas Farynor Saved London
2. The Mystery of King Charles and the Sad Story of London
3. The Great Fire of London and the Brave Actions of King Charles
4. The Lives of King Charles and his brother James.

の中には価値がないと認識していることを表している。

ウ　作者は他人が否定的に見るものを肯定的に捉え、肯定的に見るものを否定的に捉える感覚を持っていることを表している。

エ　作者は大人が伝統を軽視する風潮に賛同し、過信する風潮に反対する芸術観を持っていることを表している。

問十一、傍線部⑫「伊勢守」の「伊勢」は旧国名を表すが、現在の何県にあたるか。次の中から選びなさい。

ア　静岡県　　イ　三重県　　ウ　愛媛県　　エ　熊本県

問十二、本文の内容と合致するものを、次の中から選びなさい。

ア　この草子には、作者が他人にとって不都合なことを言い過ぎてしまいそうな箇所もある。

イ　内大臣である伊周のもとへ妹にあたる中宮定子が献上品を渡すために参上した。

ウ　作者は、自身の作品が世間の人の目に触れることが多く有名になったことを喜んでいる。

エ　源経房は、作者の邸宅を訪れた際にこの草子を持ち帰ってしまい返さなかった。

問十三、本文の出典である『枕草子』の作者を次の中から選びなさい。

ア　紀貫之　　イ　清少納言　　ウ　紫式部　　エ　兼好法師

ア　ヤ行四段活用　　イ　ワ行四段活用
ウ　ヤ行下二段活用　　エ　ワ行下二段活用

問二、傍線部②「人やは見むとする」の現代語訳として最も適当なものを、次の中から選びなさい。
ア　やはり人にも見えていて心の中で感じていることだろう。
イ　どうして人が見ようとするだろうか、いや見ないだろう。
ウ　きっと世間の人々はまだ見ていないはずだ。
エ　もしかして世間の人々は見たかもしれない。

問三、傍線部③、⑥、⑨の本文中での意味として最も適当なものを、それぞれ次の中から選びなさい。

③　つれづれなる
ア　物足りない
イ　田舎じみた
ウ　所在ない
エ　世間離れした

⑥　文
ア　手紙
イ　和歌
ウ　学問
エ　書物

⑨　わろし
ア　よくない
イ　最高だ
ウ　悪くない
エ　普通だ

問四、傍線部④「(けり)」を本文に従って正しい形に直す場合に最も適当なものを、次の中から選びなさい。
ア　連用形　　イ　終止形　　ウ　連体形　　エ　已然形

問五、傍線部⑤「これ」の指すものとして最も適当なものを、次の中から選びなさい。
ア　枕　　イ　紙　　ウ　歌　　エ　畳

問六、傍線部⑦「のたまはせ」は敬語であるが、基本の動詞を次の中から選びなさい。
ア　与ふ　　イ　聞く　　ウ　行く　　エ　言ふ

問七、傍線部⑧「申しかば」の主語として最も適当なものを、次の中から選びなさい。
ア　宮の御前　　イ　内の大臣　　ウ　上の御前　　エ　作者

問八、波線部ⓐ～ⓓを現代仮名遣いで表記した場合に**不適当なもの**を、次の中から選びなさい。
ア　ⓐおほかた＝おうかた
イ　ⓑをかしき＝おかしき
ウ　ⓒなほ＝なお
エ　ⓓおのづから＝おのずから

問九、傍線部⑩「たはぶれ」の品詞を次の中から選びなさい。
ア　名詞　　イ　動詞　　ウ　副詞　　エ　形容詞

問十、傍線部⑪「人のにくむをよしと言ひ、ほむるをもあしと言ふ人」とは作者のことを指すが、その解釈として最も適当なものを、次の中から選びなさい。
ア　作者は世間の人が治安の悪さを嘆き、その良さに歓喜するという傾向があると感じていることを表している。
イ　作者は子供が嫌がることの中に世の真理があり、好むようなこと場人物の『私』と小鳥屋の親爺さんとの会話の話題の中に名前が出てくるだけよ」

エ　生徒Ｄ「斎藤さんの家には子どもがいないからチャボを子どものようにかわいがっていたけれど、『私』の猫に対する態度も、なんだか親が子どもに対して与える愛情に似たものを感じるなあ」

問十四、この小説の作者井伏鱒二の作品として最も適当なものを、次の中から選びなさい。

ア　黒い雨　　イ　しろばんば　　ウ　雪国　　エ　或《あ》る女

三　次の文章を読んで、後の問いに答えなさい。

この草子、《私が》目に①見え心に思ふ事を、②人やは見むとすると思ひて、③つれづれなる里居《さとゐ》のほどに、書き集めたるを、あいなう《あいにく》、人のために便《びん》なき《具合が悪い》言ひ過ぐしもしつべき所々もあれば、よう隠し置きたりと思ひしを、心より外《ほか》に《心ならずも》こそ漏《も》り出《い》でに④（けり）。

*宮の御前《おまへ》に、*内の大臣《おとど》の奉《たてまつ》りたまへりけるを《献上なさったのを》、⑤「これに何を書かまし《書いたらいいかしら。》。*上《うへ》の御前には史記といふ⑥文《ふみ》をなむ、書かせたまへる」など⑦のたまはせしを、「枕にこそは侍《はべ》らめ」と⑧申ししかば、「さは、得《え》てよ」とて賜《たま》はせたりしを、あやしき事を、こよや何やと《あれやこれや》、尽きせず多かる紙を書き尽くさむとせしに、いと物おぼえぬ事ぞ多かるや。

(a)おほかた、これは世の中に(b)をかしき事、人のめでたしなど思ふべき、(c)なほ選《え》り出でて、歌などをも、木、草、鳥、虫をも言ひ出だしたらばこそ、「思ふほどよりは⑨わろし。心見えなり」とそしられめ、ただ心一つに(d)おのづから思ふ事を⑩たはぶれに書き付けたれば、物に立ちまじり、人並み並みなるべき耳をも聞くべきものかは《評判をも聞くようなものであるはずがない》と思ひしに、「はづかしき《こちらが気後れするほど立派だ》」なんどもぞ、見る人はしたまふなれば、いとあやしうぞあるや。げに、そもことわり《なるほど、それも道理で、》、⑪人のにくむをよしと言ひ、ほむるをもあしと言ふ人は、心のほどこそ推し量らるれ。ただ、人に見えけむぞねたき《腹立たしい。》。

*左中将まだ⑫伊勢守《いせのかみ》と聞こえし時、里におはしたりしに《私の里の宅においでになった時に、》、端の方《かた》なりし畳をさし出でしものは、この草子載りて出でにけり。まどひ取り入れしかど、やがて持ておはして、いと久しくありてぞ返りたりし。それより歩《あり》き初《そ》めたるなめり、とぞ本に。

（『枕草子』による　一部改変）

《注》　*宮の御前＝中宮定子《ちゅうぐうていし》を指す。藤原《ふじわらの》　伊周《これちか》の妹にあたり、作者が宮中でお仕えしている人物。

*内の大臣＝内大臣である藤原伊周を指す。中宮定子の兄にあたる。

*上の御前＝一条天皇を指す。中宮定子の夫にあたる。

*左中将＝源《みなもとの》　経房《つねふさ》を指す。

問一、傍線部①「見え」の動詞の活用の種類を、次の中から選びなさい。

イ　人間の引き起こした戦争のせいで、チャボのものである卵を奪って飢えをしのごうとする人間の身勝手さに気が付いて失望したから。

ウ　自分が大事にしていたものなのに、飼主であることを理由に返されることが当然であるかのようにふるまう人間の姿に嫌気がさしたから。

エ　チャボを取り返しにきた中年婦人の目的が卵であることに気が付き、子供のように可愛がっていたという言葉にいつわりを感じたから。

問八、傍線部⑤「平然としている」とあるが、ここから「私」が読み取っている猫の心情として**不適当なもの**を、次の中から選びなさい。

ア　信頼　イ　軽蔑　ウ　無関心　エ　安心

問九、傍線部⑦「どうして」が直接修飾している語句として最も適当なものを、次の中から選びなさい。

ア　子猫を　イ　引取る

ウ　ないのだろう　エ　思わせられる

問十、傍線部⑧「もう駄目なんだろうか」とあるが、どういうことか。最も適当なものを、次の中から選びなさい。

ア　もうまもなく寿命が尽きるということ。

イ　子猫を産むことができないということ。

ウ　もう家に帰ってこなくなるということ。

エ　病気が完治することがないということ。

問十一、空欄 Y に共通して入る表現として最も適当なものを、次の中から選びなさい。

ア　時は金なり　イ　光陰矢のごとし

ウ　一寸先は闇　エ　石の上にも三年

問十二、傍線部⑨「今だにこの老いぼれ猫に一もく置いている」とあるが、どういうことか。最も適当なものを、次の中から選びなさい。

ア　ともに老いるうちに人間の言葉を理解することができるようになった猫に対して、驚きの気持ちを持っているということ。

イ　自分と同等の寿命を持つ猫と生活を続けていると、計り知れない自然の存在に怖れを抱くようになったということ。

ウ　年を取り、すっかり生物としての機能を失ってしまった小動物に対して、人間としての優越感に浸っているということ。

エ　長年家族のように接し、時には助けられながら、ともに時間を過ごした小動物に対して畏敬の念を抱いているということ。

問十三、次に掲げるのは、本文を読んだ四人の生徒が交わした会話である。四人の生徒の発言のうち、本文の内容をもとにしたものとして、**不適当なもの**を、次の中から選びなさい。

ア　生徒A「この物語の舞台になっている時代は、太平洋戦争が終わった直後の時代みたいだね。空襲で街が焼け野原になって、人々の食料が不足して闇屋という商売があったと授業で習った記憶があるな」

イ　生徒B「それにしてもたくさんの動物が出てくる話ですね。猫のほかにも、鼠、カナリヤ、チャボ、隼、鸚鵡、蝮、プリマスロック、鮠。こうやって並べてみると鳥がたくさん出ています」

ウ　生徒C「でも待って、よく読んでみると物語の中に実際に出てくるのは猫とチャボだけで、あとは物語のナレーションの部分と、登

＊プリマスロック＝アメリカ原産のにわとりの一種。卵をよく産み肉もおいしい。

問一、傍線部（a）～（c）の本文中での意味として最も適当なものを、それぞれ次の中から選びなさい。

(a) 渡りに船
ア 望んでいたことがちょうど都合よくかなえられること。
イ 両方を求めようとしてどちらも得られないこと。
ウ 悪いことの上にさらにまた悪いことが重なること。
エ 苦労をせずに思いがけない幸運にめぐまれること。

(b) 始末
ア 高い値段で売買すること。
イ 事情を詳しく説明すること。
ウ 引き取り手を見つけること。
エ 鼠を取る訓練をすること。

(c) ぶしつけ(だ)
ア 他人にとやかく言わせないさま。
イ 遠慮がなく礼儀正しくないさま。
ウ 自分の失敗を認めようとしないさま。
エ 先祖の威光を借りてえらぶるさま。

問二、傍線部①「年齢」と同じ構成の熟語として最も適当なものを、次の中から選びなさい。

ア 不乱　イ 近所　ウ 夫婦　エ 戦争

問三、傍線部②「がっかりしたように」とあるが、その理由として、最も適当なものを、次の中から選びなさい。

ア 家のチャボが御飯の食べ残しよりもむしろ林檎の種を好んだから。
イ 迷い込んだチャボが斎藤さんのものとは別であるとわかったから。
ウ 番兵を務めていた雄のチャボが高齢であまり元気がなかったから。
エ 斎藤さんのうちのチャボが盥の中で卵を温めているのを見たから。

問四、空欄 A ～ C に入る語として最も適当なものを、それぞれ次の中から選びなさい。

ア ところが　イ まるで　ウ もしも　エ すると

問五、空欄 X と Z に入る語の組み合わせとして最も適当なものを、次の中から選びなさい。

ア X のろのろ　Z ぐったり
イ X うろうろ　Z ぼんやり
ウ X うつらうつら　Z じっと
エ X だらだら　Z しょんぼり

問六、傍線部③「参り」⑥「存じて」に含まれる敬語の種類の組み合わせとして最も適当なものを、次の中から選びなさい。

ア ③ 尊敬語　⑥ 謙譲語
イ ③ 謙譲語　⑥ 尊敬語
ウ ③ 尊敬語　⑥ 尊敬語
エ ③ 謙譲語　⑥ 謙譲語

問七、傍線部④「私はこの日を境に、～決して飼わないことにした」とあるが、その理由として、最も適当なものを、次の中から選びなさい。

ア 戦争のせいで食べるものがないにもかかわらず、動物を飼うことで自分の食料を分け与えなければならないことがばからしくなったから。

そのチャボは以前のチャボではなくて、昭和二十三年生れの二代目のチャボである。先代のチャボは、七年前に斎藤さん夫妻の留守の間に亡くなった。斎藤さんが札幌《さっぽろ》へビル建築の仕事で出かけたので、奥さんも出かけて行って建築がすむまで三年間、札幌で一緒に暮《くら》していた。その留守に先代のチャボは亡くなったが、斎藤さんのお母さんは倅《せがれ》夫婦が力を落《おと》すと思って知らせなかった。二代目のチャボもその三年間、一個も卵を産まなかった。元気も悪くなって鶏冠《とさか》の色もあせてしまった。しかし斎藤さん夫婦が西荻窪に帰って来ると翌日から産みだした。留守中、お母さんがチャボを庭へ出してやらなかったせいもある。

　この二代目のチャボは、先代のチャボが大盥のなかで抱いていた卵から生《うま》れたチャボである。早いもので、それがもう十一歳になっている。先代と同じく、飛行機の爆音が聞《きこ》えると木の下に頭を突っこんで、コッココッコという鳴き声で同僚の*プリマスロックにも待避させようとする。[C]プリマスロックは気の長い鶏だから、のっそり立っているだけで隠れない。チャボだけ一心不乱に頭を隠している。奥さんが買物に出かけようとすると、後を慕ってコッコココッコと鳴いて呼びとめようとする。することなすことすべてが先代と同じやりかたである。奥さんの可愛がりかたも同じだが、今では買物籠に入れて持ち歩くのは止《よ》しているそうだ。

　私は奥さんが帰ってから家内に云った。

「あれでは却《かえ》って、[Y]を感じるだろうじゃないか。先代のチャボと二代目が、羽根の色も形も習性も同じだから、じっと見ていると却《かえ》って自分が年とったと思うだろうじゃないか。錯覚でなくって、実感というやつだ。確かに実感ではその思いだろう」

すると家内が云った。

「それよりも、うちの三毛を見ている方が、まだ[Y]です。毎日の私の実感です。うちの猫を見ていると、どんどん他が変《かわ》って行くのがわかります。あのときにはこの猫がいた。あのときのあれは、今ではあんなに変っている。猫だけが昔と同じ状態で、他ばかり変って行くのがわかります。子供の身のたけだってずいぶん伸びました。私には貴方《あなた》の仰《おっ》有《しゃ》ることがわかりません」

　わからないと云うならそれでもいい。例えば私は二十年前にどこそこの川のどこかの淵《ふち》で、六寸の鮠《はや》を釣ったとする。今年また同じ淵で同じ寸法の鮠を釣ったとする。過ぎゆく早さを感ずること頻《しき》りなものがある。話はそれだけに終った。

　後から夕刊を取りに茶の間へ行くと、三毛が火鉢のふちにあがって置物のように[Z]うずくまっていた。毛並が三毛というだけで見るかげもなく瘠《や》せている。野良猫のように貧相になっている。これを見て猫だけが同じ状態だというのは解せない。

「共に老けましたと云うべきだ」

猫は私が火鉢に凭《もた》れても身動きしなかった。夕刊を頭の上にかぶせても動こうとしなかった。

　私はこの猫を抱いたり膝に乗せたりしたことは一度もない。しかし⑨今だにこの老いぼれ猫に一もく置いている。

（井伏鱒二《ますじ》「猫」による　一部改変　原文の仮名遣いを変更）

《注》
＊闇屋＝正規の販路・価格によらないで取り引きした品物を扱う商売。
＊チャボ＝愛玩用の小型のにわとり。足が短く尾がふさふさしている。
＊濡縁＝雨戸の敷居の外にある幅の狭い縁側。

が、こんな(c)ぶしつけな口がきけるのは実際の飼主であったせいだと思って返してやった。

婦人はチャボをバスケットに入れると、

「どうも失礼いたしました」と云うだけで帰って行った。

④私はこの日を境に、うちに迷いこんで来る動物は犬だろうがカナリヤだろうが、決して飼わないことにした。しかし三毛猫だけは別で、今さら追い出すわけにもいかなかった。むしろ本気で飼ってやろうという気《き》持《もち》になっていた。

この三毛猫については、数年前にも私は文章に書いて発表したことがある。私のうちに迷いこんで来て間もないころ、庭さきでこの猫が見事に蝮《まむし》を退治してくれたので、私は危《あや》うく蝮に噛《か》まれるところを助かった。

【中略】

それからというもの私は、うちの猫に対して恩義に似た気持を覚えるようになった。抱いたり膝の上に乗せたりすることは一度もないが、相手は動物の直感力によって私が一もく置いているのを知っているようである。廊下で日向《ひなた》ぼっこをしているときでも、私がその上を跨《また》ぐようにして通るのに⑤平然としていることがある。

【中略：五年前の春、「私」は猫のお産のとき、手術を受けさせた。】

私はその場にいなかったので知らないが、後で家内に聞いた話では、医者は猫を草取籠に入れて風呂敷に包んで病院に持って行き、二十四時間たつと同じ籠に入れて持って来てくれた。籠から出すと、まだ麻酔がきいて三毛はぐったりなっていた。胴体を繃帯《ほうたい》されていた。お医者は「炬燵《こたつ》に入れて温かくしてやって下さい」と云って帰って行った。

一週間目に医者が繃帯を取ってくれた。入院料、帝王切開の手術料、その後の一週間ぶんの往診料、注射代などで合計一万三千円であった。家内は自分の病気は富山の薬で間に合わすといったたちだから、「うちでは文芸家協会の健康保険に入っているんですけれど」と云った。

[B] 医者が、「それはよく⑥存じておりますが、猫は扶養家族のうちに入らないんでして」と甚だ云いにくそうに云った。

しかし家内は、猫がもうお産をしないからほっとしたと云った。うちの三毛は多産系で、ひところは一年に三回もお産したので子猫の始末に閉口した。それに私のうちは辻《つじ》道のところにあって生垣が空いているから、よその人が夜にまぎれて猫の子を垣根のなかに棄《す》てて行くまだ目のあいてないのを棄てて行く人もある。⑦どうして子猫を引取る商売の店がないのだろうと、そのつど思わせられることである。

手術を受けてから後は、うちの猫は医者の云った通り盛りはついても子を孕《はら》まなくなった。しかし病気がちで、食べたものを吐いたり鼻汁を出したりして医者の往診を受けることが多くなった。今年の春は鼻汁を流す病気で憔悴《しょうすい》した挙句、三日間もどこかに隠れて姿を見せなかった。⑧もう駄目なんだろうかと噂《うわさ》をしていたが、小さな地震があったので私が庭に出ると、どこからともなく三毛が出て来てしょんぼり敷石の上に坐《すわ》った。

先日、斎藤さんの奥さんが久しぶりに見えた。

「うちの猫もだんだん弱りました。年が年ですから」

と家内が云うと、

「うちのチャボも、だんだん弱りました」と奥さんが云った。「もう十一歳のお婆《ばあ》さんですから、せんだっては、卵黄のない卵を産みました。白身ばっかりの卵です」

戦後になってからも、たまに奥さんは買物籠にチャボを入れて私のうちへ来ることがあった。別に用があるわけではない。私の家内と女学校時代の同級で、斎藤さんとの間に子宝がないから暇つぶしに来るのである。あるいは奥さんが荻窪のどこかの店に寄ったとき、買物籠から逃げ出したチャボかもしれぬ。そんな風にも考えた。

私はチャボを入れた籠を茶の間の濡縁の上に置いた。ここは私のうちで一ばん陽当《ひあた》りのいい場所である。餌にはハコベをやって林檎の食《た》べ滓《かす》もやった。人間も食糧に事を欠くころのことだから、人間の食べられないものをやることにした。ところがチャボは御飯の食べ残しよりも林檎の黒い種を好いた。それよりも林檎の酸っぱい芯のところを好いた。

家内は斎藤さんのうちから帰って来て、②がっかりしたように云った。

「斎藤さんのうちのチャボは、大きな盥《たらい》のなかで卵を温めていました。雄の方が番兵になって、盥のわきに立っているのです。しょんぼりとしたような番兵でした」

「そりゃ戦争中から飼ってるんだから、産室を守る番兵としては老兵だろう。もう五歳か六歳になる筈《はず》だ。人間にすれば僕くらいの年齢かね」

動物事典を出して見たが、チャボの寿命については触れてなかった。

その翌日か翌々日、私は小鳥屋へチャボの餌を買いに行った。小鳥屋といっても、そのころは笊《ざる》や籠など店に並べて内々で粉米なんか売っていた。私は粉米を買って、小鳥屋の主人にチャボの寿命について聞いてみた。普通、チャボは十年ぐらいで老いぼれるが、うまく寿命を持たせると三十年ぐらい生きのびるそうである。

「十五歳にもなれば、 A 置物の羽抜け鳥だ。鳥のうちで、寿命の長いのは隼《はやぶさ》だ。これは百年から百六十年。もっと長いのは鸚鵡《おうむ》だね。どこかのお屋敷には、江戸時代からの鸚鵡が戦争前までいたそうだ。俺は話に聞いたことがある」

本当かどうだか小鳥屋の親爺《おやじ》さんはそう云った。

この親爺はチャボの年齢の見分けかたを私に教えてくれた。鳥の脚は鱗《うろこ》で包まれたような外見になっている。それがつるりとしていれば年が若い。ささくれ立っていればいるほど年をとっているそうだ。

私のうちのチャボの脚は、ほんの少しささくれ立っていた。卵を産み盛りの年のような気がしたが、一ヶ月たっても二ヶ月たっても産まなかった。うちに三毛猫がいるためでもなさそうであった。うちの猫は初めのうちチャボを狙ったが、そのつど家内が叱っているうちに、よそのうちの猫が来ると追い払うようになっていた。昼間は籠のわきで X しながら番をして、よその猫が来ると勢いよく起きて飛びかかって行った。夜は籠を物置に入れるので、よその猫に脅やかされる心配はなかった。

やっと三ヶ月ぐらいたってから卵を一つ産んだ。小鳥屋の親爺さんが云っていたが、チャボや鶏は産みはじめると続いて卵を産むそうだ。明日もまた産むかもしれないと心待ちにしていると、その翌日、隣の町内の見知らぬ中年婦人が、バスケットを持ってチャボのことで掛合にやって来た。

「うちのチャボがお宅に来ているそうですから、③頂きに参りました。うちで子供のように可愛《かわい》がっていたのです。どうして逃げて来たか知りませんが、八百屋さんで聞いたので頂きに参りました」

これがその中年婦人の口上である。私はこの口上が気に入らなかった向き合う必要に迫られたということ。

エ　二十一世紀になり、人間は再び何の情報もない原始時代と同じ状況に陥ることになったということ。

問十三、本文の内容と合致するものとして最も適当なものを、次の中から選びなさい。

ア　二十一世紀は予測不能な事態が頻繁に起こる時代だから、私たちは正確な情報を見極めていく必要がある。

イ　二十世紀は多くの人に正解は一つしかないと信じ込ませることが、難しい時代だったと言える。

ウ　宗教と理論は、両者ともに合理的かつ人々を動かす力を持っているという点で共通している。

エ　自分オリジナルの挫折や疑問は自分にしか持ち得ないものだから、私たちは自力で何とか対処するしかない。

二　次の文章を読んで、後の問いに答えなさい。

私のところでは猫を一ぴき飼っている。十二年前に迷いこんで来てそのままに居ついている。そのころ鼠《ねずみ》が出て困ったので、うちの者が知りあいのところで子猫を一ぴき貰《もら》って来ると、偶然にも同じその日に野良猫が迷いこんで来た。

この迷い猫の方は三毛で身ごもっていた。貰《もら》って来た方は生後一ヶ月くらいの雄猫で、御目見得《おめみえ》料として鰹節《かつおぶし》を三本つけられていた。私はどちらを飼うか迷ったが、要は鼠を防ぐためだから三毛を飼うことにして、子猫は鰹節と一緒に返しに行った。

三毛は私のうちに居ついて二週間目か三週間目に六ぴき子を産んだ。子猫の目があいて暫《しばら》くすると、鉄道関係の人がほしいと云《い》うので(a)渡りに船と六ぴきともくれてやった。その人は、静岡へ持って行って、一ぴき二百円のキャッシュで売ったと後日に云《い》っていた。鉄道の方に関係しながら*闇屋に似たこともしていたらしい。静岡は戦争中に焼野原になって猫までいなくなったので、当時バラック街の人たちが鼠の害で困っていたそうだ。

子猫の(b)始末がついて暫くすると、黒い*チャボが迷いこんで来た。まだ戦後のどさくさがおさまらない当時のことだから、鶏まで落着きがなかったのだ。チャボは*濡縁《ぬれえん》の下に入って、巣についたようにうずくまっていた。うちでは交番へ届けに行った。近所のうちへも問いあわせた。

「ひょっとしたら、西荻窪《にしおぎくぼ》の斎藤さんのチャボかもしれないよ」

私は家内に、斎藤さんのうちへ問い合わせの連絡をさせ、チャボをカナリヤの空籠に入れた。

斎藤さんのうちでは戦争中から黒いチャボのつがいを飼っていた。雌の方は奥さんによくなついて、奥さんが買物に出かけようとすると、コッコッコと鳴いて後を慕うので、奥さんはそれを買物籠に入れて歩いていた。西荻窪から電車で荻窪へ買出しに来るときも、ついでに私のうちへ寄るときにも、買物籠に黒いチャボを入れていた。よく馴《な》れたチャボだから、人が林檎《りんご》の黒い種を手の平にのせてやると、籠から首を伸ばして啄《ついば》んだ。可愛《かわい》らしかった。

奥さんの話では、空襲のとき奥さんたちが防空壕《ぼうくうごう》に逃げこむと、チャボも後をつけて逃げこんで来る。飛行機が来ると、敵機と味方機の区別なく、木の下にかくれて雄を呼びながら頭だけ隠している。今が卵を産みごろの①年齢だと云っていた。

て自分の現実にあった理論を見つけて信じていくことができるようになるということ。

エ　自分の知っている情報を徐々に周囲の人々に広げていくことで、それを知らない人は損をするという焦りを誘発させ、やがてはその情報を社会の常識とすること。

問七、空欄 X に入る語として最も適当なものを、次の中から選びなさい。

ア　手　イ　口　ウ　首　エ　頭

問八、空欄 Y に入る四字熟語として最も適当なものを、次の中から選びなさい。

ア　一喜一憂　イ　切磋琢磨《せっさたくま》　ウ　猪突猛進《ちょとつもうしん》　エ　四苦八苦

問九、傍線部⑤「正解である可能性を含んでいる（はずの）情報をキャッチしなければならない」とあるが、人々がそう思う理由として**不適当なもの**を、次の中から選びなさい。

ア　皆が知っている情報を知らないことは恥ずかしいことだと思うから。

イ　必ずどこかに正解というものは存在するものだと思い込んでいるから。

ウ　情報社会の一員となることで仲間はずれにならなくて済むと感じるから。

エ　新しい情報を手に入れることで人々が進化してきたと信じているから。

問十、傍線部⑥「二十世紀が終わると同時にやって来たのは、『幻滅』ではなく、ただの『現実』なのだ」とあるが、その説明として最も適当なものを、次の中から選びなさい。

ア　二十世紀では現実をなんとかしてくれる正解があると人々は信じ込んでいたが、本来そのような正解は存在しないということ。

イ　二十一世紀になって現実を解決する正解などないことがはっきりすることで、多くの人が絶望するようになったということ。

ウ　二十一世紀は情報が今まで以上に重要な社会になったからこそ、情報の精度を見極める眼力を養うことが必要になってくるということ。

エ　二十世紀は人間の進歩を当然のものだと人々が思い込んでいたが、人間は状況によっては退行する場合もあるのだということ。

問十一、傍線部⑧「権利」⑩「困難」の対義語として最も適当なものを、それぞれ次の中から選びなさい。

⑧　権利　ア　使命　イ　天命　ウ　任務　エ　義務

⑩　困難　ア　単純　イ　容易　ウ　裕福　エ　希望

問十二、傍線部⑨「二十世紀が終わって、人間は再び過去の次元に戻った」とあるが、その説明として最も適当なものを、次の中から選びなさい。

ア　二十一世紀になり、人間は再び正解となる解決策を一から求めなくてはならなくなったということ。

イ　二十一世紀になり、人間は再び正解に対して疑問を抱くことが禁じられるようになったということ。

ウ　二十一世紀になり、人間は再び他人に頼らずにわからないことにら選びなさい。

ア　会社を辞めて大学に入り直せば、問題にぶつからないで済むから楽になると考えること。

イ　社会人になって自分が持っていた常識が通用しなくなり、壁にぶつかったと感じること。

ウ　大学が自分たちの問題を解決してくれるような大した場所ではないと気づき、幻滅すること。

エ　大学に入って学び直せば、自分が得られなかった正解に近づき、成功できるようになると思うこと。

問四、傍線部②「メッキが剥げ（る）」④「一世を風靡（する）」⑦「不精者」の本文中での意味として最も適当なものを、それぞれ次の中から選びなさい。

② メッキが剥げ（る）
- ア　隠れていた悪い要素が明らかになる。
- イ　事柄の意味や重要性を理解する。
- ウ　予想もしなかった形で出現する。
- エ　不吉な形でぼんやりと見えてくる。

④ 一世を風靡（する）
- ア　時代の方向性を大きく変える。
- イ　いつでも変わることがない。
- ウ　時代を超えて語り継がれる。
- エ　ある時代に圧倒的に流行する。

⑦ 不精者
- ア　自分の頭で物事を考える人。
- イ　自信がなくなってしまう人。
- ウ　何事も面倒くさがる人。
- エ　極めて楽観的に考える人。

問五、傍線部(i)～(iii)のカタカナ部分と同じ漢字を使う熟語として最も適当なものを、それぞれ次の中から選びなさい。

(i) コク服
- ア　時計の時コクを正しく合わせる。
- イ　事実をコク明に記録する。
- ウ　彼の性格は残コクそのものだった。
- エ　真実をコク白するのは不可能だ。

(ii) 前テイ
- ア　テイ防の縁をのんびり歩く。
- イ　課題のレポートをテイ出する。
- ウ　車両を緊急にテイ止させる。
- エ　間違った答えをテイ正する。

(iii) サン劇
- ア　何とも悲サンな出来事だった。
- イ　少数派の意見にサン成する。
- ウ　会議終了後、解サンする。
- エ　養サン業に従事する。

問六、傍線部③「思想さえもが流行になったら、その後では、『流行』さえもが思想である」とあるが、その説明として最も適当なものを、次の中から選びなさい。

ア　問題を解決するための正確な情報を求めていくうちに、情報の発信元の信頼度などの条件をもとに情報の正確さを推し量るようになっていくということ。

イ　自分の現実の問題を解決する正解を求めて次々と思想を変えていくと、時代に追いつくために多くの人に広まっている思想を追いかけるようになること。

ウ　多くの人々の信ずる思想を次々と取捨選択していくうちに、やが二十世紀的な思い込みの上に存在するものだからである。

よく考えてみればわかることだが、「なんでもかんでも一挙に解決してくれる便利な〝正解〟などというものは、そもそも幻想の中にしか存在しないものである。「二十世紀が終わると同時に、幻滅もやって来た」と思う人は多いが、これもまた二十世紀病の一種である。⑥二十世紀が終わると同時にやって来たのは、「幻滅」ではなく、ただの「現実」なのだ。

人はこまめに挫折《ざせつ》を繰り返す。一度手に入れただけの自信は、たやすく役立たずになり変わる。人はたんびたんびに「わからない」に直面して、その疑問を自分の頭で解いていくしかない――これは、人類史を貫く不変の真理なのである。自分がぶち当たった壁や疑問は、自分オリジナルの挫折であり疑問である。「万能の正解」という便利なものがなくなってしまった結果なのではない。それを「幻滅」と言うのなら、それは「なんでも他人まかせですませておける」と思い込んでいた、⑦不精者の幻滅なのである。

二十世紀に定着してしまったものは「個人の自由」だが、そこから生まれるのは、「自分の挫折は自分オリジナルの挫折である」と言い切る⑧権利である。「自分オリジナルの挫折」は、結局のところ、自分で切り開くしかないものなのである。

⑨二十世紀が終わって、人間は再び過去の次元に戻った。そこでは、⑩困難を切り開くものは、常に「自分の力」だった。「自分の力」がふるえるようになる前に、「どうしたらいいのかわからない、なにがなんだかわからない」という混迷に呑《の》み込まれても不思議ではない。人類は常に、そういうところからスタートしてきたのである。

「わからない」は、あなた一人の恥ではない。恥だとしたら、「この世のどこかに〝万能の正解〟がある」とばかり信じて、簡単に挫折しうる「自分自身の特性」を認めないことが恥なのである。「特性」がいいものだとは限らない。

「どこにも正解はない」という〝混迷〟の中で二十世紀は終わり、その〝混迷〟の中で二十一世紀がやって来た――そう思ってしまったら、もう二十一世紀は終わりだろう。「わかる」からスタートしたものが、「わからない」のゴールにたどり着いてしまった。これが間違いであるのは、既に言った通りで、であればこそ二十一世紀は、人類の前に再び訪れた、「わからない」をスタート地点とする、いとも当たり前の時代なのである。

（橋本治『「わからない」という方法』による　一部改変）

《注》＊イデオロギー＝その人またはある集団の歴史的・社会的立場に基づいて作られた、根本的な考え。思想。主義。主張。

＊タブー＝神聖なものとして禁じられていること（もの）。禁忌。

問一、本文には次の一文が抜けている。補うのに最も適当な箇所を、本文中の《A》～《D》の中から選びなさい。

それをすることと、現実に生きる自分達が知らないままでいる「正解」を手に入れることとは、イコールだと思っていたのである。

ア《A》　イ《B》　ウ《C》　エ《D》

問二、空欄 Ⅰ ～ Ⅲ に入る語として、最も適当なものを、それぞれ次の中から選びなさい。

ア　しかし　イ　たとえば　ウ　だから　エ　ところで

問三、傍線部①「それ」の指示内容として最も適当なものを、次の中か

「理論の合理性を求めて、どうして人は宗教という超理論へ走ってしまうのか？」——二十世紀末の「宗教もどき」が引き起こした(iii)サン劇に対して、多くの人達はこのように X をひねった。しかし、その求められた「理論」が、「なんでも解決してくれる万能の正解」と一つだったとしたら、この矛盾はたやすく解決されるだろう。「なんでも解決してくれる万能の正解」は幻想であり、これはそもそも宗教的なものだからだ。《 D 》

二十世紀は理論の時代で、「自分の知らない正解がどこかにあるはず」と多くの人は思い込んだが、これは「二十世紀病」と言われてしかるべきものだろう。「どこかに〝正解〟はある」と思い、「これが〝正解〟だ」と確信したら、その学習と実践に一路邁進《まいしん》する。二十世紀のそのはじめには社会主義があって、これをこそ「正しい」と思った人達は、これを熱心に学習し実践しようとした。やがてそこにさまざまな理論が登場して、第二次世界大戦後の二、三十年間は、④「一世を風靡《ふうび》したナントカ理論」の花盛りとなる。そこで激化したのは、子供の進学競争ばかりではない。大人だとてやはり、やたらの学習意欲で Y をしていたのである。

学習——つまりは、「既に明らかになっているはずの〝正解〟の存在を信じ、それを我が物としてマスターしていく」である。ここでは、「正解」に対する疑問は*タブーだった。それが「正解」であることを信じて熱心に学習することだけが正しく、その「正解」に対する疑問が生まれたら、「新しい正解を内含している（はずの）新理論」へと走る——これが一般的なあり方だった。「どこかに〝正解〟はあるはずだ」という確信は動かぬまま、理論から理論へと走って、理論を漁ることは流行となり、流行は思想となる。やがては、なにがなんだかわからない〝混迷の時代〟となって、そこに訪れるのが、⑤「正解である可能性を含んでいる（はずの）情報をキャッチしなければならない」という、情報社会である。

どこかに「正解」はあるはずなのだから、それを教えてくれる「情報」を捕まえなければならない——そのような思い込みがあって、二十世紀末の情報社会は生まれるのだが、それがどれほど役に立つものかはわからない。しかし、「〝正解〟につながる（はずの）情報を仕入れ続けなければ脱落者になってしまう」という思い込みが、一方にはある。 Ⅲ 、それをし続けなければならない。それをし続けることによって得ることができるのは、「自分もまた〝正解はどこかにある〟と信じ込んでいる二十世紀人の一人である」という一体感だけである。だからこそ、情報社会の裏側では、得体の知れない孤独感もまた、同時進行でひっそりと広がって行く。情報社会でなにを手に入れられるのかは知らないが、情報社会の一員にならなければ、情報社会から脱落した結果の孤独を味わわなければならないからである。

そもそもが「恥の社会」である日本に、「自分の知らない〝正解〟がどこかにあるはず」という二十世紀病が重なってしまった。その結果、「わからない＝恥」は、日本社会に抜きがたく確固としてしまったのである。

しかし、その二十世紀は終わってしまった。終わって行く二十世紀には、「もしかしたらもう〝正解〟はないのかもしれない……」という不安感が漂っていた。どこにも「画期的な新理論」はない。理論の代用物でもあった「画期的なヒット商品」もない。パソコンやインターネットが画期的であったとしても、それがどこまで必要なのかはわからない。なぜかと言えば、その〝必要〟は、「どこかに正解があるはず」という、

【国　語】（六〇分）〈満点：一〇〇点〉

一　次の文章を読んで、後の問いに答えなさい。

二十世紀は、「わかる」が当然の時代だった。自分はわからなくても、どこかに「正解」はある――人はそのように思っていた。既にその「正解」はどこかにあるのだから、恥ずかしいのだとしたら、その「正解」を知らないでいることが恥ずかしいのであり、「正解」が存在することを知らないでいることが恥ずかしかったのである。だから、人は競って大学へ行ったし、子供達を競わせて大学に行かせた。ビジネスの理論書を必死になって読み漁《あさ》ったし、誰よりも早く「先端の理論」を知りたがった。≪　A　≫

たとえば、大学へ行くことを当たり前にして、多くの日本人は、大学がそうたいしたものではないという幻滅に訪れられた。［　Ⅰ　］、それは果たして、「日本の大学がたいしたものではないから」なのか、あるいはまた、日本の大学に「自分達の思い込みをなんとかしてくれるだけの万能性がなかったから」なのかはわからない。だからこそ、「日本の大学はたいしたものではない」と思ってしまった人達の中には、「外国の大学だったらまた別かもしれない」という思い込みだって生まれる。外国の大学へ行くには金がかかる。「それだけの金がかかる以上、外国の大学にあるものは〝本物〟であるはずだ」という思い込みだって生まれる。外国の大学には外国の大学なりのよさとすごさはある。しかし、それと「外国の大学だからすごい」という思い込みとは、別である。それが、「自分達の知らない世界にはまだすごいものがあって、そこには〝正解〟があるはずだ」と思い込んだ結果なら、外国の大学だとて、「どうってことはない」のである。≪　B　≫

［　Ⅱ　］また、大学を出て社会人になり、しばらくして壁にぶち当たることがある。その時に、「会社を辞めて大学に入り直そう」という決断をする人もいる。それは、あるいは必要なことかもしれない。しかし、もしかしたら①それは、錯覚かもしれない。「社会に出て未熟な自分の②メッキが剝《は》げた」という事実があるのなら、その未熟さは、自分で(i)コク服しなければならない。そのコク服手段が「大学に入って学び直せばなんとかなる」であるのは、もしかしたら、短絡かもしれない。この人が、「自分は正解から離れた。大学には正解がある。その正解に近づけば、もう一度成功を取り戻すことができる」と思い込んでいるのだとしたら、この人のあり方は、「どこかに自分の知らない正解はある」と思い込んでいる二十世紀病なのである。≪　C　≫

二十世紀は、＊イデオロギーの時代であり、進歩を(ii)前テイとする理論の時代だった。「その〝正解である理論〟をマスターしてきちんと実践できたら、すべてはうまく行く」――そういう思い込みが、世界全体に広がっていた。そういう状況の中では、「自分の現実をなんとかしてくれる〝正解〟はどこかにある」という考え方もたやすく生まれるだろう。その人達は学習好きになって、次から次へと「理論」を漁る。一つの理論がだめになったら、もう一つ別のナントカ理論へと走る。③思想さえもが流行になったら、その後では、「流行」さえもが思想である。「それを知らなかったら、時代からおいてきぼりを食らわされる」――そういう不安感の下では、流行もたやすく思想になり、であればこそ、二十世紀末には、わけのわからない「宗教もどき」がさまざまな事件を引き起こしもした。

2020年度

解　答　と　解　説

《2020年度の配点は解答欄に掲載してあります。》

＜数学解答＞《学校からの正答の発表はありません。》

1 (1) ア 7　(2) イ 9　ウ 2　エ 4　(3) オ 4　カ 9
(4) キ 1　ク 6

2 (1) ア 2　イ 3　ウ 3　エ 1　オ 2　カ 1　キ 6
(2) ク 3　ケ 4　(3) コ 1　サ 9　シ 1　ス 6　セ 5

3 (1) ア 4　イ 3　ウ 2　(2) エ 2　オ 2　カ 2　キ 1　ク 6
(3) ケ 4

4 (1) ア 6　イ 5　ウ 6　(2) エ 2　オ 3　カ 6　キ 2　ク 5
(3) ケ 6　コ 5　サ 2

5 (1) ア 8　イ 3　(2) ウ 6　エ 4　オ 3　(3) カ 2　キ 4
(4) ク 3　ケ 2　コ 3　サ 5

○推定配点○

1　各4点×4　2　(1)　各4点×2　(2)　5点(完答)　(3)　各4点×3
3　(1)　5点(完答)　(2)　各4点×2　(3)　5点
4　(1)　各4点×2　(2)　各4点×2　(3)　5点　5　各5点×4　計100点

＜数学解説＞

1 (正負の数，式の値，2次方程式，数の性質)

基本 (1) $\{5-(-2)^2\}\times7+1-(5-2^2)=(5-4)\times7+1-(5-4)=1\times7+1-1=7$

重要 (2) $\dfrac{x^3y^2+x^2y^3}{x^2-y^2}=\dfrac{x^2y^2(x+y)}{(x+y)(x-y)}=\dfrac{(xy)^2}{x-y}=\dfrac{\{(\sqrt{5}+\sqrt{2})(\sqrt{5}-\sqrt{2})\}^2}{(\sqrt{5}+\sqrt{2})-(\sqrt{5}-\sqrt{2})}=\dfrac{(5-2)^2}{2\sqrt{2}}=\dfrac{9\sqrt{2}}{4}$

基本 (3) $x^2-x-3a=0$に$x=4$を代入して，$4^2-4-3a=0$　$-3a=-12$　$a=4$　このとき，もとの方程式は，$x^2-x-12=0$　$(x-4)(x+3)=0$　$x=4,\ -3$　$x^2-16x+48=0$　$(x-4)(x-12)=0$　$x=4,\ 12$　よって，$x=4$以外の解の和は，$-3+12=9$

(4) $196=2^2\times7^2$より，$\sqrt{\dfrac{196}{xy}}$が整数となるのは，$xy=1,\ 2^2,\ 7^2,\ 2^2\times7^2$のときである。$xy=1$を満たす$x,\ y$の組は，$(x,\ y)=(1,\ 1)$の1組。$xy=2^2$を満たす$x,\ y$の組は，$(x,\ y)=(1,\ 4),\ (2,\ 2),\ (4,\ 1)$の3組。$xy=7^2$を満たす$x,\ y$の組は，$(x,\ y)=(1,\ 49),\ (7,\ 7),\ (49,\ 1)$の3組。$xy=2^2\times7^2$を満たす$x,\ y$の組は，$(x,\ y)=(1,\ 196),\ (2,\ 98),\ (4,\ 49),\ (7,\ 28),\ (14,\ 14),\ (28,\ 7),\ (49,\ 4),\ (98,\ 2),\ (196,\ 1)$の9組。よって，全部で，$1+3+3+9=16$(組)

2 (平面図形，資料の整理，確率，場合の数)

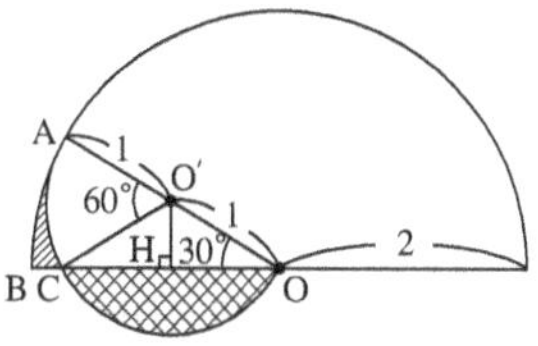

重要 (1) 右の図で，S_1＝おうぎ形OAB－おうぎ形O′AC－△O′CO　O′からOCにひいた垂線をO′Hとすると，$\mathrm{O'H}=\dfrac{1}{2}\mathrm{OO'}=\dfrac{1}{2}$，$\mathrm{OH}=\sqrt{3}\mathrm{O'H}=\dfrac{\sqrt{3}}{2}$　よって，$\mathrm{OC}=2\mathrm{OH}=\sqrt{3}$　したがって，$S_1=\pi\times$

$2^2\times\frac{30}{360}-\pi\times1^2\times\frac{60}{360}-\frac{1}{2}\times\sqrt{3}\times\frac{1}{2}=\frac{\pi}{6}-\frac{\sqrt{3}}{4}=\frac{2\pi-3\sqrt{3}}{12}$　S_2＝おうぎ形O′CO－△O′CO＝$\pi\times1^2\times\frac{120}{360}-\frac{\sqrt{3}}{4}=\frac{\pi}{3}-\frac{\sqrt{3}}{4}$　よって，$S_2-S_1=\frac{\pi}{3}-\frac{\sqrt{3}}{4}-\left(\frac{\pi}{6}-\frac{\sqrt{3}}{4}\right)=\frac{1}{6}\pi$

(2)　平均点が5点であることより，$(x+3+7+4+6+10+3+1+9+y)\div10=5$　$x+43+y=50$　$x+y=7$　ここで，$x\leqq3$，$x<y$より，$(x,\ y)=(0,\ 7)$，$(1,\ 6)$，$(2,\ 5)$，$(3,\ 4)$　A，Jを除く8人の点数を低い順に並べると，1，3，3，4，6，7，9，10となるが，10人の中央値が4点であることより，もう1人4点であることがわかる。よって，$x=3$，$y=4$

重要　(3)　カードの取り出し方の総数は，$3\times3\times4=36$(通り)　3つの箱A，B，Cから取り出したカードの数をそれぞれa，b，cとする。3枚のカードの数の積が4となるのは，$(a,\ b,\ c)=(1,\ 1,\ 4)$，$(1,\ 2,\ 2)$，$(2,\ 1,\ 2)$，$(2,\ 2,\ 1)$の4通りだから，その確率は，$\frac{4}{36}=\frac{1}{9}$　3枚のカードの数の積が6となるのは，$(a,\ b,\ c)=(1,\ 2,\ 3)$，$(1,\ 3,\ 2)$，$(2,\ 1,\ 3)$，$(2,\ 3,\ 1)$，$(3,\ 1,\ 2)$，$(3,\ 2,\ 1)$の6通りだから，その確率は，$\frac{6}{36}=\frac{1}{6}$　また，確率が$\frac{1}{12}=\frac{3}{36}$となるとき，3つの数のうち2つが同じ数のタイプの$k$の値は，$1\times1\times2=2$，$1\times1\times3=3$，$3\times3\times1=9$，$3\times3\times2=18$の4通りがあり，また，$k=8$の場合も，$(a,\ b,\ c)=(1,\ 2,\ 4)$，$(2,\ 1,\ 4)$，$(2,\ 2,\ 2)$の3通りだから，その確率が$\frac{3}{36}=\frac{1}{12}$となり，適する。よって，求める$k$の値は5通りある。

3　(図形の移動と面積)

基本　(1)　斜線部分の面積が最大となるのは，直角二等辺三角形が正方形とぴったり重なるときだから，$8\div2=4$(秒後)であり，そのときの面積は，$\frac{1}{2}\times8\times8=32$

重要　(2)　$0\leqq t\leqq4$のとき，問題の図②の状態で，斜線部分は直角をはさむ辺の長さが$2t$の直角二等辺三角形であるから，その面積は，$\frac{1}{2}\times(2t)^2=2t^2$　$4\leqq t\leqq8$のとき，問題の図③の状態で，斜線部分の面積は，直角をはさむ辺の長さが8と$2t-8$の直角二等辺三角形の面積の差に等しいから，$32-\frac{1}{2}\times(2t-8)^2=-2t^2+16t$

(3)　$0\leqq t\leqq4$…㋐のとき，$2t^2=32\times\frac{1}{2}$　$t^2=8$　$t=\pm2\sqrt{2}$　㋐より，$t=2\sqrt{2}$　$4\leqq t\leqq8$…㋑のとき，$-2t^2+16t=32\times\frac{1}{2}$　$t^2-8t=-8$　$(t-4)^2=-8+16$　$t-4=\pm2\sqrt{2}$　㋑より，$t=4+2\sqrt{2}$　よって，時間の差は，$(4+2\sqrt{2})-2\sqrt{2}=4$(秒)

4　(図形と関数・グラフの融合問題)

基本　(1)　直線OAの式を$y=mx$とおくと，C$(1,\ -2)$を通るから，$-2=m$　よって，$y=-2x$　これに$x=-3$を代入して，$y=-2\times(-3)=6$　よって，A$(-3,\ 6)$　また，線分ABの中点をMとすると，△ACBがAC＝BCの二等辺三角形であることから，AB⊥CM　よって，M$(1,\ 6)$　したがって，Bのx座標は，$\frac{x+(-3)}{2}=1$より，$x=5$　よって，B$(5,\ 6)$

基本　(2)　Aは$y=ax^2$上の点だから，$6=a\times(-3)^2$　$a=\frac{2}{3}$　Bは$y=bx^2$上の点だから，$6=b\times5^2$　$b=\frac{6}{25}$

重要　(3)　△ABD：△ACD＝3：1より，BD：DC＝3：1　よって，点Dは線分BCとx軸との交点であるから，D$(2,\ 0)$　直線ADの式を$y=cx+d$とおくと，2点A，Dを通るから，$6=-3c+d$，$0=2c+$

d　この連立方程式を解いて，$c=-\frac{6}{5}$，$d=\frac{12}{5}$　よって，$y=-\frac{6}{5}x+\frac{12}{5}=-\frac{6}{5}(x-2)$

5　（空間図形の計量）

基本　(1)　$AG=\sqrt{AC^2+CG^2}=\sqrt{AB^2+BC^2+CG^2}=\sqrt{8^2+8^2+8^2}=8\sqrt{3}$

基本　(2)　四面体$C-GTS=\frac{1}{3}\times\triangle GTS\times CG=\frac{1}{3}\times\frac{1}{2}\times\left(\frac{8}{2}\right)^2\times 8=\frac{64}{3}$

重要　(3)　$CS=CT=\sqrt{TG^2+CG^2}=\sqrt{4^2+8^2}=4\sqrt{5}$　線分STの中点をMとすると，$MS=\frac{1}{2}ST=\frac{1}{2}\times\sqrt{2}TG=2\sqrt{2}$　よって，$CM=\sqrt{CS^2-MS^2}=\sqrt{(4\sqrt{5})^2-(2\sqrt{2})^2}=\sqrt{72}=6\sqrt{2}$　したがって，$\triangle CTS=\frac{1}{2}\times 4\sqrt{2}\times 6\sqrt{2}=24$

重要　(4)　平面AEGCを考える。点Mは線分EG上にあり，点Pは線分CM上にある。平行線と比の定理より，AP：PG＝AC：MG　ここで，線分EGと線分FHとの交点をOとすると，EO＝OG，OM＝MGだから，EG：MG＝4：1　よって，AP：PG＝4：1より，$AP=\frac{4}{4+1}AG=\frac{4}{5}\times 8\sqrt{3}=\frac{32\sqrt{3}}{5}$

★ワンポイントアドバイス★

小問数は17題だが，解答数が多いので，時間配分も考えて，できるところからミスのないように解いていこう。

＜英語解答＞《学校からの正答の発表はありません。》

Ⅰ　問題1　(1)　3　(2)　2　(3)　3　(4)　4　(5)　1
　問題2　(1)　3　(2)　1　問題3　(1)　2　(2)　3　(3)　2

Ⅱ　(1)　2　(2)　3　(3)　4　(4)　1　(5)　2

Ⅲ　(1)　2　(2)　3　(3)　5　(4)　6　(5)　1

Ⅳ　(1)　3　(2)　4

Ⅴ　1　3241　2　2143　3　3142　4　4213　5　3241

Ⅵ　A　(1)　1　(2)　5　(3)　2　(4)　3
　B　(5)　2　(6)　5　(7)　3　(8)　4

Ⅶ　問1　4　問2　2　問3　2　問4　1　問5　4　問6　3　問7　1　問8　3
　問9　2　問10　3

○推定配点○

Ⅰ～Ⅵ　各2点×35　Ⅶ　各3点×10　計100点

＜英語解説＞

Ⅰ　リスニング問題解説省略。

Ⅱ　（語句選択問題：動名詞，熟語，関係代名詞，前置詞）

基本　(1)　「ティムは毎週日曜日にサッカーの試合を見るのが好きです。」〈like ～ing〉で「～するのが好きだ」という意味を表す。

(2)　「リンダは赤いセーターを着てみましたが，彼女には少し小さすぎました。」〈try on ～〉で「～を着てみる」という意味を表す。

(3) 「駅で私と話していたあの女性は私のおばさんでした。」 talked to me at the station が woman を修飾するので，主格の関係代名詞を使う。

(4) 「あなたの誕生日のパーティーに私を招待してくれてありがとう。」〈thank you for ～ing〉で「～してくれてありがとう」という意味を表す。

(5) 「去年，私たちは2週間ニューヨークを旅行しました。私たちは滞在中よい天候を得ました。」「～している間に」という意味は〈during ＋名詞〉で表すことができる。

Ⅲ (長文読解問題・説明文：語句補充)

(全訳) あなたは良い友達を持っていますか。良い友達は生活の中でとても大切だとよく言われます。しかし私はそれほど多くの(1)親しい友人を持っていません。本当に私の友達である人はほんの数人です。もちろん私は多くの人々を知っています。私は仕事上多くの人々を知っています。私は(2)隣人や私が毎日会う他の人々を知っています。私は知っている人のほとんどが好きですが，真の(3)友情は単に誰かを好きという以上の関係だと思います。彼らが本当にあなたの友人であるならば，あなたは彼らを信頼し，尊重すべきです。真の友人とあなたは何でも話すことができますし，彼らは(4)理解するでしょう。あなたは彼らとのつきあいを楽しみ，多くの素晴らしい経験を共有することができます。あなたは彼らから多くのことを学ぶことができ，あなたが困っているときに互いに助け合うことができます。しかし，あなたの友人の一人が(5)引っ越したら，あなたたちは最初はお互いにたくさん手紙を書くかもしれません。数年後，あなたたちは手紙を書くには忙しくなりすぎて，最終的には連絡を取らなくなるかもしれません。

Ⅳ (長文読解問題・説明文：文整序)

(1) 1「日本人はよく『どうも』と言います。」→4「初め私はそれは『ありがとう。』という意味だと思いました。」→3「今私は，それには多くの意味があることを学びました。」→2「この日本語は，『すみません』，『ありがとう』，『やあ』などの意味を表します。」

重要 (2) ほとんどの動物は日中に活動し，夜に眠ります。暗闇の中でより日中に見るほうが容易なので，動物たちは日中に食べ物を見つけられます。→ウ「一方，夜の間に一番活動的になる動物もいます。」→ア「それらは暗闇の中で生きることに適応しているのです。」→エ「たとえば，コウモリは優れた聴力を持ち，夜の間に食べ物を見つけるためにそれを使います。」→イ「暗闇の中で物をよく見ることができる特別な目を持つフクロウや猫のような動物もいます。」それらは夜行性の動物と呼ばれます。

Ⅴ (長文読解問題・説明文：語句整序)

(大意) 1多くの生物にとって，一生のサイクルは春，夏，秋そして冬という一年の四季に従います。

例えば，ひまわりの種は春に地中から芽が出ます。夏にはその植物は高く成長し，花を咲かせます。秋になって，2植物がいったん成長し終わると，種は大きくなり，地面に落ちます。冬に植物は死にます。

3地面に落ちた種のいくつかはひまわりのサイクルを初めからくり返します。次の春には，種は目が出て，新しい植物が4育ち始めます。

春，夏，秋，冬：それは自然の別のサイクルでもあります。四季は毎年何度もくり返します。北アメリカの地域の植物や動物の生命が違う季節で5どのように変わっていくかを見てみましょう。

1 For many living thing 〈for ～〉で「～にとって」という意味になる。

2 once the plant is 〈once ～〉で「いったん～すると」という意味になる。

3 seeds that fell to fell to the ground が seeds を修飾する。

4 will begin to grow 〈begin to〉で「～し始める」という意味を表す。

5　Let’s look at how　〈how ～〉は「どのように～か」という意味を表す。

Ⅵ（会話文問題：文選択）

A　メアリー：このバスツアーはいいですね！　私たちは1日で町を見ることができます。私はバスツアーが好きです。

ケン　　：本当ですか。(1)ぼくはバスツアーは我慢できません。バスツアーをするには車が多すぎます。

メアリー：ええと，ここで買い物をするのがいいと言いましたよね。靴を買いに行くのはどうですか。

ケン　　：ええ，本当に安い買い物ができますよ。でもぼくはああいう大きなショッピングセンターが好きではありません。

メアリー：(2)私もきらいです！

ケン　　：(3)鳥の公園に行くのはどうですか。ぼくは地元の公園が好きです。

メアリー：ええ，私もです…でも私たちには1日しかありません。だから博物館へ行きましょう。合衆国では決して見られない芸術を見る機会を得られます。

ケン　　：(4)いい考えです。それにたぶん交通が激しくない夜にバスツアーがありますよ。あなたは景色を見るのが好きなのをぼくは知っています。

メアリー：調べてみましょう。

B　マックス：今日の午後泳ぎに行きましょう。

ビル　　：いや，今日はやめておこう。ぼくは疲れすぎています。

マックス：(5)では映画に行きましょう。

ビル　　：すみませんが，今日の午後は忙しくなります。

マックス：おや，何をするのですか。

ビル　　：ぼくはホワイト医師にみてもらいに行きます。彼はぼくの体をチェックしてくれます。

マックス：具合が悪いのですか。

ビル　　：ずっと疲れています。

マックス：ビタミンを飲んでいますか。

ビル　　：いいえ，ぼくはビタミンを飲みません。

マックス：(6)飲むべきだと思いますよ。これから薬局に行きます。いくつかビタミンの錠剤を買ってきましょう。

ビル　　：もう少し待ちましょう。ぼくはまずホワイト医師にみてもらいたいです。ビタミンを飲むことについて彼に聞いてみます。

マックス：わかりました。ええと，今繁華街に行くのですが，5時ごろもどってきます。

ビル　　：何をするのですか。

マックス：ぼくはデパートを見て回ります。いくつか新しい服を買うつもりです。

ビル　　：ああ，わかりました。(7)お金を全部使わないように。

マックス：心配しないで。使いません。

ビル　　：タイム誌を一部買ってきてくれませんか。

マックス：わかりました。喜んで。(8)他に何かいりますか。

ビル　　：いいえ，それだけです。

マックス：オッケイ。じゃあまた後で。

ビル　　：わかった。じゃあ。

VII　（長文読解問題・説明文：内容吟味，文整序，語句補充）

（全訳）　1666年，ロンドンで長く暑い夏がありました。人々は日差しを楽しんで喜んでいました，そして彼らはそれがおそらく(1)ネズミによって運ばれた病気を取り除くために都市を助けたと感じました。しかし実際には，病気は最終的にはるかに強力なものである火災によって破壊されました。

1666年9月2日月曜日の午前2時でした。チャールズ2世のためにパンを作った(2)トーマス・ファリノアは，テムズ川とロンドン橋の近くの店の上で眠っていました。彼の部下が王様の朝食のためにパンの準備を始める時間でした。王様は朝焼きたてのパンが好きでした。

ファリノア氏の部下の一人が目を覚まし，台所の火事に火をつけました。ファリノア氏は台所にたくさんの木を保管し，毎日パンを調理する準備ができていました。その朝，男は木に火がついていたことを発見し，台所が燃え始めていました！

すぐに，男はファリノア氏を起こし，「火事だ！　火事だ！」と叫びました。やがて家中が目を覚まし，人々は逃げようとして至る所を走っていました。ファリノア氏は隣の家の屋根に登って逃げました。(3)一人の女性はそれほど幸運ではありませんでした。彼女はお金の一部を守ろうと思って家にいましたが，焼け死にました。

火は，短い間に他の家に広がり，強い風が西に向かって炎を吹きました。ますます多くの人々がパニックになり，彼らは皆貴重品を救おうとしました。火は(4)旧市街を素早く移動しました。家は木でできていて，狭い通りに非常に近く建てられていました。火が広がるにつれて，それはすべてを破壊しましたが，テムズ川を渡ることはできませんでした。しばらくして，金持ちのビジネスマンたちが海の向こうから奇妙でわくわくするものを保管している，川のそばの建物にまで到達しました。その後，ロンドンは唐辛子の匂いを嗅ぎ始め，燃えるブランデーは通りを川のように流れ始めました！

私たちはその夜の火事のいくつかの非常に良い説明を持っています。(5)サミュエル・ペピーズはチャールズ王の政府の重要な人物であり，毎日彼は当時のロンドンでの生活についての日記を書いていました。彼は，彼の家の女性の一人が「街の大火事を私たちに伝えるために，朝3時ごろ私たちを呼び出した。だから私は起き…そして彼女の窓に行き….私はそれが十分に遠く離れていると思い，再び眠りました。」と書きました。

ペピーズが再び目を覚ます頃には，火はすでにロンドンで300軒の家を燃やしていました。 彼はチャールズ王のところに行き，火事が本当に深刻であることを伝えました。

(6)ロンドン市長として，トーマス・ブラドワース卿は市内で最も重要で強力な男性の一人でした。彼は火を簡単に消すことができると思ったので，彼は消火を組織しようとしました。しかし，彼はすぐに仕事が予想以上に難しいことに気づきました。チャールズ王と兄のジェームズが助けようと決めたのはそのときでした。

王はすぐに火が完全に制御不能であることに気づきました。彼は枢密院の会議―彼を助け，助言することができる重要な男性のグループ―を呼び出しました。彼らは，消防士が火と戦うために必要なすべてを与えられる「火災ポスト」を，市内にいくつか一緒に作ることにしました。チャールズ王が戦いを主導しました。彼は睡眠なしで30時間働き，彼は彼の勇敢さのために非常に愛されていました。

チャールズ王と彼の部下は，火がそこで燃えるものが(7)何もないように，いくつかの家を引き倒すことによって町の一部を安全にすることを決めました。これは火を止め，1666年9月5日水曜日までに，火はついに制御されました。

問1　第1段落の第2文に disease carried by the rats とあるので，4が正解。　1「ネズミはロンドンで病気を取り除くために使われた。」 2「当時，ラットが病気の原因であることを誰も知らなかった。」 3「火事が起こったので，ロンドンにはたくさんのネズミがいました。」 4「人々は病気の原因はラットだと思った。」

問2　第4段落の内容に合うので，2が正解。　1「彼は消防士として働き，深刻な火災が広がったとき，ロンドンの多くの人々を助けた。」 2「火事に閉じ込められた時，彼は隣の家の屋根の上から逃げることができた。」 3「彼は1666年にチャールズ2世の料理人として働き始め，火災の後ロンドンで金持ちの実業家になった。」 4「彼は王の朝食のためにパンを準備していたとき，彼は誤って大きな火を出した。」

問3　第4段落の内容に合うので，2が正解。　1「ファリノア氏が家から脱出したとき，彼は大きな炎のために女性に気づかなかった。」 2「彼女はお金を守ろうとしていたので命を落とし，逃げることができなかった。」 3「彼女は彼と同じ家に住んでいたにもかかわらず，ファリノア氏と一緒に逃れることを拒否した。」 4「ファリノア氏は，女性が屋根に登ったときに家の中でお金を盗んでいるのを見た。」

問4　直後の文の内容に合うので，1が正解。　1「火災が非常に迅速に広がる理由はいくつかあった。」 2「貴重品を保管するために大きなスペースが必要だったので，金持ちのビジネスマンは旧市街に住んでいた。」 3「旧市街の人々がテムズ川を渡るのは，チャールズ王に多額の金を払わなければならなかったので，非常に困難だった。」 4「火事でテムズ川の一部の橋が破壊されたため，旧市街に住む人々は川を渡って逃げることができなかった。」

問5　第6段落の内容に合うので，4が正解。　1「彼は家族の一人に目を覚まされたが，その夜起きようとしなかった。」 2「火事が危険だと知っていたので，彼はすぐに家から出て逃げた。」 3「彼はチャールズ王の政府のために働いていたので，彼は日記を書かせるために彼の家の女性の一人を呼び出さなければならなかった。」 4「火事は家の近くでなかったので，最初は家から逃げ出さなかった。」

問6　全訳参照。

問7　〈nothing to ～〉で「何も～するべきものがない」という意味になる。ここでは，火が燃え移れるものがなくなったということ。

問8　「上記の文章を読むことで，私たちは＿＿＿＿＿＿ことを理解できる。」 第9段落の内容に合うので，3が正解。　1「1666年のロンドンの火災で，子供から高齢者まで多くの人々が死亡した」 2「当時の人々は木造住宅に住んでいたので，火事が起きていたことにすぐに気がついた」 3「チャールズ王は，ロンドンとその人々を救うために1日以上火と戦い続けた」 4「チャールズ王と兄のジェームズは，消防士に木造住宅を修理してもらい，街をきれいにした」

重要　問9　1「一人の女性が朝食を作り始めると，彼女の家の台所が燃え始め，多くの人々が火事のために死んだ。」 第3段落の内容に合わないので，誤り。　2「ロンドンの火災は1666年9月の初めに午前中に始まり，数日間続いた。」 第2段落と第10段落の内容に合うので，2が正解。　3「西から強風が吹いていたので，火がロンドン中に広がるのに長い時間がかかった。」 第5段落の内容に合わないので，誤り。　4「金持ちの実業家はチャールズ王と兄のジェームズに市内でいくつかの火事ポストを作るように頼んだ。」 第9段落の内容に合わないので，誤り。

問10　この文章はロンドンで大火が起こった時に，チャールズ王が勇敢に戦ったという内容を表すので，3が正解。　1「サミュエル・ペピーズとトーマス・ファリノアがロンドンを救った方法」 2「チャールズ王の謎とロンドンの悲しい物語」 3「ロンドンの大火とチャールズ王の勇敢な行動」 4「チャールズ王と兄のジェームズの生涯」

★ワンポイントアドバイス★

Ⅷの問7には「何も～ない」という意味を表す nothing が用いられている。この語はそれ自体に否定の意味を含んでいる。よって，この語をふつうの否定文の中で使うことはできない。(例) I don't have nothing.(×)　I have nothing.(○)

＜国語解答＞ 《学校からの正答の発表はありません。》

一　問一　ア　問二　Ⅰ　ア　Ⅱ　イ　Ⅲ　ウ　問三　エ　問四　②　ア　④　エ　⑦　ウ　問五　(ⅰ)　イ　(ⅱ)　イ　(ⅲ)　ア　問六　イ　問七　ウ　問八　ウ　問九　エ　問十　ア　問十一　⑧　エ　⑩　イ　問十二　ウ　問十三　エ

二　問一　(a)　ア　(b)　ウ　(c)　イ　問二　エ　問三　イ　問四　A　イ　B　エ　C　ア　問五　ウ　問六　エ　問七　ウ　問八　イ　問九　ウ　問十　ウ　問十一　イ　問十二　エ　問十三　エ　問十四　ア

三　問一　ウ　問二　イ　問三　③　ウ　⑥　エ　⑨　ア　問四　エ　問五　イ　問六　エ　問七　エ　問八　ア　問九　ア　問十　ウ　問十一　イ　問十二　ア　問十三　イ

○推定配点○

一　問二・問四・問五・問十一　各1点×11　他　各3点×9

二　問一・問四・問十四　各1点×7　他　各3点×10

三　問二・問四・問五・問十・問十二　各3点×5　他　各1点×10　計100点

＜国語解説＞

一　(論説文一大意・要旨，内容吟味，文脈把握，指示語の問題，接続語の問題，脱文・脱語補充，漢字の読み書き，語句の意味，同義語・対義語，熟語，ことわざ・慣用句)

問一　脱文の内容から，「現実に生きる自分達が知らないままでいる『正解』を手に入れること」と「イコールだと思っていたこと」について述べている後に入ると判断できる。《　A　》の前の「人は競って大学へ行ったし……『先端の理論』を知りたがった」は，「知らないままでいる『正解』を手に入れる」ことにあたる。筆者が，この段階で「『正解』を手に入れること」に対して懐疑的な姿勢をとっていることにも気づきたい。

やや難　問二　Ⅰ　「大学がそうたいしたものではないという幻滅に訪れられた」という前に対して，後で「それは果たして……わからない」と相反する内容を述べているので，逆接の意味を表す語が入る。Ⅱ　直後に「また」とあることから，前に同様の内容を述べている。直前の段落の冒頭に「たとえば」とあり，［Ⅱ］の段落では別の例を挙げている。したがって，例示の意味を表す語が入る。　Ⅲ　「“正解”につながる(はずの)情報を仕入れ続けなければ脱落者になってしまう」という思い込みが，一方にはある」という前から当然予想される内容を，後で「それをし続けなければならない」と述べているので，順接の意味を表す語が入る。

問三　筆者が「錯覚かもしれない」と考えていることをとらえる。同じ段落の前で挙げている社会人になって壁にぶち当たったときに「大学に入り直そう」と思うのは，大学に入れば正解に近づき成功できると考えることによる。筆者は，この考えを「錯覚」としている。

問四　②「メッキ」は装飾などのために表面に薄く金属を張ること。ここでは「未熟な自分」に対して比喩的に用いている。　④　ここでの「一世」はその時代のこと。「風靡」は風が草木を一斉になびかせるという意味からできた言葉。　⑦「ぶしょうもの」と読む。直前の「なんでも他人まかせですませておける」にふさわしい意味を選ぶ。

問五　(i)　克服　ア　時刻　イ　克明　ウ　残酷　エ　告白
(ii)　前提　ア　堤防　イ　提出　ウ　停止　エ　訂正
(iii)　惨劇　ア　悲惨　イ　賛成　ウ　解散　エ　養蚕業

やや難　問六　直後の「『それを知らなかったら，時代からおいてきぼりを食らわされる』――そういう不安感の下では，流行もたやすく思想になり」に着目し，同じ内容を述べているものを選ぶ。

問七　「［X］をひねった」で，前の「理論の合理性を求めて……走ってしまうのか？」を表す慣用句となる。「［X］をひねる」で，理解できずに考え込むという意味になる語が入る。

問八　激化した子供の進学競争や，大人の学習意欲の様子を表す四字熟語を考える。同じ段落の「『これが“正解”だ』と確信したら……一路邁進する」様子にふさわしいものを選ぶ。

問九　直後の段落の「どこかに『正解』はあるはずなのだから」からイ，「情報社会の一員にならなければ……孤独を味わわなければならないから」からウ，「そもそもが」で始まる段落の「わからない＝恥」からはアの理由が読み取れる。

問十　同じ段落の「『なんでもかんでも一挙に解決してくれる便利な“正解”』などというものは，そもそも幻想の中にしか存在しない」に着目する。筆者が「現実」としているのは，現実をなんとかしてくれる正解はないということである。

基本　問十一　⑧　ある物事を自由に行うことができる資格という意味なので，当然しなければならない務めという意味の語が対義語となる。　⑩　することが難しいという意味なので，することが簡単なという意味の語が対義語となる。

重要　問十二　「過去の次元」について，同じ段落で「どうしたらいいかわからない，なにがなんだかわからない」ところで「自分の力」で困難を切り開かねばならないと述べている。この部分を説明しているウを選ぶ。

問十三　「二十世紀に定着してしまった」で始まる段落の内容とエが合致する。

二　**（小説―主題・表題，情景・心情，内容吟味，文脈把握，指示語の問題，脱文・脱語補充，漢字の読み書き，語句の意味，ことわざ・慣用句，文と文節，敬語・その他，文学史）**

問一　(a)　向こう岸に渡りたいと思っているときに，ちょうど船があることからできた言葉。
(b)「しまつ」と読み，物事の初めと終わり，物事の最終的な状態，片づけることという意味がある。　(c)「不躾」と書く。前の「うちのチャボが……頂きに参りました」という中年婦人の言葉は，自分勝手でチャボを世話した「私」へのお礼もない失礼なものである。

問二　「年齢」は似た意味の漢字を重ねる構造で，同じ構成の熟語はエの「戦争」。

問三　「私」はチャボの飼い主を探しており「ひょっとしたら，西荻窪の斎藤さんのチャボかもしれないよ」と言って妻に行かせたのである。その妻が「斎藤さんのうちのチャボは……卵を温めていました」と言うのであるから，斎藤さんのチャボでないとわかり「がっかりした」のである。

問四　A　十五歳になったチャボを「置物の羽抜け鳥」とたとえている。比喩の意味を表す語が入る。　B「『うちでは……健康保険に入っているんですけど』と云った。」という前に続いて，後で「医者が『それはよく……』と甚だ云いにくそうに云った」と続けているので，添加の意味を表す語が入る。　C「待避させようとする」という前に対して，後で「のっそり立っているだけで隠れない」と相反する内容を述べているので，逆接の意味を表す語が入る。

基本　問五　X　後に「勢いよく起きて」とある。眠気におそわれてぼんやりしている様子を表す語が入る。　Z　前の「置物のように」と後の「うずくまっていた」様子を表すのにふさわしい語が入る。

問六　③　「参る」は，「来る」の謙譲語。　⑥　「存ずる」は「知る」の謙譲語。

やや難　問七　「私」は，迷い込んできたチャボにえさをやったり，小鳥屋へ行ってチャボの寿命などを聞いたりしている。見知らぬ中年婦人がやって来てそのチャボを連れて行ってしまったことから，「私」の心情を想像する。

問八　同じ段落の「一もく置いているのを知っている」「跨ぐようにして通るのに平然としている」などから読み取れるのは，猫の「私」に対する信頼や安心と同時に無関心である。

問九　「どうして」は疑問の意味を表す。直接修飾しているのは，ウの「ないだろう」。

やや難　問十　直前の「病気で憔悴した挙句，三日間もどこかに隠れて姿を見せなかった」から，猫が病気でどこかで死んでしまいもう家に帰ってこないのではないかと考えていたと推察できる。病気の猫を目の当たりにしていたなら「もうまもなく寿命が尽きるのではないだろうか」と考えるが，「姿を見せなかった」というのであるからアは適当ではない。

問十一　一つ目の［Y］の後の「じっと見ていると……自分が年とったと思う」，二つ目の［Y］の後の「どんどん変って行くのがわかります」から，月日が経つのが早いという意味の表現が入る。

問十二　「一もく置く」は「一目置く」とも書き，自分よりすぐれた人に対して敬意を払うという意味。本文の「恩義に似た気持」「共に老けましたと云うべきだ」などの表現もヒントになる。

重要　問十三　最終段落の「私はこの猫を抱いたり膝に乗せたりしたことは一度もない」や「一もく置いている」から，「親が子供に対して与える愛情に似たもの」とする生徒Dの発言は不適当。

問十四　イは井上靖，ウは川端康成，エは有島武郎の作品。

三　（古文―内容理解，指示語の問題，語句の意味，文と文節，品詞・用法，仮名遣い，敬語・その他，口語訳，文学史）

〈口語訳〉　この草子は，(私が)目に見え心に思うことを，他人が見ないだろうと思って，所在ない里の暮らしの間に，書き集めたのだが，あいにく，他人にとって不都合なことを言い過ぎたところがいくつかあるので，うまく隠しておこうと思っていたのに，心ならずも外に洩れ出てしまった。

中宮様に，内大臣の伊周様が(紙を)献上なさったのを，「これに何を書いたらいいかしら。帝は『史記』という書物を，お書かせになったのよ」と言われるので，「枕でございましょう」と申し上げると，(中宮様は)「それなら，(あなたに)あげましょう」と下さったのを，おかしなことを，あれやこれやと，尽きることなくたくさんの紙に書き尽くそうとしたので，たいそうとりとめのないことが多くなった。だいたい，これは世間で評判だとか，人がすばらしいと思うに違いないことを，さらに選び出して，歌なども，木・草・鳥・虫にしても言い出してみると，「思うほどは良くもない，心(のほど)は見えた」と悪口も言われよう，ただ心一つに自然に思い浮ぶことをたわむれに書き付けたので，他の書物と交じって，人並みの評判をも聞くようなものであるはずがないのに，「こちらが気後れするほど立派だ」などと，会う人は言って下さるので，とても妙な気持ちである。なるほど，それも道理で，人の悪くいうものを良しと言い，ほめるものを悪いという人は，その心の中が知れるというものだ。(私としては)ただ，(この草子が)人目に触れたことが腹立たしい。

左中将源経房様がまだ伊勢の守だったころ，(私の)里(の宅)においでになった時に，端の方にあった畳を差し出したところ，この草子も載ったまま出てしまった。あわてて取り込もうとしたが，(経房様は)そのままお持ちになり，だいぶたってから返してくださった。それからこの草子は独り歩きを始めてしまったらしい，と元の本に。

問一　基本形は「見ゆ」。「え／え／ゆ／ゆる／ゆれ／えよ」と活用するので，ヤ行下二段活用。

問二　「やは」は疑問や反語の意味を表し，「……だろうか，いや……だろう」という意味になる。

問三　③　手持ちぶさたなこと。孤独でもの寂しいことという意味がある。　⑥　書物，手紙，学問，漢詩の意味がある。直前に「史記といふ」とある。　⑨　漢字で書くと「悪し」。

重要　問四　前の「こそ」を受けて係り結びの法則が働いている。已然形の「けれ」に直す。

問五　後に「何を書かまし」とある。書くことができるものを選ぶ。

問六　直前に「これに何を……書かせたまへる」という中宮定子の会話があり，後で「枕にこそ侍らめ」と作者が答えている。

問七　「これに何を……書かせたまへる」という中宮定子の問いかけに，「枕にこそ侍らめ」と申し上げたのは，作者である清少納言。

基本　問八　語頭以外のハ行は，現代仮名遣いではワ行に直す。(a)の「おほかた」は「おおかた」が適当。

問九　自立語で活用がなく主語になれるので名詞。「戯れ」と書き，ふざけること，冗談という意味。

やや難　問十　「にくむ」は憎らしいと思う，非難するという意味で，「ほむる」は誉める，賞賛するという意味。作者は，他人が非難するものを「よし」と言い，他人が賞賛するものを「あし」，つまり「悪し」と言う，と述べている。

問十一　アは「駿河」「遠江」，ウは「伊予」，エは「肥後」が旧国名を表す。

重要　問十二　「あいなう，人のために便なき言ひ過ぐしもしつべき所々もあれば」とアが合致する。文末に「いと久しくありてぞ返りたりし」とあるので，「返さなかった」とあるエは合致しない。

基本　問十三　アは『土佐日記』，ウは『源氏物語』，エは『徒然草』の作者。

★ワンポイントアドバイス★

読解文の選択肢は紛らわしいものが多い。それぞれの選択肢に最後まできちんと目を通した後に，判断することを習慣づけよう。

MEMO

大切なことはメモしておこうネ！

解答用紙集

○月×日 △曜日　天気(合格日和)

◆ご利用のみなさまへ

＊解答用紙の公表を行っていない学校につきましては、弊社の責任において、解答用紙を制作いたしました。

＊編集上の理由により一部縮小掲載した解答用紙がございます。

＊編集上の理由により一部実物と異なる形式の解答用紙がございます。

人間の最も偉大な力とは、その一番の弱点を克服したところから生まれてくるものである。　――カール・ヒルティ――

東京学参株式会社

日本大学櫻丘高等学校　2024年度

◇数学◇

※ 123％に拡大していただくと，解答欄は実物大になります。

1	(1)	ア	0 1 2 3 4 5 6 7 8 9
		イ	0 1 2 3 4 5 6 7 8 9
	(2)	ウ	0 1 2 3 4 5 6 7 8 9
	(3)	エ	0 1 2 3 4 5 6 7 8 9
		オ	0 1 2 3 4 5 6 7 8 9
	(4)	カ	0 1 2 3 4 5 6 7 8 9

2	(1)	ア	0 1 2 3 4 5 6 7 8 9
		イ	0 1 2 3 4 5 6 7 8 9
		ウ	0 1 2 3 4 5 6 7 8 9
		エ	0 1 2 3 4 5 6 7 8 9
		オ	0 1 2 3 4 5 6 7 8 9
		カ	0 1 2 3 4 5 6 7 8 9
		キ	0 1 2 3 4 5 6 7 8 9
		ク	0 1 2 3 4 5 6 7 8 9
		ケ	0 1 2 3 4 5 6 7 8 9
	(2)	コ	0 1 2 3 4 5 6 7 8 9
		サ	0 1 2 3 4 5 6 7 8 9
		シ	0 1 2 3 4 5 6 7 8 9
		ス	0 1 2 3 4 5 6 7 8 9
		セ	0 1 2 3 4 5 6 7 8 9
		ソ	0 1 2 3 4 5 6 7 8 9
		タ	0 1 2 3 4 5 6 7 8 9
		チ	0 1 2 3 4 5 6 7 8 9
	(3)	ツ	0 1 2 3 4 5 6 7
		テ	0 1 2 3 4 5 6 7 8 9
		ト	0 1 2 3 4 5 6 7 8 9
		ナ	0 1 2 3 4 5 6 7 8 9

3	(1)	ア	0 1 2 3 4 5 6 7 8 9
		イ	0 1 2 3 4 5 6 7 8 9
		ウ	0 1 2 3 4 5 6 7 8 9
		エ	0 1 2 3 4 5 6 7 8 9
		オ	0 1 2 3 4 5 6 7 8 9
	(2)	カ	0 1 2 3 4 5 6 7 8 9
		キ	0 1 2 3 4 5 6 7 8 9
		ク	0 1 2 3 4 5 6 7 8 9
	(3)	ケ	0 1 2 3 4 5 6 7 8 9
		コ	0 1 2 3 4 5 6 7 8 9
		サ	0 1 2 3 4 5 6 7 8 9

4	(1)	ア	0 1 2 3 4 5 6 7 8 9
		イ	0 1 2 3 4 5 6 7 8 9
		ウ	0 1 2 3 4 5 6 7 8 9
	(2)	エ	0 1 2 3 4 5 6 7 8 9
		オ	0 1 2 3 4 5 6 7 8 9
	(3)	カ	0 1 2 3 4 5 6 7 8 9
	(4)	キ	0 1 2 3 4 5 6 7 8 9
		ク	0 1 2 3 4 5 6 7 8 9

5	(1)	ア	0 1 2 3 4 5 6 7 8 9
		イ	0 1 2 3 4 5 6 7 8 9
	(2)	ウ	0 1 2 3 4 5 6 7 8 9
	(3)	エ	0 1 2 3 4 5 6 7 8 9
		オ	0 1 2 3 4 5 6 7 8 9
		カ	0 1 2 3 4 5 6 7 8 9
	(4)	キ	0 1 2 3 4 5 6 7 8 9
		ク	0 1 2 3 4 5 6 7 8 9
		ケ	0 1 2 3 4 5 6 7 8 9
		コ	0 1 2 3 4 5 6 7 8 9

マーク記入例　（良い例）　（悪い例）

日本大学櫻丘高等学校　2024年度

◇英語◇

※ 116％に拡大していただくと，解答欄は実物大になります。

I	問題1	(1)	①②③④
		(2)	①②③④
		(3)	①②③④
		(4)	①②③④
		(5)	①②③④
	問題2	(1)	①②③④
		(2)	①②③④
	問題3	(1)	①②③④
		(2)	①②③④
		(3)	①②③④

II	(1)	①②③④
	(2)	①②③④
	(3)	①②③④
	(4)	①②③④
	(5)	①②③④

III	(1)	①②③④⑤⑥⑦⑧
	(2)	①②③④⑤⑥⑦⑧
	(3)	①②③④⑤⑥⑦⑧
	(4)	①②③④⑤⑥⑦⑧
	(5)	①②③④⑤⑥⑦⑧

IV	(1)	①②③④
	(2)	①②③④

V	1	1番目	①②③④
		2番目	①②③④
		3番目	①②③④
		4番目	①②③④
	2	1番目	①②③④
		2番目	①②③④
		3番目	①②③④
		4番目	①②③④
	3	1番目	①②③④
		2番目	①②③④
		3番目	①②③④
		4番目	①②③④
	4	1番目	①②③④
		2番目	①②③④
		3番目	①②③④
		4番目	①②③④
	5	1番目	①②③④
		2番目	①②③④
		3番目	①②③④
		4番目	①②③④

VI	A	(1)	①②③④⑤⑥⑦⑧
		(2)	①②③④⑤⑥⑦⑧
		(3)	①②③④⑤⑥⑦⑧
		(4)	①②③④⑤⑥⑦⑧
	B	(5)	①②③④⑤⑥⑦⑧
		(6)	①②③④⑤⑥⑦⑧
		(7)	①②③④⑤⑥⑦⑧
		(8)	①②③④⑤⑥⑦⑧

VII	問1	①②③④	問6	①②③④
	問2	①②③④	問7	①②③④
	問3	①②③④	問8	①②③④
	問4	①②③④	問9	①②③④
	問5	①②③④	問10	①②③④

マーク記入例　（良い例）　（悪い例）

日本大学櫻丘高等学校　2024年度

◇国語◇

※ 115%に拡大していただくと，解答欄は実物大になります。

一	問一	(i)	㋐	㋑	㋒	㋓
		(ii)	㋐	㋑	㋒	㋓
		(iii)	㋐	㋑	㋒	㋓
	問二		㋐	㋑	㋒	㋓
	問三		㋐	㋑	㋒	㋓
	問四	A	㋐	㋑	㋒	㋓
		B	㋐	㋑	㋒	㋓
		C	㋐	㋑	㋒	㋓
	問五		㋐	㋑	㋒	㋓
	問六		㋐	㋑	㋒	㋓
	問七		㋐	㋑	㋒	㋓
	問八		㋐	㋑	㋒	㋓
	問九		㋐	㋑	㋒	㋓
	問十		㋐	㋑	㋒	㋓
	問十一		㋐	㋑	㋒	㋓
	問十二		㋐	㋑	㋒	㋓
	問十三		㋐	㋑	㋒	㋓
	問十四		㋐	㋑	㋒	㋓
	問十五		㋐	㋑	㋒	㋓
	問十六		㋐	㋑	㋒	㋓

二	問一	A	㋐	㋑	㋒	㋓
		B	㋐	㋑	㋒	㋓
	問二		㋐	㋑	㋒	㋓
	問三	③	㋐	㋑	㋒	㋓
		⑧	㋐	㋑	㋒	㋓
		⑪	㋐	㋑	㋒	㋓
	問四		㋐	㋑	㋒	㋓
	問五		㋐	㋑	㋒	㋓
	問六		㋐	㋑	㋒	㋓
	問七		㋐	㋑	㋒	㋓
	問八		㋐	㋑	㋒	㋓
	問九		㋐	㋑	㋒	㋓
	問十		㋐	㋑	㋒	㋓
	問十一		㋐	㋑	㋒	㋓
	問十二		㋐	㋑	㋒	㋓
	問十三		㋐	㋑	㋒	㋓
	問十四		㋐	㋑	㋒	㋓
	問十五		㋐	㋑	㋒	㋓

三	問一		㋐	㋑	㋒	㋓
	問二		㋐	㋑	㋒	㋓
	問三		㋐	㋑	㋒	㋓
	問四	③	㋐	㋑	㋒	㋓
		⑤	㋐	㋑	㋒	㋓
	問五		㋐	㋑	㋒	㋓
	問六		㋐	㋑	㋒	㋓
	問七		㋐	㋑	㋒	㋓
	問八		㋐	㋑	㋒	㋓
	問九		㋐	㋑	㋒	㋓
	問十		㋐	㋑	㋒	㋓
	問十一		㋐	㋑	㋒	㋓
	問十二		㋐	㋑	㋒	㋓

マーク記入例　（良い例）　（悪い例）

日本大学櫻丘高等学校　2023年度

◇数学◇

※ 123％に拡大していただくと，解答欄は実物大になります。

1	(1)	ア	0	1	2	3	4	5	6	7	8	9
	(2)	イ	0	1	2	3	4	5	6	7	8	9
		ウ	0	1	2	3	4	5	6	7	8	9
	(3)	エ	0	1	2	3	4	5	6	7	8	9
		オ	0	1	2	3	4	5	6	7	8	9
	(4)	カ	0	1	2	3	4	5	6	7	8	9
		キ	0	1	2	3	4	5	6	7	8	9

2	(1)	ア	0	1	2	3	4	5	6	7	8	9
		イ	0	1	2	3	4	5	6	7	8	9
		ウ	0	1	2	3	4	5	6	7	8	9
		エ	0	1	2	3	4	5	6	7	8	9
		オ	0	1	2	3	4	5	6	7	8	9
		カ	0	1	2	3	4	5	6	7	8	9
	(2)	キ	0	1	2	3	4	5	6	7	8	9
		ク	0	1	2	3	4	5	6	7	8	9
		ケ	0	1	2	3	4	5	6	7	8	9
		コ	0	1	2	3	4	5	6	7	8	9
		サ	0	1	2	3	4	5	6	7	8	9
		シ	0	1	2	3	4	5	6	7	8	9
	(3)	ス	0	1	2	3	4	5	6	7	8	9
		セ	0	1	2	3	4	5	6	7	8	9
		ソ	0	1	2	3	4	5	6	7	8	9

3	(1)	ア	0	1	2	3	4	5	6	7	8	9
		イ	0	1	2	3	4	5	6	7	8	9
	(2)	ウ	0	1	2	3	4	5	6	7	8	9
		エ	0	1	2	3	4	5	6	7	8	9
	(3)	オ	0	1	2	3	4	5	6	7	8	9
		カ	0	1	2	3	4	5	6	7	8	9

4	(1)	ア	0	1	2	3	4	5	6	7	8	9
		イ	0	1	2	3	4	5	6	7	8	9
		ウ	0	1	2	3	4	5	6	7	8	9
		エ	0	1	2	3	4	5	6	7	8	9
	(2)	オ	0	1	2	3	4	5	6	7	8	9
		カ	0	1	2	3	4	5	6	7	8	9
		キ	0	1	2	3	4	5	6	7	8	9
	(3)	ク	0	1	2	3	4	5	6	7	8	9
		ケ	0	1	2	3	4	5	6	7	8	9
	(4)	コ	0	1	2	3	4	5	6	7	8	9

5	(1)	ア	0	1	2	3	4	5	6	7	8	9
		イ	0	1	2	3	4	5	6	7	8	9
		ウ	0	1	2	3	4	5	6	7	8	9
		エ	0	1	2	3	4	5	6	7	8	9
		オ	0	1	2	3	4	5	6	7	8	9
	(2)	カ	0	1	2	3	4	5	6	7	8	9
		キ	0	1	2	3	4	5	6	7	8	9
		ク	0	1	2	3	4	5	6	7	8	9
	(3)	ケ	0	1	2	3	4	5	6	7	8	9
		コ	0	1	2	3	4	5	6	7	8	9
		サ	0	1	2	3	4	5	6	7	8	9
		シ	0	1	2	3	4	5	6	7	8	9
		ス	0	1	2	3	4	5	6	7	8	9
		セ	0	1	2	3	4	5	6	7	8	9
		ソ	0	1	2	3	4	5	6	7	8	9
		タ	0	1	2	3	4	5	6	7	8	9
		チ	0	1	2	3	4	5	6	7	8	9
		ツ	0	1	2	3	4	5	6	7	8	9
		テ	0	1	2	3	4	5	6	7	8	9

マーク記入例　（良い例）　（悪い例）

日本大学櫻丘高等学校　2023年度

◇英語◇

※ 116%に拡大していただくと，解答欄は実物大になります。

I	問題1	(1)	① ② ③ ④	問題2	(1)	① ② ③ ④
		(2)	① ② ③ ④		(2)	① ② ③ ④
		(3)	① ② ③ ④	問題3	(1)	① ② ③ ④
		(4)	① ② ③ ④		(2)	① ② ③ ④
		(5)	① ② ③ ④		(3)	① ② ③ ④

II	(1)	① ② ③ ④
	(2)	① ② ③ ④
	(3)	① ② ③ ④
	(4)	① ② ③ ④
	(5)	① ② ③ ④

III	(1)	① ② ③ ④ ⑤ ⑥ ⑦ ⑧
	(2)	① ② ③ ④ ⑤ ⑥ ⑦ ⑧
	(3)	① ② ③ ④ ⑤ ⑥ ⑦ ⑧
	(4)	① ② ③ ④ ⑤ ⑥ ⑦ ⑧
	(5)	① ② ③ ④ ⑤ ⑥ ⑦ ⑧

IV	(1)	① ② ③ ④
	(2)	① ② ③ ④

V	1	1番目	① ② ③ ④	4	1番目	① ② ③ ④
		2番目	① ② ③ ④		2番目	① ② ③ ④
		3番目	① ② ③ ④		3番目	① ② ③ ④
		4番目	① ② ③ ④		4番目	① ② ③ ④
	2	1番目	① ② ③ ④	5	1番目	① ② ③ ④
		2番目	① ② ③ ④		2番目	① ② ③ ④
		3番目	① ② ③ ④		3番目	① ② ③ ④
		4番目	① ② ③ ④		4番目	① ② ③ ④
	3	1番目	① ② ③ ④			
		2番目	① ② ③ ④			
		3番目	① ② ③ ④			
		4番目	① ② ③ ④			

VI	A	(1)	① ② ③ ④ ⑤ ⑥ ⑦ ⑧
		(2)	① ② ③ ④ ⑤ ⑥ ⑦ ⑧
		(3)	① ② ③ ④ ⑤ ⑥ ⑦ ⑧
		(4)	① ② ③ ④ ⑤ ⑥ ⑦ ⑧
	B	(5)	① ② ③ ④ ⑤ ⑥ ⑦ ⑧
		(6)	① ② ③ ④ ⑤ ⑥ ⑦ ⑧
		(7)	① ② ③ ④ ⑤ ⑥ ⑦ ⑧
		(8)	① ② ③ ④ ⑤ ⑥ ⑦ ⑧

VII	問1	① ② ③ ④	問6	① ② ③ ④
	問2	① ② ③ ④	問7	① ② ③ ④
	問3	① ② ③ ④	問8	① ② ③ ④
	問4	① ② ③ ④	問9	① ② ③ ④
	問5	① ② ③ ④	問10	① ② ③ ④

マーク記入例　（良い例）　（悪い例）

日本大学櫻丘高等学校　2023年度

◇国語◇

※ 115%に拡大していただくと，解答欄は実物大になります。

一	問一	(i)	㋐	㋑	㋒	㋓
		(ii)	㋐	㋑	㋒	㋓
		(iii)	㋐	㋑	㋒	㋓
	問二		㋐	㋑	㋒	㋓
	問三		㋐	㋑	㋒	㋓
	問四		㋐	㋑	㋒	㋓
	問五		㋐	㋑	㋒	㋓
	問六	(a)	㋐	㋑	㋒	㋓
		(b)	㋐	㋑	㋒	㋓
		(c)	㋐	㋑	㋒	㋓
	問七	1	㋐	㋑	㋒	㋓
		2	㋐	㋑	㋒	㋓
	問八		㋐	㋑	㋒	㋓
	問九		㋐	㋑	㋒	㋓
	問十		㋐	㋑	㋒	㋓
	問十一		㋐	㋑	㋒	㋓
	問十二		㋐	㋑	㋒	㋓
	問十三		㋐	㋑	㋒	㋓
	問十四		㋐	㋑	㋒	㋓

二	問一	(a)	㋐	㋑	㋒	㋓
		(b)	㋐	㋑	㋒	㋓
		(c)	㋐	㋑	㋒	㋓
	問二		㋐	㋑	㋒	㋓
	問三		㋐	㋑	㋒	㋓
	問四		㋐	㋑	㋒	㋓
	問五		㋐	㋑	㋒	㋓
	問六		㋐	㋑	㋒	㋓
	問七		㋐	㋑	㋒	㋓
	問八		㋐	㋑	㋒	㋓
	問九		㋐	㋑	㋒	㋓
	問十		㋐	㋑	㋒	㋓
	問十一		㋐	㋑	㋒	㋓
	問十二		㋐	㋑	㋒	㋓

三	問一		㋐	㋑	㋒	㋓
	問二		㋐	㋑	㋒	㋓
	問三		㋐	㋑	㋒	㋓
	問四		㋐	㋑	㋒	㋓
	問五		㋐	㋑	㋒	㋓
	問六		㋐	㋑	㋒	㋓
	問七	⑦	㋐	㋑	㋒	㋓
		⑨	㋐	㋑	㋒	㋓
	問八		㋐	㋑	㋒	㋓
	問九		㋐	㋑	㋒	㋓
	問十		㋐	㋑	㋒	㋓
	問十一		㋐	㋑	㋒	㋓
	問十二		㋐	㋑	㋒	㋓
	問十三		㋐	㋑	㋒	㋓

マーク記入例　（良い例）　（悪い例）

日本大学櫻丘高等学校　2022年度

◇数学◇

※ 125%に拡大していただくと，解答欄は実物大になります。

1	（1）	ア	0	1	2	3	4	5	6	7	8	9
	（2）	イ	0	1	2	3	4	5	6	7	8	9
		ウ	0	1	2	3	4	5	6	7	8	9
	（3）	エ	0	1	2	3	4	5	6	7	8	9
		オ	0	1	2	3	4	5	6	7	8	9
	（4）	カ	0	1	2	3	4	5	6	7	8	9

2	（1）	ア	0	1	2	3	4	5	6	7	8	9
		イ	0	1	2	3	4	5	6	7	8	9
		ウ	0	1	2	3	4	5	6	7	8	9
		エ	0	1	2	3	4	5	6	7	8	9
		オ	0	1	2	3	4	5	6	7	8	9
		カ	0	1	2	3	4	5	6	7	8	9
	（2）	キ	0	1	2	3	4	5	6	7	8	9
		ク	0	1	2	3	4	5	6	7	8	9
		ケ	0	1	2	3	4	5	6	7	8	9
		コ	0	1	2	3	4	5	6	7	8	9
		サ		1	2	3	4	5				
	（3）	シ	0	1	2	3	4	5	6	7	8	9
		ス	0	1	2	3	4	5	6	7	8	9
		セ	0	1	2	3	4	5	6	7	8	9
		ソ	0	1	2	3	4	5	6	7	8	9

3	（1）	ア	0	1	2	3	4	5	6	7	8	9
		イ	0	1	2	3	4	5	6	7	8	9
		ウ	0	1	2	3	4	5	6	7	8	9
		エ	0	1	2	3	4	5	6	7	8	9
		オ	0	1	2	3	4	5	6	7	8	9
		カ	0	1	2	3	4	5	6	7	8	9
	（2）	キ	0	1	2	3	4	5	6	7	8	9
		ク	0	1	2	3	4	5	6	7	8	9

4	（1）	ア	0	1	2	3	4	5	6	7	8	9
		イ	0	1	2	3	4	5	6	7	8	9
		ウ	0	1	2	3	4	5	6	7	8	9
		エ	0	1	2	3	4	5	6	7	8	9
		オ	0	1	2	3	4	5	6	7	8	9
		カ	0	1	2	3	4	5	6	7	8	9
	（2）	キ	0	1	2	3	4	5	6	7	8	9
		ク	0	1	2	3	4	5	6	7	8	9
	（3）	ケ	0	1	2	3	4	5	6	7	8	9
		コ	0	1	2	3	4	5	6	7	8	9
		サ	0	1	2	3	4	5	6	7	8	9
		シ	0	1	2	3	4	5	6	7	8	9
		ス	0	1	2	3	4	5	6	7	8	9

5	（1）	ア	0	1	2	3	4	5	6	7	8	9
		イ	0	1	2	3	4	5	6	7	8	9
		ウ	0	1	2	3	4	5	6	7	8	9
		エ	0	1	2	3	4	5	6	7	8	9
	（2）	オ	0	1	2	3	4	5	6	7	8	9
		カ	0	1	2	3	4	5	6	7	8	9
		キ	0	1	2	3	4	5	6	7	8	9
		ク	0	1	2	3	4	5	6	7	8	9
		ケ	0	1	2	3	4	5	6	7	8	9
		コ	0	1	2	3	4	5	6	7	8	9
	（3）	サ	0	1	2	3	4	5	6	7	8	9
		シ	0	1	2	3	4	5	6	7	8	9
		ス	0	1	2	3	4	5	6	7	8	9
		セ	0	1	2	3	4	5	6	7	8	9
		ソ	0	1	2	3	4	5	6	7	8	9
		タ	0	1	2	3	4	5	6	7	8	9
		チ	0	1	2	3	4	5	6	7	8	9

マーク記入例　（良い例）　（悪い例）

日本大学櫻丘高等学校　2022年度

◇英語◇

※ 114%に拡大していただくと，解答欄は実物大になります。

I	問題1	(1)	1 2 3 4	問題2	(1)	1 2 3 4
		(2)	1 2 3 4		(2)	1 2 3 4
		(3)	1 2 3 4	問題3	(1)	1 2 3 4
		(4)	1 2 3 4		(2)	1 2 3 4
		(5)	1 2 3 4		(3)	1 2 3 4

II	(1)	1 2 3 4
	(2)	1 2 3 4
	(3)	1 2 3 4
	(4)	1 2 3 4
	(5)	1 2 3 4

III	(1)	1 2 3 4 5 6 7 8
	(2)	1 2 3 4 5 6 7 8
	(3)	1 2 3 4 5 6 7 8
	(4)	1 2 3 4 5 6 7 8
	(5)	1 2 3 4 5 6 7 8

IV	(1)	1 2 3 4
	(2)	1 2 3 4

V	1	1番目	1 2 3 4	4	1番目	1 2 3 4
		2番目	1 2 3 4		2番目	1 2 3 4
		3番目	1 2 3 4		3番目	1 2 3 4
		4番目	1 2 3 4		4番目	1 2 3 4
	2	1番目	1 2 3 4	5	1番目	1 2 3 4
		2番目	1 2 3 4		2番目	1 2 3 4
		3番目	1 2 3 4		3番目	1 2 3 4
		4番目	1 2 3 4		4番目	1 2 3 4
	3	1番目	1 2 3 4			
		2番目	1 2 3 4			
		3番目	1 2 3 4			
		4番目	1 2 3 4			

VI	A	(1)	1 2 3 4 5 6 7 8
		(2)	1 2 3 4 5 6 7 8
		(3)	1 2 3 4 5 6 7 8
		(4)	1 2 3 4 5 6 7 8
	B	(5)	1 2 3 4 5 6 7 8
		(6)	1 2 3 4 5 6 7 8
		(7)	1 2 3 4 5 6 7 8
		(8)	1 2 3 4 5 6 7 8

VII	問1	1 2 3 4	問6	1 2 3 4
	問2	1 2 3 4	問7	1 2 3 4
	問3	1 2 3 4	問8	1 2 3 4
	問4	1 2 3 4	問9	1 2 3 4
	問5	1 2 3 4	問10	1 2 3 4

マーク記入例

（良い例）

（悪い例）

日本大学櫻丘高等学校　2022年度

◇国語◇

※ 123%に拡大していただくと，解答欄は実物大になります。

一	問一	(i)	ア	イ	ウ	エ
		(v)	ア	イ	ウ	エ
		(vi)	ア	イ	ウ	エ
	問二		ア	イ	ウ	エ
	問三		ア	イ	ウ	エ
	問四		ア	イ	ウ	エ
	問五		ア	イ	ウ	エ
	問六		ア	イ	ウ	エ
	問七		ア	イ	ウ	エ
	問八		ア	イ	ウ	エ
	問九	⑥	ア	イ	ウ	エ
		⑧	ア	イ	ウ	エ
		⑪	ア	イ	ウ	エ
	問十		ア	イ	ウ	エ
	問十一	A	ア	イ	ウ	エ
		B	ア	イ	ウ	エ
	問十二		ア	イ	ウ	エ
	問十三		ア	イ	ウ	エ
	問十四		ア	イ	ウ	エ
	問十五		ア	イ	ウ	エ

二	問一		ア	イ	ウ	エ
	問二		ア	イ	ウ	エ
	問三		ア	イ	ウ	エ
	問四		ア	イ	ウ	エ
	問五		ア	イ	ウ	エ
	問六		ア	イ	ウ	エ
	問七	A	ア	イ	ウ	エ
		B	ア	イ	ウ	エ
	問八		ア	イ	ウ	エ
	問九		ア	イ	ウ	エ
	問十		ア	イ	ウ	エ
	問十一		ア	イ	ウ	エ
	問十二		ア	イ	ウ	エ
	問十三		ア	イ	ウ	エ
	問十四		ア	イ	ウ	エ
	問十五		ア	イ	ウ	エ
	問十六		ア	イ	ウ	エ

三	問一	①	ア	イ	ウ	エ
		④	ア	イ	ウ	エ
	問二		ア	イ	ウ	エ
	問三		ア	イ	ウ	エ
	問四		ア	イ	ウ	エ
	問五		ア	イ	ウ	エ
	問六		ア	イ	ウ	エ
	問七		ア	イ	ウ	エ
	問八		ア	イ	ウ	エ
	問九		ア	イ	ウ	エ
	問十		ア	イ	ウ	エ
	問十一		ア	イ	ウ	エ
	問十二		ア	イ	ウ	エ

マーク記入例　（良い例）　（悪い例）

日本大学櫻丘高等学校　2021年度

◇数学◇

※124％に拡大していただくと，解答欄は実物大になります。

1	(1)	ア	0 1 2 3 4 5 6 7 8 9
	(2)	イ	0 1 2 3 4 5 6 7 8 9
	(3)	ウ	0 1 2 3 4 5 6 7 8 9
		エ	0 1 2 3 4 5 6 7 8 9
	(4)	オ	0 1 2 3 4 5 6 7 8 9
		カ	0 1 2 3 4 5 6 7 8 9

2	(1)	ア	0 1 2 3 4 5 6 7 8 9
		イ	0 1 2 3 4 5 6 7 8 9
		ウ	0 1 2 3 4 5 6 7 8 9
	(2)	エ	0 1 2 3 4 5 6 7 8 9
		オ	0 1 2 3 4 5 6 7 8 9
		カ	0 1 2 3 4 5 6 7 8 9
		キ	0 1 2 3 4 5 6 7 8 9
		ク	0 1 2 3 4 5 6 7 8 9
	(3)	ケ	0 1 2 3 4 5 6 7 8 9
		コ	0 1 2 3 4 5 6 7 8 9
		サ	0 1 2 3 4 5 6 7 8 9
		シ	0 1 2 3 4 5 6 7 8 9

3	(1)	ア	0 1 2 3 4 5 6 7 8 9
	(2)	イ	0 1 2 3 4 5 6 7 8 9
	(3)	ウ	0 1 2 3 4 5 6 7 8 9
	(4)	エ	0 1 2 3 4 5 6 7 8 9
		オ	0 1 2 3 4 5 6
	(5)	カ	0 1 2 3 4 5 6

4	(1)	ア	0 1 2 3 4 5 6 7 8 9
		イ	0 1 2 3 4 5 6 7 8 9
		ウ	0 1 2 3 4 5 6 7 8 9
		エ	0 1 2 3 4 5 6 7 8 9
	(2)	オ	0 1 2 3 4 5 6 7 8 9
		カ	0 1 2 3 4 5 6 7 8 9
		キ	0 1 2 3 4 5 6 7 8 9
		ク	0 1 2 3 4 5 6 7 8 9
	(3)	ケ	0 1 2 3 4 5 6 7 8 9
		コ	0 1 2 3 4 5 6 7 8 9
		サ	0 1 2 3 4 5 6 7 8 9
		シ	0 1 2 3 4 5 6 7 8 9

5	(1)	ア	0 1 2 3 4 5 6 7 8 9
	(2)	イ	0 1 2 3 4 5 6 7 8 9
		ウ	0 1 2 3 4
	(3)	エ	0 1 2 3 4
		オ	0 1 2 3 4
	(4)	カ	0 1 2 3 4 5 6 7 8 9
		キ	0 1 2 3 4 5 6 7 8 9
		ク	0 1 2 3 4 5 6 7 8 9
		ケ	0 1 2 3 4 5 6 7 8 9

マーク記入例　（良い例）　（悪い例）

日本大学櫻丘高等学校　2021年度

◇英語◇

※100%に拡大していただくと，解答欄は実物大になります。

I	問題1	(1)	① ② ③ ④	問題2	(1)	① ② ③ ④
		(2)	① ② ③ ④		(2)	① ② ③ ④
		(3)	① ② ③ ④	問題3	(1)	① ② ③ ④
		(4)	① ② ③ ④		(2)	① ② ③ ④
		(5)	① ② ③ ④		(3)	① ② ③ ④

II	(1)	① ② ③ ④
	(2)	① ② ③ ④
	(3)	① ② ③ ④
	(4)	① ② ③ ④
	(5)	① ② ③ ④

III	(1)	① ② ③ ④ ⑤ ⑥ ⑦ ⑧
	(2)	① ② ③ ④ ⑤ ⑥ ⑦ ⑧
	(3)	① ② ③ ④ ⑤ ⑥ ⑦ ⑧
	(4)	① ② ③ ④ ⑤ ⑥ ⑦ ⑧
	(5)	① ② ③ ④ ⑤ ⑥ ⑦ ⑧

IV	(1)	① ② ③ ④
	(2)	① ② ③ ④

V	1	1番目	① ② ③ ④	4	1番目	① ② ③ ④
		2番目	① ② ③ ④		2番目	① ② ③ ④
		3番目	① ② ③ ④		3番目	① ② ③ ④
		4番目	① ② ③ ④		4番目	① ② ③ ④
	2	1番目	① ② ③ ④	5	1番目	① ② ③ ④
		2番目	① ② ③ ④		2番目	① ② ③ ④
		3番目	① ② ③ ④		3番目	① ② ③ ④
		4番目	① ② ③ ④		4番目	① ② ③ ④
	3	1番目	① ② ③ ④			
		2番目	① ② ③ ④			
		3番目	① ② ③ ④			
		4番目	① ② ③ ④			

VI	A	(1)	① ② ③ ④ ⑤ ⑥ ⑦ ⑧
		(2)	① ② ③ ④ ⑤ ⑥ ⑦ ⑧
		(3)	① ② ③ ④ ⑤ ⑥ ⑦ ⑧
		(4)	① ② ③ ④ ⑤ ⑥ ⑦ ⑧
	B	(5)	① ② ③ ④ ⑤ ⑥ ⑦ ⑧
		(6)	① ② ③ ④ ⑤ ⑥ ⑦ ⑧
		(7)	① ② ③ ④ ⑤ ⑥ ⑦ ⑧
		(8)	① ② ③ ④ ⑤ ⑥ ⑦ ⑧

VII	問1	① ② ③ ④	問6	① ② ③ ④
	問2	① ② ③ ④	問7	① ② ③ ④
	問3	① ② ③ ④	問8	① ② ③ ④
	問4	① ② ③ ④	問9	① ② ③ ④
	問5	① ② ③ ④	問10	① ② ③ ④

マーク記入例　（良い例）　（悪い例）

〈国語〉

※117%に拡大していただくと，解答欄は実物大になります。

一	問一	(i)	㋐	㋑	㋒	㋓
		(ii)	㋐	㋑	㋒	㋓
		(iii)	㋐	㋑	㋒	㋓
	問二		㋐	㋑	㋒	㋓
	問三	Ⅰ	㋐	㋑	㋒	㋓
		Ⅱ	㋐	㋑	㋒	㋓
		Ⅲ	㋐	㋑	㋒	㋓
	問四		㋐	㋑	㋒	㋓
	問五		㋐	㋑	㋒	㋓
	問六		㋐	㋑	㋒	㋓
	問七	④	㋐	㋑	㋒	㋓
		⑥	㋐	㋑	㋒	㋓
	問八		㋐	㋑	㋒	㋓
	問九		㋐	㋑	㋒	㋓
	問十		㋐	㋑	㋒	㋓
	問十一		㋐	㋑	㋒	㋓
	問十二		㋐	㋑	㋒	㋓
	問十三		㋐	㋑	㋒	㋓

二	問一		㋐	㋑	㋒	㋓
	問二		㋐	㋑	㋒	㋓
	問三		㋐	㋑	㋒	㋓
	問四	④	㋐	㋑	㋒	㋓
		⑤	㋐	㋑	㋒	㋓
		⑨	㋐	㋑	㋒	㋓
	問五		㋐	㋑	㋒	㋓
	問六	Ⅰ	㋐	㋑	㋒	㋓
		Ⅱ	㋐	㋑	㋒	㋓
		Ⅲ	㋐	㋑	㋒	㋓
	問七		㋐	㋑	㋒	㋓
	問八		㋐	㋑	㋒	㋓
	問九		㋐	㋑	㋒	㋓
	問十		㋐	㋑	㋒	㋓
	問十一		㋐	㋑	㋒	㋓
	問十二		㋐	㋑	㋒	㋓
	問十三		㋐	㋑	㋒	㋓
	問十四		㋐	㋑	㋒	㋓

三	問一		㋐	㋑	㋒	㋓
	問二	①	㋐	㋑	㋒	㋓
		③	㋐	㋑	㋒	㋓
	問三	②	㋐	㋑	㋒	㋓
		⑥	㋐	㋑	㋒	㋓
	問四		㋐	㋑	㋒	㋓
	問五		㋐	㋑	㋒	㋓
	問六		㋐	㋑	㋒	㋓
	問七	Ⅰ	㋐	㋑	㋒	㋓
		Ⅱ	㋐	㋑	㋒	㋓
		Ⅲ	㋐	㋑	㋒	㋓
	問八		㋐	㋑	㋒	㋓
	問九		㋐	㋑	㋒	㋓
	問十		㋐	㋑	㋒	㋓
	問十一		㋐	㋑	㋒	㋓

マーク記入例　（良い例）　（悪い例）

日本大学櫻丘高等学校　2020年度

◇数学◇

※125%に拡大していただくと，解答欄は実物大になります。

1			
	(1)	ア	0 1 2 3 4 5 6 7 8 9
	(2)	イ	0 1 2 3 4 5 6 7 8 9
		ウ	0 1 2 3 4 5 6 7 8 9
		エ	0 1 2 3 4 5 6 7 8 9
	(3)	オ	0 1 2 3 4 5 6 7 8 9
		カ	0 1 2 3 4 5 6 7 8 9
	(4)	キ	0 1 2 3 4 5 6 7 8 9
		ク	0 1 2 3 4 5 6 7 8 9

2			
	(1)	ア	0 1 2 3 4 5 6 7 8 9
		イ	0 1 2 3 4 5 6 7 8 9
		ウ	0 1 2 3 4 5 6 7 8 9
		エ	0 1 2 3 4 5 6 7 8 9
		オ	0 1 2 3 4 5 6 7 8 9
		カ	0 1 2 3 4 5 6 7 8 9
		キ	0 1 2 3 4 5 6 7 8 9
	(2)	ク	0 1 2 3 4 5 6 7 8 9
		ケ	0 1 2 3 4 5 6 7 8 9
	(3)	コ	0 1 2 3 4 5 6 7 8 9
		サ	0 1 2 3 4 5 6 7 8 9
		シ	0 1 2 3 4 5 6 7 8 9
		ス	0 1 2 3 4 5 6 7 8 9
		セ	0 1 2 3 4 5 6 7 8 9

3			
	(1)	ア	0 1 2 3 4 5 6 7 8 9
		イ	0 1 2 3 4 5 6 7 8 9
		ウ	0 1 2 3 4 5 6 7 8 9
	(2)	エ	0 1 2 3 4 5 6 7 8 9
		オ	0 1 2 3 4 5 6 7 8 9
		カ	0 1 2 3 4 5 6 7 8 9
		キ	0 1 2 3 4 5 6 7 8 9
		ク	0 1 2 3 4 5 6 7 8 9
	(3)	ケ	0 1 2 3 4 5 6 7 8 9

4			
	(1)	ア	0 1 2 3 4 5 6 7 8 9
		イ	0 1 2 3 4 5 6 7 8 9
		ウ	0 1 2 3 4 5 6 7 8 9
	(2)	エ	0 1 2 3 4 5 6 7 8 9
		オ	0 1 2 3 4 5 6 7 8 9
		カ	0 1 2 3 4 5 6 7 8 9
		キ	0 1 2 3 4 5 6 7 8 9
		ク	0 1 2 3 4 5 6 7 8 9
	(3)	ケ	0 1 2 3 4 5 6 7 8 9
		コ	0 1 2 3 4 5 6 7 8 9
		サ	0 1 2 3 4 5 6 7 8 9

5			
	(1)	ア	0 1 2 3 4 5 6 7 8 9
		イ	0 1 2 3 4 5 6 7 8 9
	(2)	ウ	0 1 2 3 4 5 6 7 8 9
		エ	0 1 2 3 4 5 6 7 8 9
		オ	0 1 2 3 4 5 6 7 8 9
	(3)	カ	0 1 2 3 4 5 6 7 8 9
		キ	0 1 2 3 4 5 6 7 8 9
	(4)	ク	0 1 2 3 4 5 6 7 8 9
		ケ	0 1 2 3 4 5 6 7 8 9
		コ	0 1 2 3 4 5 6 7 8 9
		サ	0 1 2 3 4 5 6 7 8 9

マーク記入例　（良い例）　（悪い例）

◇英語◇

※106％に拡大していただくと，解答欄は実物大になります。

I	問題1	(1)	①②③④	問題2	(1)	①②③④
		(2)	①②③④		(2)	①②③④
		(3)	①②③④	問題3	(1)	①②③④
		(4)	①②③④		(2)	①②③④
		(5)	①②③④		(3)	①②③④

II	(1)	①②③④
	(2)	①②③④
	(3)	①②③④
	(4)	①②③④
	(5)	①②③④

III	(1)	①②③④⑤⑥⑦⑧
	(2)	①②③④⑤⑥⑦⑧
	(3)	①②③④⑤⑥⑦⑧
	(4)	①②③④⑤⑥⑦⑧
	(5)	①②③④⑤⑥⑦⑧

IV	(1)	①②③④
	(2)	①②③④

V	1	1番目	①②③④	4	1番目	①②③④
		2番目	①②③④		2番目	①②③④
		3番目	①②③④		3番目	①②③④
		4番目	①②③④		4番目	①②③④
	2	1番目	①②③④	5	1番目	①②③④
		2番目	①②③④		2番目	①②③④
		3番目	①②③④		3番目	①②③④
		4番目	①②③④		4番目	①②③④
	3	1番目	①②③④			
		2番目	①②③④			
		3番目	①②③④			
		4番目	①②③④			

VI	A	(1)	①②③④⑤⑥⑦⑧
		(2)	①②③④⑤⑥⑦⑧
		(3)	①②③④⑤⑥⑦⑧
		(4)	①②③④⑤⑥⑦⑧
	B	(5)	①②③④⑤⑥⑦⑧
		(6)	①②③④⑤⑥⑦⑧
		(7)	①②③④⑤⑥⑦⑧
		(8)	①②③④⑤⑥⑦⑧

VII	問1	①②③④	問6	①②③④
	問2	①②③④	問7	①②③④
	問3	①②③④	問8	①②③④
	問4	①②③④	問9	①②③④
	問5	①②③④	問10	①②③④

マーク記入例　（良い例）　（悪い例）

日本大学櫻丘高等学校　2020年度

※112%に拡大していただくと，解答欄は実物大になります。

◇国語◇

一	問一		㋐	㋑	㋒	㋓
	問二	Ⅰ	㋐	㋑	㋒	㋓
		Ⅱ	㋐	㋑	㋒	㋓
		Ⅲ	㋐	㋑	㋒	㋓
	問三		㋐	㋑	㋒	㋓
	問四	②	㋐	㋑	㋒	㋓
		④	㋐	㋑	㋒	㋓
		⑦	㋐	㋑	㋒	㋓
	問五	(i)	㋐	㋑	㋒	㋓
		(ii)	㋐	㋑	㋒	㋓
		(iii)	㋐	㋑	㋒	㋓
	問六		㋐	㋑	㋒	㋓
	問七		㋐	㋑	㋒	㋓
	問八		㋐	㋑	㋒	㋓
	問九		㋐	㋑	㋒	㋓
	問十		㋐	㋑	㋒	㋓
	問十一	⑧	㋐	㋑	㋒	㋓
		⑩	㋐	㋑	㋒	㋓
	問十二		㋐	㋑	㋒	㋓
	問十三		㋐	㋑	㋒	㋓

二	問一	(a)	㋐	㋑	㋒	㋓
		(b)	㋐	㋑	㋒	㋓
		(c)	㋐	㋑	㋒	㋓
	問二		㋐	㋑	㋒	㋓
	問三		㋐	㋑	㋒	㋓
	問四	A	㋐	㋑	㋒	㋓
		B	㋐	㋑	㋒	㋓
		C	㋐	㋑	㋒	㋓
	問五		㋐	㋑	㋒	㋓
	問六		㋐	㋑	㋒	㋓
	問七		㋐	㋑	㋒	㋓
	問八		㋐	㋑	㋒	㋓
	問九		㋐	㋑	㋒	㋓
	問十		㋐	㋑	㋒	㋓
	問十一		㋐	㋑	㋒	㋓
	問十二		㋐	㋑	㋒	㋓
	問十三		㋐	㋑	㋒	㋓
	問十四		㋐	㋑	㋒	㋓

三	問一		㋐	㋑	㋒	㋓
	問二		㋐	㋑	㋒	㋓
	問三	③	㋐	㋑	㋒	㋓
		⑥	㋐	㋑	㋒	㋓
		⑨	㋐	㋑	㋒	㋓
	問四		㋐	㋑	㋒	㋓
	問五		㋐	㋑	㋒	㋓
	問六		㋐	㋑	㋒	㋓
	問七		㋐	㋑	㋒	㋓
	問八		㋐	㋑	㋒	㋓
	問九		㋐	㋑	㋒	㋓
	問十		㋐	㋑	㋒	㋓
	問十一		㋐	㋑	㋒	㋓
	問十二		㋐	㋑	㋒	㋓
	問十三		㋐	㋑	㋒	㋓

マーク記入例　（良い例）　（悪い例）

MEMO

大切なことはメモしておこうネ！

MEMO

大切なことはメモしておこうネ！

MEMO

大切なことはメモしておこうネ！

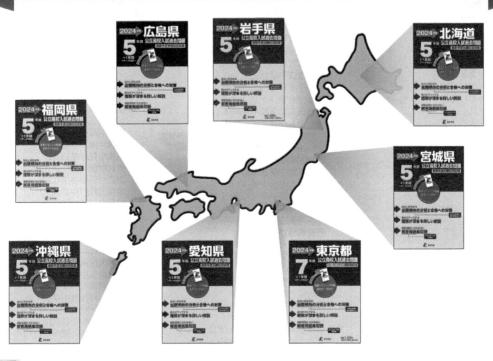

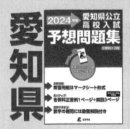

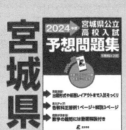

2404A

〈ダウンロードコンテンツについて〉

本問題集のダウンロードコンテンツ、弊社ホームページで配信しております。現在ご利用いただけるのは「2025年度受験用」に対応したもので、**2025年3月末日**までダウンロード可能です。弊社ホームページにアクセスの上、ご利用ください。
※配信期間が終了いたしますと、ご利用いただけませんのでご了承ください。

高校別入試過去問題シリーズ
日本大学櫻丘高等学校　2025年度
ISBN978-4-8141-2918-8

[発行所] 東京学参株式会社
〒153-0043　東京都目黒区東山2-6-4

書籍の内容についてのお問い合わせは右のQRコードから　⇒

※書籍の内容についてのお電話でのお問い合わせ、本書の内容を超えたご質問には対応できませんのでご了承ください。

2024年5月13日　初版